KB039072

FIELD FOCUSED
COACHING PSYCHOLOGY
Discovering New Coaching Frameworks and Principles

현장중심
코칭심리학

개인과 조직을 변화시키는
코칭 프레임워크와 원리

| 이석재 저 |

학지사

들어가는 글

기존의 코칭 프레임워크를 잊으라

코칭은 사람들의 잠재성을 끌어내어 그들이 원하는 결과를 얻도록 상호협력하는 목표 지향적인 활동이다. 이러한 활동을 하는 전문가를 코치라고 한다. 20년 전 코칭에 내재하는 심리기제와 역동을 연구하는 코칭심리학이 출현했다. 그러나 아직까지 독자적인 코칭 이론이나 프레임워크에 대한 논의가 부재하다. 코칭심리학에 소개된 일부 이론이나 프레임워크는 코칭 논리나 코칭 접근이라고 말하지만 생각의 기본 틀을 보면 기존의 심리치료와 상담이론에 대한 의존도가 높다.

이러한 현실에서 나는 심리학자이며 전문코치로 20여 년을 활동하면서 코칭의 고유한 논리와 프레임워크를 개발하고 싶다는 열망을 키웠다. 프레임워크(framework)는 원하는 결과에 영향을 미치는 것으로 여겨지는 요인이나 범주, 개념들이 서로 어떻게 연결될 수 있는지를 가설적으로 서술한 것이다.

새로운 프레임워크를 찾았다

코칭의 1세대인 휘트모어(Whitmore, 1992)는 "많은 경우 코치들이 성과 관련 심리적 원리를 충분히 이해하고 있지 못하다. 코치가 코칭의 근간이 되는 심리적 원리를 이해하지 않고 목표한 결과를 이끌어 낼 수 없다. 물론 코칭을 하기 위해서 심리학 학위가 있어야 한다는 이야기는 아니다."라고 말했다. 코치가 심리학적 원리를 이해하기 위해 노력할 필요성은 있다는 것이다. 그러나 심리학에 대한 이해가 부족한 코치는 코칭에 심리학을 접목시키는 것을 어려워한다.

　기존의 코칭심리학이 심리학 시각에서 코칭을 보았다면, 나는 코칭 시각에서 현장중심으로 코칭심리학을 보았다. 코칭심리학에 포함된 대표적인 12가지 이론을 선정하고 각 이론을 구성하는 프레임워크를 코칭 시각에서 분석하면 코칭에 접근하는 공통 프레임워크를 찾을 수 있다. 또 코칭을 구성하는 주요 개념과 심리기제를 규명할 수 있다. 나는 각 이론의 프레임워크를 구성하는 개념들의 의미적 유사성과 상호 연계성이 높은 것을 동일 범주로 분류했다. 이러한 범주화 기법의 분석 결과, 3가지 범주가 나타났다. 각 범주의 대표적인 속성은 시스템적 관점 전환, 자기주도적 학습과 성장, 결과 지향적 행동변화이다. 이들 요소에 속하는 이론은 다음과 같다.

- 시스템적 관점 전환
  게슈탈트 이론 기반의 심리치료와 상담, 인지행동치료(CBT)와 인지행동적 접근, 선택이론과 현실치료
- 자기주도적 학습과 성장
  긍정심리학 이론과 접근, 개인심리학 기반의 심리치료와 상담, 해결 중심 단기치료, 성인학습이론
- 결과 지향적 행동변화
  행동주의 학습이론, 사회학습이론, 조직학습론, 조직행동론, 행동변화이론과 모델

범주화 분석에 이어서 각 범주에 속하는 이론과 프레임워크를 설명
하는 주요 개념들의 관계를 한 문장으로 만들었다. 그 결과 총 10개의
문장이 나왔다. 이것은 개인과 조직이 원하는 결과를 얻을 가능성을
높이는 코칭 원리이다. 또 사람들이 직면하는 다양한 삶의 주제에
대한 코칭 과정과 운영을 안내하는 지침 역할을 한다. 각 문장을 이
책의 제1장부터 제10장의 제목으로 사용했다.

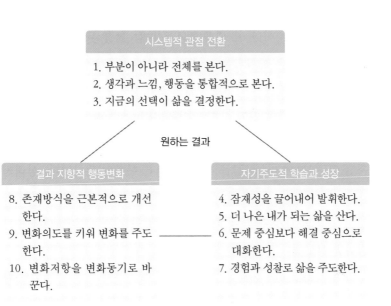

시스템적 관점 전환
1. 부분이 아니라 전체를 본다.
2. 생각과 느낌, 행동을 통합적으로 본다.
3. 지금의 선택이 삶을 결정한다.

원하는 결과

결과 지향적 행동변화
8. 존재방식을 근본적으로 개선
　한다.
9. 변화의도를 키워 변화를 주도
　한다.
10. 변화저항을 변화동기로 바
　꾼다.

자기주도적 학습과 성장
4. 잠재성을 끌어내어 발휘한다.
5. 더 나은 내가 되는 삶을 산다.
6. 문제 중심보다 해결 중심으로
　대화한다.
7. 경험과 성찰로 삶을 주도한다.

코칭 프레임워크의 요소와 코칭 원리

　이상의 분석 결과는 코치로 활동하는 독자 이외에도 상담사, 심리
치료사, 컨설턴트, HR 담당자, 기업교육 종사자, 교사, 코칭심리학
에 관심 있는 학부와 대학원생 등에게 시사점과 인사이트를 줄 것이
다. 개인 차원에서는 원하는 결과를 얻는 기존의 생활방식을 리셋할
수 있다. 조직 차원에서는 구성원의 잠재성을 끌어내어 최고의 성과

를 만들어 내는 데 도움이 될 것이다.

책의 집필 이유와 배경

이 책을 쓰게 된 주된 이유는 앞서 제시한 코칭 프레임워크의 3가지 요소와 10가지 코칭 원리를 코칭 현장에서 활용하도록 알리기 위해서이다. 프레임워크는 코치가 사용하는 논리적 접근의 기초가 되고 창의적으로 코칭방법과 절차, 코칭 도구와 기법, 평가를 선정하고 활용하는 기준이다. 또 다른 집필 이유는 코칭심리학을 전공하거나 전공하지 않은 독자가 이론 중심이 아닌 현장중심으로 코칭심리학을 이해하도록 돕는 것이다.

코칭이 국내에 도입된 이후 코칭을 대표할 수 있는 프레임워크를 찾는 논의가 부족했다. 그 결과 과연 코칭이 어떤 논리적 기반을 가지고 있는지에 대해 확신을 갖지 못했다. 이로 인해 코칭을 심리치료, 상담, 멘토링, 컨설팅 등과 구분할 때 전문성의 속성과 대상자 특성, 전문가와 대상자의 관계 속성, 바라보는 시점 등을 제시하며 차별화를 시도했다(김은정, 2016; 탁진국, 2019).

그러나 코칭 현장에서 이미 심리이론과 컨설팅적 접근을 주로 사용하고 있었기 때문에 차별화를 설득력 있게 말하기 어려웠다. 특히, 상담과 심리치료의 경우 해결 중심 단기치료와 같이 내용 면에서 코칭의 영역과 거의 중복되는 이론들이 출현하고 있다. 뿐만 아니라 코칭에서 고객이 가져오는 코칭 이슈를 어떻게 보고 도와줄 것인지에 대한 방향과 목적을 체계화시키지 못했다.

이 책에서 제시한 코칭 프레임워크의 3가지 요소와 10가지 코칭 원리가 이러한 현실적 문제를 코칭 시각에서 해결하고, 코칭이 독립적인 전문 영역으로 자리매김하는 데 기여하기를 바란다.

이 책의 구성

총 3부로 구성했다. 각 장의 제목은 코칭 원리이다. 제1부는 시스템적 관점 전환의 코칭 원리를 소개한다. 제1장은 게슈탈트 이론의 전체관을 바탕으로 '부분이 아니라 전체를 본다'는 코칭 원리와 코칭적 활용을 제시한다. 제2장은 인지행동적 접근과 관점을 분석해 '생각과 느낌, 행동을 통합적으로 본다'는 코칭 원리와 코칭 포인트를 제시한다. 제3장은 우리의 선택과 기대하는 삶이 연계되는 관점에 대한 선택이론을 토대로 '지금의 선택이 삶을 결정한다'는 코칭 원리와 코칭적 활용을 소개한다.

제2부는 자기주도적 학습과 성장이 작동하는 코칭 원리를 소개한다. 제4장은 긍정심리학의 시각에서 '잠재성을 끌어내어 발휘한다'는 코칭 원리를 제시했다. 제5장의 '더 나은 내가 되는 삶을 산다'는 아들러의 인간관을 인본주의 심리학 측면에서 본 코칭 원리이다. 제6장 해결 중심 단기치료의 핵심 개념인 '문제 중심보다 해결 중심으로 대화한다'는 코칭 대화의 기본 원리이다. 제7장 '경험과 성찰로 삶을 주도한다'는 성인의 학습과 성장에 내포된 코칭 원리이다.

제3부는 결과 지향적 행동변화를 가능하게 하는 코칭 원리를 다루었다. 제8장은 행동주의 학습이론과 조직학습론의 프레임워크를 탐구했다. '존재방식을 근본적으로 개선한다'는 원하는 결과를 얻는 존재방식의 변화를 촉진하는 코칭 원리이다. 제9장 '변화의도를 키워 변화를 주도한다'는 변화의도와 실행을 연계시켜 행동변화를 가능하게 하는 코칭 원리이다. 마지막 제10장은 조직행동과 자기방어기제 이론에 담긴 공통 개념으로 '변화저항을 변화동기로 바꾼다'는 코칭 원리를 제시했다. 또 작심삼일하지 않고 행동변화를 성공적으로 이루는 전략과 스킬, 코칭 도구를 소개했다.

공통적으로 각 장에는 코칭 원리와 관련된 코칭 사례를 소개했다. 사례는 실제이며 등장인물의 익명성과 개인정보를 보호하기 위해 가명과 내용의 일부를 수정했다. 각 장의 말미에는 '코칭심리 탐구질문' 6개를 제시해 각 장에서 중요한 내용을 다시 정리해 보도록 했다.

〈부록 1〉에는 독자가 기존의 코칭 접근을 프레임워크 시각에서 이해할 수 있도록 4가지 사례를 소개했다. 〈부록 2〉에는 나만의 프레임워크를 개발하고 싶은 독자를 위해 프레임워크를 개발하는 구체적인 방법을 소개했다.

생각의 틀, 프레임워크를 활용하자

이 책을 선택한 독자가 프레임워크를 활용해 본인과 고객의 존재 방식이 개선되도록 돕고, 조직이 최고의 성과를 만들도록 도움을 주길 바란다. 특히, 전문코치는 성공적인 코칭 결과를 만들어 내는 자신의 코칭 논리를 확인하고 '나만의 프레임워크'를 만들어 볼 것을 제안한다. 코칭에 입문하여 앞으로 어떤 코칭 경험을 쌓을 것인지에 대한 관심과 고민을 가진 독자도 주목해 보기 바란다.

명일동 연구실에서
생각 파트너 이석재

차례

→ 제1부 시스템적 관점 전환

COACHING PSYCHOLOGY

제1부

시스템적 관점 전환

시스템적 관점 전환은 원하는 결과를 얻는 코칭 프레임워크의 첫 번째 요소이다. 게슈탈트 심리치료, 인지행동치료, 현실치료의 프레임워크는 공통적으로 관점을 중요하게 본다. 우리가 삶의 환경과 상호작용하는 모습은 그 환경을 대하는 우리의 관점에 의해 달라진다. 우리가 기존 관점을 다른 관점으로 전환할 수 있는 능력을 키운다면 당면한 심리적 문제를 해결하고 삶을 개선시킬 수 있다. 여기서 관점 전환은 기존 관점이 변화하거나 변경되는 것을 뜻한다.

코칭심리학을 토대로 타인의 성장과 성과 향상을 돕는 활동을 할 때 타인이 처한 환경을 대하는 관점을 먼저 파악한다. 그 결과를 바탕으로 원하는 결과를 얻는 데 도움이 되는 다양한 관점을 취해 보도록 시스템적 관점 전환 코칭(줄여서 관점코칭)을 할 수 있다. 새로운 관점은 우리의 창의성을 자극하고 혁신을 만드는 길로 안내하는 문이다. 그 문에 들어선 우리는 기존의 사고체계에서 벗어나 호기심과 상상 속에서 새로운 기회와 가능성을 발견하고 생각을 현실화한다. 코칭의 본질이 관점 전환에 있는 이유이다.

대인관계 심리에서 관점 취하기(perspective taking)는 당면한 상황을 자기 자신의 관점에서 보는 것 이외에 다른 사람의 관점에서도 인식할 수 있는 능력이다. 이러한 능력은 사회적 존재로서 인간에게 적응력을 높여 준다. 심리학 연구에 따르면 상대방의 관점을 취하도록 했을 때 자존감이 높은 사람은 낮은 사람보다 상대방의 애정을 더 긍정적으로 지각했다.

관점 취하기를 어렵게 하는 요인은 협의적 사고이다. 협의적 사고를 하면 당면한 갈등이나 문제를 효과적으로 해결하는 것을 어렵게 한다. 이에 대한 해결책은 관점을 확대시키는 것이다. 여러 다른 관점에서 당면한 문제를 해결하도록 했을 때 자신의 의사결정에 대해 더 믿음을 가졌고 만족감을 느꼈다.

다른 해결책은 긍정적 정서를 느낀 상황에서 문제를 해결하도록 하는 것이다(Galinsky et al., 2008). 긍정적 정서 체험이 있을 때, 실험 참가자들은 인지적으로 유연성을 갖고 창의적이며 혁신적이고 협력적인 문제해결 전략을 취하는 경향을 보였다. 또한 완전히 문제가 해결되지 않은 상황에서도 갈등을 매듭 짓고 서로가 만족하는 포괄적인 합의를 도출했다. 부정적인 정서를 체험할 때는 당면한 문제의 원인과 오류를 찾았고 협의적이며 상세하게 분석했다. 이로서 갈등을 해결하는 데 실패했다(Carnevale & Isen, 1986).

메타뷰(meta-view)를 통해 당면한 문제를 거시적이며 시스템적인 시각에서 보는 것이 문제를 효과적으로 해결하는 또 다른 방법이다. 이러한 접근을 헬리콥터의 시각(helicopter's view) 또는 매의 시각(eagle's view)이라고 한다. 문제 상황에서 한 발 물러나 큰 그림의 시각에서 해당 상황을 보는 것이 핵심이다. 개인과 조직을 코칭할 때 시스템적 관점을 취하면 자의식이 확대되고 자기계발과 조직개발에도 도움이 된다.

또한 심리학자들은 공감이 대인관계 문제를 해결하는 데 효과적이라고 보고했다(Batson et al., 1997). 코치는 인지적인 시각에서 여러 관점을 취하는 것과 더불어 정서적인 공감을 갖도록 함으로써 고객의 관점을 종합적으로 전환시킬 수 있다.

부분이 아니라 전체를 본다

전체성으로 지각한 게슈탈트

게슈탈트 이론은 전체성(totality) 관점을 취한다. 인간의 마음과 행동을 개개의 감각적 부분이나 요소의 집합이 아니라, 하나의 전체로 보고 관련 구조와 특질을 파악한다. 게슈탈트(gestalt)는 의미 있게 조직화된 전체를 뜻한다. 전체성 관점은 커트 레빈(Kurt Lewin)의 장 이론(Field Theory)의 영향을 받은 개념으로 게슈탈트 사고방식에서 기본 원리이다. 전체성 관점은 인간을 온전하고 흠결이 없는 전인적 존재로 보는 코칭의 인간관과 맥을 같이한다. 따라서 코치는 코칭 현장에서 만나는 고객이 전체성 관점에서 게슈탈트를 지각한다는 점을 주목할 필요가 있다.

인간은 능동적으로 보고 경험한 것에 순서와 의미를 체계적으로

부여한다. 사람들이 지각한 것과 실재라고 말하는 것은 차이가 있다. 게슈탈트 연구자들은 사물의 실재를 부정하고 인간의 지각적 경험과 그 특성을 탐구했다.

게슈탈트 운동의 기본 원리는 '전체는 부분의 합보다 크다'이다. 왜냐하면 우리가 사물을 지각할 때 부분이 아니라 전체로 보기 때문이다. 대표적인 예가 막스 베르트하이머(Max Wertheimer)의 파이(Phi) 현상이다. 개별적인 자극이 연속으로 주어질 때 사람들은 전체로 보며 완결성을 추구한다. 이 때문에 시각적인 착각에 의해 움직이는 것으로 지각한다. 영화, 애니메이션 등은 파이현상이 만들어낸 대표적인 결과물이다.

사람들이 대화할 때도 전체성의 원리가 작동한다. 상대방의 말을 이해할 때 대화의 개별적인 내용보다 전체적으로 의미를 부여한 결과를 통해 상대방의 대화 의도를 추론하고 대화의 내용을 재구성한다.

"당신이 무슨 말을 하는지 알겠어"라고 말하는 것은 상대방이 한 말에 대한 표현이 아니라 자신이 대화에 의미를 부여하고 재구성한 결과를 토대로 게슈탈트를 형성했다는 것이다. 이때 게슈탈트를 형성하는 과정에 본인의 멘털 모델(mental model)이 작동한다. 멘털 모델은 삶의 경험과 정보, 지식을 토대로 구성된 주관적인 인식체계이다.

전경과 배경의 차이

우리가 사물을 지각한 것과 사물이 갖고 있는 객관적인 실재는 차이가 있다. 영어 대문자 I와 숫자 3이 가까이 있다면 우리는 숫자 13으로 지각한다. 게슈탈트 학자들은 전경과 배경이라는 개념을 도입해 지각과 실재의 차이를 논리적으로 설명한다. 전경은 I와 3으로 현재 감각을 통해 경험하고 인지할 수 있는 객관적인 실재이다. 배경은 그 객관적인 실재를 바라보는 사람이 가지고 있는 멘털 모델이다. 멘털 모델은 I와 3을 의미적으로 조직화해 숫자 13으로 지각한다.

전경과 배경은 사물의 특성에도 있다. 비가 오는 날 거리에서 오직 한 사람이 노란색 우산을 쓰고 나머지 사람들은 검은색 우산을 쓰고 있다. 이러한 상황에서 노란색이 현저한(salient) 자극 특성을 갖고 있어 우리의 주의(attention)를 끈다. 노란색 우산은 전경이 되고 나머지는 배경이 된다. 갤러리에서 한 폭의 그림을 감상할 때 우리의 주의가 그림을 향하고 그림은 전경으로 액자는 배경으로 기능한다. 우리의 시각적 주의가 집중되는 것이 전경으로 나머지는 배경이 된다.

보기 좋은 게슈탈트 추구

전경이 갖는 사물의 개별적인 정보들이 유사성을 보일 때, 그 자극을 하나의 의미 있는 게슈탈트로 지각한다. 자극의 유사성을 토대로 조직화하여 전체적으로 지각하는 것이다. 차도에 있는 횡단보도를 보면 흰색 페인트가 칠해진 막대 표식이 일정한 간격을 유지하며 반복적으로 그려져 있다. 게슈탈트 관점에서 보면, 흰색 막대가 배열된 표식과 검은색의 바탕이 또 다른 표식으로 보인다. 피아노 건반을 연상할 수 있다. 유사성이 높은 지각 대상을 하나의 게슈탈트로 보기 때문이다. 이러한 현상은 유사성의 법칙이 작동한 결과이다.

이와 같은 지각의 조직화를 지배하는 법칙은 사물이 갖는 속성에 따라 다양한다. 서로 근접해 있는 자극을 하나의 묶음으로 지각하는 근접성의 법칙, 불연속적인 점이 있을 때 점을 연결된 선처럼 지각하는 연속성의 법칙, 불연속적인 점이지만 원이나 사각형의 형태를 띠고 있을 때 온전한 도형으로 지각하는 폐쇄성의 법칙이 대표적이다. 또 올림픽 오륜기를 단순하고 보기 좋은 하나의 형태로 지각하는 간결성(프래그난츠, Prägnanz)의 법칙이 있다.

게슈탈트가 보여 주는 모습이 높은 수준에서 완전하고 질서 정연하며 명확한 특성을 가질 때 '보기 좋은 게슈탈트(good gestalt)'라고 한다. 우리는 의미 있게 조직화된 게슈탈트를 지각하지만 자연적으로 그 완결성이 최상인 '보기 좋은 게슈탈트'를 추구한다.

코치는 이 게슈탈트 원리를 주목해야 한다. "우리는 보기 좋은 게슈탈트를 어떻게 체험할 수 있을까?" 이 질문에 대한 답을 코칭적 시각에서 찾아보자.

코칭 시각에서 본 게슈탈트 지각

전경과 배경에 작동하는 심리기제는 코칭에 여러 시사점을 준다. 우리가 사물에 대해 게슈탈트를 형성하는 것처럼 사람에 대해서도 같은 심리기제가 작동한다. 신임 팀장이 MZ세대인 최규홍 팀원을 처음 보는 상황을 상상해 보자. 팀장은 최규홍을 보고 어떤 사람인지를 판단하는 과정에서 그가 MZ세대라는 것을 알게 되었다. 이때 팀장은 MZ세대라는 사회적 범주에 의해 영향을 받는다.

사회적 범주는 타인을 지각하는 맥락(context)이 되고 그에 대한 인상을 형성하는 데 영향을 미친다(Cantor & Mischel, 1979). 팀장이 최규홍을 한 자연인으로 보지 못한다면 그에 대한 첫인상은 사회적 범주에 의해 왜곡된다. 특히, 팀장이 MZ세대에 대한 원형 (prototype)을 멘털 모델로 가지고 있고, 그의 외모와 언행이 팀장의 멘털 모델과 일치할수록 사회적 범주의 영향을 받을 가능성이 크다.

사회적 범주는 성공과 실패에 대한 원인을 찾는 데도 영향을 미친다(Kunda et al., 1990). 팀장이 사용하는 사회적 범주는 최규홍이 업무수행에서 기대만큼의 결과를 내지 못했을 때 그 원인 추론에도 영향을 미칠 수 있다. 한 예로 기대에 못 미치는 결과는 그의 능력이나 노력의 부족보다 요즘 MZ세대들이 업무를 대하는 태도에 있다고 귀인하는 것이다. 팀장이 최규홍 팀원과 소통할 때 이러한 귀인오류를 범한다면 그의 공감과 마음을 얻지 못할 것이다.

코치는 고객이 자신을 둘러싼 상황과 맥락, 당면 이슈에 대해 어떤 관점을 갖는지를 주목한다. 고객으로 하여금 원하는 결과를 얻을 가능성을 높이는 최적의 관점을 발견하고 선택하도록 돕는다. 이 과정에서 고객은 자신의 관점 변화와 그에 따른 자기인식을 알아차린다. 이와 같이 코치는 팀장으로 하여금 최규홍 팀원을 대할 때 MZ세대라는 사회적 범주에 묶이지 않도록 돕는다.

시스템적 관점의 중요성

코치는 고객이 지금 여기에서 무엇이 일어나고 있는지를 알아차리도록 돕는다. 현재 고객이 경험하고 있는 것의 진실을 정확하게 알도록 하는 것이다. 코치는 고객을 코칭할 때 맥락이 전경과 배경의 관계에 영향을 미친다는 점을 주목해야 한다. 이와 같이 코치는 영향 요인들의 관계를 전체적으로 조망하는 시스템적 관점(장 이론에서는 field perspective라고 말함)을 가져야 한다.

코치는 시스템적 관점에서 맥락 이외에 추가적으로 고려할 요소들이 있는지도 확인한다. 만일 코칭 기간 동안 팀장과 팀원의 관계가 지속된다면 팀장의 사회적 경험이 추가될 수도 있다.

MZ세대에 대한 팀장의 원형과 맥락의 영향을 최소화하는 방법은 팀장이 최규홍 개인의 인간적 속성에 주의를 기울이는 것이다. 최규홍에 대해 게슈탈트를 형성할 때 팀장은 전경과 배경, 맥락에 주의를 기울여야 한다. 이와 같이 시스템적 관점을 취할 때 '보기 좋은 게슈탈트'로서 전체를 볼 수 있다.

"나의 고객은 보기 좋은 게슈탈트를 경험했는가?"라고 자문해 보자. 게슈탈트 코칭의 본질은 고객으로 하여금 이 질문에 대한 완전한 답을 찾도록 돕는 데 있다. 우리의 멘털 모델은 게슈탈트를 쉽고 빠르게 형성하는 데 도움을 준다. 그러나 고착화된 멘털 모델과 자기중심성으로 타인을 지각하면 왜곡하거나 불완전한 게슈탈트를 형성할 수도 있다. 따라서 게슈탈트 형성에 영향을 미치는 긍정 요인과 부정 요인을 모두 고려하는 시스템적 관점이 중요하다.

이와 같이 게슈탈트 코칭을 실천하는 코치는 사람들이 느끼고 생각하고 행동하는 것을 전체적이며 시스템적인 관점에서 더 정확하게 이해하고 알아차리도록 조력한다. 이를 토대로 사람들은 리더십, 대인관계, 경력 개발, 취업, 사랑과 비즈니스 등 당면한 삶의 주제에 대해 새롭거나 다른 관점을 가질 수 있다. 또 그 관점을 기반으로 각자의 개인생활과 일터에서 존재방식의 변화를 만들고 주도할 수 있다.

지금 여기에 집중하기

게슈탈트 코칭의 기본 가정

게슈탈트 코칭은 바로 지금 여기에 초점을 맞추고 경험하고 있는 것을 선택하고 심층적으로 탐구한다(Bluckert, 2014; 2015). 고객은 이 과정에서 다양한 시도를 하고 새로운 접촉과 변화, 학습의 기회를 갖는다. 코치는 고객이 시도한 다양한 실험 경험을 활용해 현실에서 원하는 결과를 얻을 수 있는 행동을 하도록 돕는다. 게슈탈트 코칭에서 인간의 학습과 성장, 행동에 대한 가정은 다음과 같다.

첫째, 인간은 효과적으로 행동하려는 생래적인 동기를 갖고 있다. 알아차림은 효과적인 행동을 할 전조이며 선택으로 이어진다. 알아차림이 클수록 더 다양한 선택과 경험을 할 수 있다. 고객이 이러한 사실을 알게 하는 것이 코치의 일이다. 행동의 효과성을 가정하는 시각은 긍정심리학과 같다.

둘째, 학습은 바로 지금 여기에서 일어나고 경험하는 것을 알아차리고 탐구하면서 일어난다. 따라서 다양한 실험과 경험은 학습이 일어나는 중요한 자원이다. 변화는 고객의 책임이며, 코치의 책임이 아니다. 학습과 변화 과정에서 다양한 실험과 경험을 하는 개인의 자율성은 건강한 적응에 중요하다.

셋째, 성장은 알고 있는 것과 모르고 있는 것(또는 받아들이지 않은 것) 간의 접촉경계(contact boundary)에서 일어난다. 또 성장은 고객과 코치의 상호작용에 의해 촉진된다. 이때 코치의 현존(presence)은 결정적으로 고객의 성장에 영향을 미친다. 고객이 접촉경계에서 경험하는 것들에 대해 코치가 현존 상태에서 함께하며 객관적으로 관찰하고 피드백할 수 있기 때문이다. 현존은 코칭 맥락에서 코치가 고객과 상호작용하는 온전한 존재로 지금 여기에 있음을 뜻한다.

접촉과 접촉경계, 알아차림의 연결성

게슈탈트 이론을 구성하는 주요 개념은 접촉(contact)과 접촉경계 (the contact boundary), 알아차림(awareness)이다. 이들 세 개념은 내용 면에서 서로 밀접하게 연결되어 있다. 접촉경계와 알아차림이 제대로 이루어질 때 접촉을 명료하고 올바르게 체험할 수 있다.

접촉은 우리가 능동적으로 행동할 때 일어난다. 고객과 코치가 코칭 대화를 나누고자 할 때 접촉은 코칭 대화가 효과적으로 일어나도록 영향을 미친다. 코치가 고객과 악수로 인사를 나누는 바로 그 순간에 접촉이 일어난다. 접촉은 사람과 사람, 사람과 환경 사이의 관계 맺음이 있을 때 자연스럽게 일어나는 현상이며 경험이다. 접촉은 신체 감각적이며 은유적인 감각을 포함하고 있다.

접촉경계는 코치와 고객이 손을 서로 잡거나 놓는 찰나에 일어난다. 손을 잡은 것도 아니고 손을 놓은 것도 아닌 그 상태를 뜻한다. 따라서 접촉경계는 이론적인 개념이다. 접촉경계의 개념이 중요한 이유는 접촉이 변화하는 과정에서 우리가 갖는 생각, 느낌, 추상적인 아이디어들이 달라지기 때문이다.

예를 들면, 고객이 코치의 손을 잡으면서 가진 생각과 느낌은 손을 놓으면서 갖는 것과 다를 수 있다. 손을 잡을 때 차고 냉철하다고 생각했다면 놓을 때는 따뜻하고 포용적이라고 생각할 수 있다. 접촉 경계에서 일어나는 것은 신체 감각적이면서 메타 감각적이다.

접촉과 접촉경계에서 일어나는 것을 인식하는 것이 알아차림이다. 알아차림은 고객 또는 코치가 경험한 느낌과 생각, 행동, 원하는 것 등을 각각 게슈탈트로 인식한 다음, 현시점에서 전경으로 명확하게 떠올리는 의식을 말한다. 악수로 인사를 마친 고객에게 "지금 알아차린 것은 무엇입니까?"라고 질문할 때 이 질문에 대한 고객의 답변이 알아차림이다.

이와 같이 알아차림은 발견하는 능력이며, 또 지속적으로 훈련을 통해 길러야 하는 인지능력이다. 코치는 고객의 알아차림 능력을 향상시키는 역할을 수행한다.

현재 중심의 프레임워크

게슈탈트 코칭에서 인간은 자원이 풍부하고 창의적이며 전인적 존재이다. 따라서 코칭 고객은 지금 여기에 초점을 맞추고 경험을 선택하고 심층적으로 탐구한다. 현재 중심의 프레임워크는 첫 코칭 세션이나 고객이 지금 어디에 있는지를 이해하도록 도울 때 유용하다. 또 단기 코칭을 설계할 때 기본 틀로 사용할 수도 있다. 고객은 이 과정에서 다양한 시도를 하고 새로운 접촉과 변화, 학습의 기회를 갖는다. 코치는 고객이 시도한 다양한 실험 경험을 활용해 원하는 결과를 얻는 행동을 하도록 돕는다. 다음과 같이 4단계로 전개된다.

◆ 단계 1: 지금 일어나는 것은 무엇인가
고객이 지금 여기에서 무엇이 일어나고 있는지를 알아차리도록 한다. 현재 경험하고 있는 것의 진실을 정확하게 정의하도록 한다. 이를 통해 고객의 습관화된 사고방식이나 행동에 내재되어 있는 패턴을 찾아본다. 예를 들어, 박성일 팀장은 주간회의를 하던 중에 욱하는 감정이 일어났고 이내 팀원들에게 화를 냈다. 이전에도 감정이 일면 쉽게 통제하지 못했다.

◆ 단계 2: 주의 대상을 선택한다

코치는 고객의 과거나 미래에 주의를 기울이도록 안내하지 않는다. 오로지 현재에 머무르게 한다. 현재 시점에서 고객이 중요한 이슈를 찾도록 한다. 코치는 이에 대해 고객의 동의를 얻는다. 고객이 선정한 이슈는 전경에 해당한다. 박 팀장은 욱하는 감정을 통제하지 못하는 것에 주목했다. 욱하는 감정은 다른 팀원들의 모습이 팀장의 기대에 미치지 못할 때 흔히 일어난다.

◆ 단계 3: 선택에 따른 경험을 한다

코치는 고객이 선택한 이슈를 해결하는 새로운 행동을 찾도록 안전한 대화 공간을 조성하고 유지시킨다. 이 공간에서 고객은 과감한 도전을 하고 코치의 응원과 지지를 받으면서 새로운 실험과 접촉, 학습과 경험을 한다. 또 새로운 관점을 가져 본다. 코치는 상호 협력을 통해 고객이 새롭게 경험하고 학습하도록 창의적인 실험 환경을 디자인한다. 박 팀장은 자기 관점을 버리고 상대방 관점을 취하기로 했다. "기대와 다른 차이는 무엇 때문인가?"라고 먼저 자문했다. 잠시 쉼을 가졌다.

◆ 단계 4: 새롭게 일어난 것은 무엇인가

고객이 새로운 알아차림과 학습을 경험하면 해당 코칭 세션을 종결한다. 새로운 알아차림과 접촉을 찾는 다음 단계로 이동한다. 박 팀장은 팀원들에 대한 존중이 부족했다는 것을 알아차렸다. 팀원의 입장을 취하는 노력을 했다. 이후 팀장은 기대 차이를 느낄 때 더 이상 욱하는 감정을 갖지 않았다.

경험순환 프레임워크의 코칭적 활용

욕구는 게슈탈트 이론에서 우리가 경험을 통해 학습하고 성장하는 기본적인 장(field)을 형성한다. 경험순환은 욕구를 감각하고 인식, 선택, 행동하는 일련의 과정을 설명하는 핵심 도구이다. 펄스(Perls)는 1947년 출간한 『Ego, Hunger, and Aggression』에서 내적 균형을 유지하는 기제로 유기체와 환경이 상호 의존적 관계를 반영하는 본능적인 사이클이 존재한다고 믿었다. 이 순환과정에서 내적 균형을 유지한다고 보았다.

경험순환은 감각을 통해 불완전한 게슈탈트로서의 욕구가 생기고 충족되고 물러간 후 다시 새로운 욕구가 일어나는 것이다. 욕구 충족이 미해결 과제로 남으면 새로운 가능성을 탐구하는 동기를 억제하거나 방해한다. 따라서 잠재성을 충분히 만족시키지 못한다.

전경과 배경의 작동기제로 보면 지배적인 감각이 배경에서 전경으로 나타나면 주의를 끌다가 접촉을 통해 변화가 일어난다. 이때 새로운 감각이 전경으로 나타나면 기존의 지배적인 감각은 배경으로 사라진다. 경험순환에 대해서는 통일된 하나의 프레임워크가 존재하지 않고 다양하다(Zinker, 1977).

개인개발과 팀개발에 활용

시미노비치와 에론(Siminovitch & Eron, 2006)은 경험순환을 개인 차원뿐만 아니라 팀 차원과 조직 차원에서 개인개발과 조직개발을 위한 교육과 컨설팅에 활용했다. 경험순환을 팀코칭에 적용하는 사례를 들어 보자.

지난달 팀의 매출 목표를 달성하지 못한 팀장은 강력한 성과 리더십을 발휘하지 못한 점을 후회했다. 팀장은 팀 회의를 열었다. 매출 부진을 만회하기 위해 팀장은 대책이 필요하다고 생각했다. 가슴이 답답하고 목이 탔다. 조급해졌다(감각). 내적 불균형이 일어났다. 팀장은 지금 몹시 긴장하고 있다고 느꼈다. 현재 팀의 긴장감이 팀장의 기대에 못 미치는 수준이다(알아차림). 팀장이 긴장감을 고조시킨다고 해도 현 상황에서 팀원들이 기대하는 만큼 긴장감을 느끼지 못할 수 있다고 생각했다. 그 순간 불편함과 불안감이 일었다. 이제 팀장으로서 무엇인가를 해야 한다는 압박감을 느꼈다(흥분과 불안).

팀장은 매출 목표를 달성해야 할 필요성과 팀의 긴박한 상황, 지금이 위기라는 사실을 어느 때보다 강한 어조로 말했다(행동). 팀장

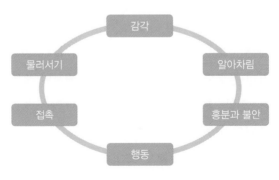

[그림 1-1] 개인과 팀의 경험순환

의 도전적인 시도는 팀의 긴장감을 만족할 수준으로 고조시켰다. 팀원들이 팀 회의에 집중하는 모습을 보였다(접촉). 팀장은 팀의 긴장감을 고조시킬 욕구를 더 이상 느끼지 못했다. 팀장의 마음도 한결 편해졌다(물러서기). 다시 내적 균형을 가졌다. 이제 팀장은 성과목표를 달성하는 팀 운영을 위해 어떤 토의 주제를 먼저 다룰 것인지에 대해 고민하기 시작했다.

코치는 경험순환을 통해 팀장이 욕구를 처리하는 방식을 관찰할 수 있다. 현장 코칭에서 보면 다른 형태의 경험순환을 보이는 팀장도 있다. 긴장감을 느끼는 순간 바로 행동으로 옮기는 것이다. 알아차림과 내면의 불안이나 긴장감의 실체를 충분히 느끼는 기회를 경험하지 못한다. 이러한 행동형의 경우 팀원의 입장을 헤아리지 못하고 충동적일 수 있다.

알아차림이 부족하면 선택이 제한적이고 창의적으로 다양한 리더십 시도를 할 기회를 놓친다. 코치는 팀장의 경험순환을 관찰하면서 그의 리더십 습관이나 약점을 알 수 있다. 코치가 팀장에게 행동을 하기 전에 쉼을 가져 보라고 조언할 때 팀장은 불편하고 저항할 수 있다. 팀장과 팀원의 경험순환을 맞추는 것은 성공적인 팀 운영에 중요한 리더십 역량이다.

경험순환을 방해하는 접촉경계 장애

접촉경계 장애가 경험순환의 모든 과정에서 작동할 수 있다. 팀장이 감각 과정에서 긴장감의 수준을 제대로 민감하게 느끼지 못할 수 있다(둔감). 알아차림 과정에서는 팀원들이 보여 주는 긴장감이 기대에 미치지 못한다고 생각하면서도 오히려 태연한 모습을 보일 수 있다(전향). 팀원이 기대만큼 긴장하지 않는다는 불일치 감정을 태연함으로 표현하는 것이다.

홍분과 불안 과정에서 기대와 다를 수 있다는 점에 대해 자기 욕구를 억제하고 팀원들의 생각과 욕구가 현 상황에서 적절하다고 그대로 받아들이는 것이다(내사). 행동 과정에서 팀장이 자신의 생각을 전달하는 과정에서 채우지 못한 욕구의 원인을 자신의 것이 아니라 팀원에게 돌리는 것이다(투사). 접촉 과정에서 팀원들에게 긴장감을 전달하기보다 지난달에 보였던 것처럼 속마음을 겉으로 표현하지 못하고 자신의 부족한 성과 리더십 역량을 탓할 수도 있다(반전). 이를 통해 결정적인 순간에 강력한 성과 리더십을 발휘하지 못하는 행동이 습관화될 수 있다.

마지막 물러서기 과정에서 자기 자신과 팀원의 반응, 팀의 성과부진 상황을 완전히 분리시키지 못하는 모습을 보일 수도 있다(융합). 이와 같은 접촉경계 장애는 팀장이 경험을 통해 학습하고 새로운 도전과 변화를 만들지 못하는 결과를 초래한다.

코치의 시스템적 관점과 역할

코치는 경험순환에서 일어나는 것을 전체성의 시각에서 접근하는 시스템적 관점을 가져야 한다. 팀 회의를 관찰한 코치는 팀코칭을 어떻게 시작할 것인가? 팀 회의 초반의 문제는 팀 회의를 개최한 목적이 분명한 전경으로 떠오르지 못했다. 따라서 코치는 팀장이 결과를 만드는 팀 운영을 위한 토의 주제를 강력한 전경이 되도록 발제해야 한다는 점을 피드백할 수 있다.

이때 코치는 무기력한 팀 회의가 되지 않도록 코칭해야 한다는 압박과 긴장감을 느낄 수 있다. 팀장도 같은 경험을 할 수 있다. 코치는 당면한 상황을 직면해야 한다. 현재 상황에서 무엇이 코칭 포인트인지를 알아차려야 한다. 또 코칭 경험을 토대로 토의 주제를 제시하는 효과적인 방법을 알려 주고 싶은 유혹에서 벗어나야 한다.

코치는 경험순환의 과정을 따라가면서 팀장이 접촉경계 장애에 빠지지 않도록 시의적절하게 피드백하는 역할을 맡는다. 이와 같이 코치에게 필요한 것은 시스템적 관점을 유지하는 인지능력이다. 코치는 전경과 배경의 관계에 영향을 미치는 제3의 요인을 식별한다. 그리고 전체성의 시각에서 고객이 지금 여기에서 일어나는 것을 보기 좋은 게슈탈트로 경험하도록 한다. 고객은 이때의 경험을 통해 원하는 결과를 얻을 것이다.

코치의 자세와 코칭 스킬

자신을 코칭 도구로 사용한다

코치는 코칭에서 체험하는 내적 · 외적 세계의 내용을 고객과 공유한다. 이를 위해 코치는 알아차림의 전문가가 되도록 자기수련을 지속할 필요가 있다. 자기 자신을 현재 중심의 알아차림 플랫폼으로 만드는 노력을 경주한다. 이러한 활동은 코치가 자신을 도구로 사용하는 것을 뜻한다. 결국 코치는 고객의 인식을 자극하고 변화 모델의 역할을 한다. 이 과정은 서로의 인식에 영향을 미친다. 코치는 자신을 고객의 내면 탐구에 사용한다. 이러한 노력이 게슈탈트 접근과 다른 개입의 차이점이다.

현존을 보인다

코치의 현존(presence)은 코치로서의 존재, 코치가 알고 있는 것, 코치의 진정성과 드러난 시각적인 모습을 토대로 한 존재 인식이다. 코치는 지금 여기에서 자신의 감각, 생각, 느낌, 표정 등에 대한 의식을 고객과 공유한다. 현존은 코치와 고객의 관계를 규정 짓는 중요한 개념이다. 욘테프(Yontef, 2002)는 게슈탈트 코칭에서 진정성(authenticity), 투명성(transparency), 겸손(humility)을 현존의 주된 속성으로 제시했다.

코치는 가치와 스킬, 문제해결 방식이나 삶을 다루는 데 있어 모델이 된다. 고객이 당면한 문제를 해결하는 데 에너지를 집중하도록 도와준다. 코치가 개인적으로 선호하는 해법에 집중하지 않도록 스스로 조심할 필요가 있다. 고객이 원하는 변화에 필요한 실험을 하도록 그의 마음을 불러일으킨다.

일치성을 보인다

코치는 자신의 언행, 고객에게 드러낸 것과 고객이 지각한 것을 서로 일치(congruence)시킨다. 코치는 실제 느끼고 행동하고 의미 탐구한 것과 동일하게 말해야 한다. 이를 통해 코치와 고객의 신뢰 관계를 형성한다. 또 코치가 경험하는 고객의 반응을 고객에게 효과적으로 전달할 수 있다. 건설적 피드백이 한 예이다.

코치의 피드백이 고객의 인식에 영향을 미친다. 이때 인식의 전경과 배경의 틀에서 고객으로 하여금 인식을 정교화하도록 돕는다. 평가와 판단, 비난이 없는 현재 중심의 상태, 코치와 고객의 관계, 코칭 맥락을 조성하는 역할을 수행한다.

말한 것을 실행한다

현재 중심에서 생각과 느낌, 말과 행동의 일치성을 포함한다. 조직코칭에서 경영자, 상급자, 다른 이해관계자의 관점과 해석이 코칭 고객의 실행(walk the talk)과 다를 수 있다. 예를 들면, 조직은 기업가치로 공정성을 강조하지만 고객의 상급자가 의사결정 과정에서 공정성을 준수하지 않을 수 있다. 따라서 공정성을 코칭 주제로 할 때 코치와 고객은 공정성을 해치는 다른 실행을 주의 깊게 살펴야 한다. 게슈탈트 코칭에서 코치는 조직 내의 규범, 해석, 신념에 영향을 받지 않고 현재에 초점을 두고 실행을 다룬다.

주요 코칭 스킬

게슈탈트 코칭에서 사용하는 주요 코칭 스킬을 요약해 보면 다음과 같다.

- 코치의 현존 드러내기
- 행동 모델 되기
- 고객의 문제에 초점 맞추기
- 여러 실험을 하도록 고객의 마음을 불러일으키기
- 안전한 코칭 공간을 만들어 함께하기(holding space)
- 현재에 머물며 진행 과정에 초점 맞추기
- 고객의 정서 반응을 방어기제 없이 마주 대하고 받아들이기

- 판단하지 않는 관찰하기
- 자료와 해석을 구분하기
- 상대방이 말하고 행동하는 의도를 알아차리기
- 상대방의 말과 행동에서 그들이 원하는 것을 알도록 돕기
- 타인과 좋은 접촉을 갖기
- 고객이 처한 맥락적 이슈를 인식하고 평가하기

코칭 사례 >>>
알아차림: 목적 없이 일에 묶인 삶

  사람들은 자신을 포함해 타인과 환경에 대해 끊임없이 탐구하려고 하며, 그 과정을 통해 학습하고 성장한다. 임원 후보군을 대상으로 한 코칭에 만난 팀장은 회사 생활에 몰두하느라 자기만의 시간을 갖지 못했다. 그는 어느 순간 자신의 삶에 의문을 던졌다. 도대체 내가 무엇을 위해 이렇게 바쁘게 살고 있는가? 물론 질문에 대한 답은 가지고 있었다. 회사로부터 인정받고 승진하고 주위 사람들로부터 존중을 받고 싶었다. 가정에 안정적인 생활을 할 수 있는 경제적 기반을 만들고, 가족이 행복한 삶을 누리도록 하는 것이다.

  어느 순간부터 자신이 원하는 가족의 모습이 아니라고 생각했다. 자녀들의 학교생활, 아내와의 친밀감, 휴일 여가생활 등에서 불만족한 요인들이 생겨났다. 이전에 느꼈던 편안함이 아니었다. 점차 가정에서 보내던 시간을 회사에서 보내면서 일에 더 몰입하게 되었다. 겉으로는 일에 열중했지만, 심신은 탈진되고 있었다. 무엇이 문제인

가? 팀장은 회사와 가정에서 원하는 것을 보면, 모두 외부 환경에 있었다. 회사에서는 경영진과 주위 사람들의 인정, 가정에서는 가족구성원들의 행복한 모습이다. 코칭 대화를 나누면서 그가 알아차린 것은 자신의 존재감이 모두 외부 평가 요인에 의해 결정적으로 영향을 받는다는 것이다.

코치: 팀장님은 누구의 삶을 살고 있습니까?

팀장: 열심히 살았지만, 나의 삶을 살았다고 말하기는 어렵습니다. 제가 기대하고 중요하게 보는 것들이 모두 밖에 있습니다. 그렇다 보니, 회사의 인정을 받지 못한다고 생각하거나 가정이 행복해 보이지 않으면 흔들리는 거죠.

코치: 지금 어떤 느낌인가요?

팀장: 멍한 느낌입니다. 비어 있습니다. 이 공허함. 시선이 밖을 향하고 있다가 시선을 안으로 돌리니 보이는 것이 없습니다. 내 자신이 없습니다.

어떤 삶을 살 것인가? 살면서 가장 많이 고민한 질문이다. 나는 팀장에게 양손을 앞으로 내밀고 왼손에는 일터에서 바라는 것을 올려놓고, 오른손에는 가정에서 바라는 것을 올려놓게 했다. 그는 왼손에 회사로부터의 인정, 오른손에 가족이 행복한 생활을 하는 모습을 올려놓았다.

코치: 두 손에 올려놓은 것을 바라보십시오. 어떤 생각을 하십니까? 지금 일어나고 있는 것을 말씀해 주십시오.

팀장: 둘 다 소중하게 여겼던 것입니다. 그것들이 양손에 들려 있

습니다. 그리고 둘을 바라보고 있고, 두 손은 몸통으로 연결됩니다. 몸통은 바로 나입니다. 중요한 것들이 모두 밖에 있습니다. 나는 누구일까요? 그다음 내가 생각해야 하는 것은 무엇일까요?

코치: 팀장님, 중요한 알아차림을 말씀하셨습니다. 몸통은 바로 팀장님, 자신입니다. 그럼, 나는 누구일까요?

팀장: 나는 누구일까요? 내가 소중하다고 생각한 것은 분명히 밖에 있지만, 내 안에 있는 것은 마음뿐입니다. 그런데 마음은 비어 있습니다.

코치: 그 빈 마음을 무엇으로 채우면 좋겠습니까?

팀장: 내가 소중하게 여기는 것을 밖에 두지 말고 안에 두어야 합니다.

코치: 지금까지 생각한 것을 정리해 볼까요? 어떻게 정리해 보겠습니까?

팀장: 내면이 강건해야 합니다. 중심을 잡아야 합니다. 그것을 찾는 중입니다.

코치: 저의 생각을 말씀드릴까요? 팀장님은 그동안 역할자의 삶을 살았습니다. 밖에 중요한 것을 두고 그것을 만족시키는 역할자의 삶을 산 것입니다. 이제 그 역할자가 누구인가를 묻고 있습니다. 나는 누구인가? 이제 삶의 주체가 누구인가를 묻는 것입니다. 그럼 나를 있게 하는 것은 무엇일까요? 나의 존재 이유는 무엇입니까?

팀장: 사실 저는 코치님이 말씀하시는 질문에 대한 생각을 깊이 한 적은 없습니다. 그래서 무슨 말씀인지는 알고 있지만, 그 답이 떠오르지 않습니다.

코치: 지금까지 잘 해 오셨습니다. 소중하게 생각하는 인정, 행복. 그것은 팀장님이 중요하게 생각하는 가치입니다. 새로운 가치들을 생각할 수 있습니다. 그것은 나중에 찾기로 하고 지금은 그 가치를 실행하는 나를 생각해 보는 것입니다. 그리고 평가 기준도 자기 안에 두는 것입니다. 나를 행위의 주체로 두고, 자신이 존중하는 가치를 제대로 실천하고 있는지를 자신의 눈으로 자기평가를 하는 것입니다. 어떻게 생각하세요?

팀장: 알겠습니다. 내가 내 삶의 주체가 되어야 합니다. 그래야 중심을 잡을 수 있겠습니다. 인정과 행복 그것 이외에 따른 가치가 있는지도 찾아보겠습니다.

코치: 어떤 느낌이 드세요.

팀장: 두 손이 내 몸통으로 연결되어 있고, 몸통이 살아납니다. 생기가 느껴집니다. 정리가 되었습니다. 감사합니다.

코치: 다음에는 오늘 말씀 나눈 것을 포괄해서 '내 삶의 목적이 무엇인가?'에 대해 생각해 보십시오.

나는 팀장에서 삶의 목적을 설정하는 법, 삶의 가치를 찾는 법, 가치를 추구하고 실천하는 언행과 일상이 삶의 목적과 일치하여야 하며, 그 결과가 타인과 사회에 선한 영향력을 미칠 수 있어야 한다고 알려 주었다. 그 팀장과 2주가 더 지난 어느 날 다시 만났다. 팀장은 자신이 중요하게 생각하는 삶의 가치를 정리했다. 그는 삶의 가치를 정리한 후 자신의 눈으로 세상을 보고 있다는 자신감을 가졌다고 했다.

다음 질문에 대한 생각을 정리한다.

1. 게슈탈트 이론의 핵심 개념은 무엇입니까?
2. 지금 떠오르는 욕구를 느껴 보십시오. 이 욕구의 '보기 좋은 게슈탈트(good
   gestalt)'는 무엇입니까?
3. 코칭 현장에서 게슈탈트 접근을 취할 때 고려할 점은 무엇입니까?
4. 코칭에서 게슈탈트 코칭의 기여는 무엇입니까?
5. 게슈탈트 코칭 이해는 현재 여러분의 활동에 어떤 시사점을 줍니까?
6. 여러분의 현장 활동에서 무엇을 달리 실행해 보겠습니까?

펄스에 대한 단상

게슈탈트 심리치료를 창안한 프리츠 펄스(Fritz Perls)는 원래 정신
분석학을 추종했다. 그는 1936년 프로이트(Freud) 지지자들의 학술
대회에 「Oral resistances」라는 논문을 발표 신청했다가 거절당했다.
그는 몹시 분개했다. 그때의 심정을 이렇게 메모로 남겼다. 'I know
better.' 이후 그는 프로이트가 인간의 반쪽은 알지만, 나머지 반쪽은
모른다고 혹평했다. 그리고 1926년에 만난 신경학자 커트 골드스타인
(Kurt Goldstein)의 'Organism as a whole'의 관점을 받아들였다. 프로
이트가 놓치고 있다고 본 점이다.

펄스는 1941년 『Ego, Hunger, and Aggression』책 원고를 타이핑하면서 투덜거렸다. 독일에서 유태인으로 출생해 영어도 좀 서툴고 자신의 타이핑 속도가 넘치는 생각보다 느리기 때문이다. 요즘 그가 생존해 있다면 이런 불평을 하지 않을 텐데 말이다. 1960년대에 펄스는 게슈탈트 심리치료가 학문적으로 쇠망한 정신분석학 이후의 공백기를 채우는 새로운 접근, 그의 표현으로 보면 'new truth'라고 생각했다. 그는 인간을 새로운 관점에서 보고 있다고 확신했다.

게슈탈트 심리치료의 인간관으로서 내담자에 대한 기본 가정은 다음과 같다. "내담자는 환경 조건과 관련해 처음부터 온전하고 건강하며 내적 자원이 풍부한 존재로서 자기 자신의 삶을 영위한다."

펄스가 자신의 이력을 정리한 글에 이런 내용이 있다. "1996년 게슈탈트 치료가 미국 전역에 알려지기 시작했다. 정신분석과 실존주의 이후에 우리는 기존의 공백을 채우게 되었습니까? 우리는 좋은 서비스를 제공할 수 있습니까? 우리는 현재 그렇게 하고 있습니까?" 노년에 그가 학생들에게 접촉과 알아차림에 대해 hot seat 기법(교육 참가자 중 한 사람을 상담사와 마주 앉게 하고 참가자는 상담 과정을 관찰 학습하는 기법)으로 훈련시키는 장면은 인상적이다. 코칭에서 경험한 것과 같았다.

제2장

생각과 느낌, 행동을 통합적으로 본다

인지가 정서와 행동에 영향을 미친다

발생한 사건이 아니라 그 사건에 대한 사람들의 생각이 이어지는 정서 경험과 행동에 영향을 미친다. 생각은 어떤 관념에 도달하는 의식적인 정신활동이다. 고대 스토아학파의 철학자들은 이러한 인간의 심리를 간파했다. 철학은 이론적 수련이 아니라 삶의 방식이다. 철학자 에픽테토스(Epictetus)는 통제할 수 있는 것과 통제할 수 없는 것을 변별하고, 통제할 수 있는 것에 생각을 집중하라고 조언한다. 각자 통제할 수 있는 것에 관점을 맞추고 관련된 자신의 행동에 책임을 지는 것이다. 자기 수련을 통해 자기 행동을 점검하고 통제할 수 있다.

스토아학파의 사상은 인지행동치료(Cognitive Behavior Therapy)의

개척자로 알려진 앨버트 엘리스(Albert Ellis)에 영향을 미쳤다. 사건
은 정서와 행동에 영향을 미치지만 그 사건과 상황을 대하는 사람들
의 신념, 생각, 해석, 의미부여 등에 개인차가 있다. 포괄적으로 보
면 그 사건을 대하는 인지(cognition)에 의해 정서와 행동이 영향을
받는다.

ABC 모델 기반의 인지행동치료와 발전

엘리스(Ellis, 1957)는 내담자의 심리적 이슈를 진단하고 해법을
개발하는 방법으로 ABC 모델을 창안했다. A는 선행사건(Activating
event)이며, 내담자가 경험하는 외적 사건과 내적 심리 상태를 뜻한
다. B는 내담자가 사건에 대해 갖는 신념(Belief)이다. 그리고 C는 결
과(Consequence)로서 비합리적 신념에 따라 사건을 대응하는 과정
에서 내담자가 드러낸 정서와 신체, 그리고 행동의 내용이다.

그는 1962년 ABC 모델을 ABCDEF 모델로 수정했다. 내담자가 경
험한 ABC의 내용을 파악한 후 선행사건에서 체험된 부정적인 정서
(adversity)를 유발한 신념을 검증한다(Disputations). 이를 통해 인지
를 재구성하고 효과적인 새로운 접근(Effective new approach)을 시도

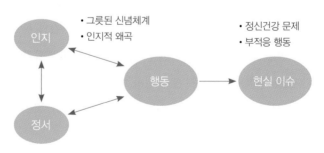

[그림 2-1] 인지행동치료의 통합적 접근

한다. 그 결과로써 새로운 정서(new Feelings)를 체험하도록 돕는다. 심리치료사는 이 모델을 토대로 내담자의 삶 전반을 다룬다.

　이와 같이 인지행동치료는 내담자가 처한 상황에서 그의 그릇된 신념체계와 인지적 왜곡에 따른 정서와 행동을 통합적으로 본다. 내담자가 사고하는 방식과 내용을 바꿈으로써 그가 느끼고 행동하는 방식에 변화를 준다. 이러한 과정을 통해 내담자는 이전보다 합리적인 방식으로 문제를 해결한다. 나아가 타인과 환경에 효과적으로 적응하고 건강한 삶을 살 수 있다.

　엘리스(1955)가 개발한 합리적 정서행동치료(Rational Emotive Behavioral Therapy)는 인지행동치료의 초기 형태로 내담자의 비합리적 신념을 다루었다. 인지적 접근을 강조한 인지치료(Beck, 1967)는 행동주의에 기초한 행동치료의 영향을 받으며 인지행동치료로 발전했다.

　이후 연구자들은 자동적으로 떠오르는 부정적 생각, 인지적 왜곡과 신념을 중점적으로 다루며 인지치료 효과를 과학적으로 검증했다. 인지행동치료에 속하는 기법으로 마음챙김 기반 스트레스 감소법(Kabat-Zinn, 1994), 수용전념치료(Hayes, 1987), 변증법적 행동치료(Linehan, 2014) 등이 출현했다.

　인지행동치료에 대한 대표적인 비판은 지금 여기에 초점을 두며 문제의 근원적 원인을 탐구하지 않는다는 것이다. 또 내담자를 임파워먼트하지 못한다고 지적한다. 그러나 내담자가 현실 문제와 관련된 느낌, 생각, 행동을 탐구할 능력을 가지고 있다는 점을 긍정적으로 본다.

인지행동치료 세션의 구성과 운영

심리치료 세션의 진행은 주로 단기이다. 그러나 내담자의 주제와 내담자가 세션 밖에서 자기주도적으로 수행할 과제 등을 고려하여 기간을 결정한다. 전체적인 세션의 구성은 진단, 개입, 평가로 이루어지며 다음과 같은 대화와 활동을 포함한다.

〈진단〉

• 심리치료사는 현재의 삶에서 겪는 부정적 생각과 행동패턴, 심리적 어려움에 대해 내담자와 소통한다.
• 내담자는 자신에게 부정적인 영향을 미친 과거의 경험에 대해 말한다.
• 심리치료사는 내담자의 생각과 감정, 행동을 탐구하기 위해 함께 필요한 실습(exercise)을 한다.

〈개입〉

• 심리치료사가 진단에서 나타난 비합리적인 신념을 수정하고 합리적으로 인지를 재구성하여 인지행동적 변화를 만들어 내는 기법을 치료과정에서 전개한다.
• 정규 세션 이외에 내담자의 개인 시간에 수행할 과제가 있는 경우 과제수행에 대해 내담자의 동의를 받는다.
• 심리치료사는 이전 세션에서 내담자가 수행한 과제를 검토하고 진행 상황에 대해 논의한다.

〈평가〉

- 개입의 효과를 측정하고 평가한다. 평가지표로 내담자의 이슈
에 대한 변화된 느낌과 인지, 행동의 빈도, 강도, 지속성 개선
정도 등을 사용한다.

코칭 시각에서 본 인지행동치료 접근

코칭 시각에서 주목할 인지행동치료의 특징은 세 가지이다.

첫째, 인지적 문제해결 중심이다. 인간은 합리적 사고뿐 아니라 비
합리적인 사고도 한다. 인간의 인지능력을 긍정적으로 본다. 감정이
나 행동은 신념이나 사고방식의 영향을 받는다. 따라서 비합리적인
사고를 하는 경우 인지 변화를 통해 감정과 행동의 변화를 끌어낸다.

둘째, 내담자의 정신건강 문제와 관련된 인지, 감정과 행동을 개
별적으로 보지 않고 내담자의 내면이나 그가 처한 상황에서 상호작
용하는 모습을 통합적인 관점에서 다룬다. 심리치료 과정에서 내담
자의 인지적 변화와 정서적 변화, 행동적 변화를 연계시켜 해결책을
만들어 낸다.

인지행동치료의 통합적 접근은 코칭 고객의 심리적 변화를 종합
적으로 설계할 수 있는 논리를 제공한다. 고객의 알아차림 코칭, 정
서 코칭, 행동변화 코칭을 개별적으로 전개하기보다 시스템적 코칭
설계를 통해 코칭의 시작부터 통합적으로 접근할 수 있다.

이러한 접근은 고객으로 하여금 자기 자신의 인식변화가 정서와
행동변화를 수반할 수 있다고 예상하게 한다. 이를 통해 고객은 코
칭 주제별 접근에서 통합적 접근으로 관점 전환을 하고 효과적으로

자기관리를 할 수 있다. 또 코치도 고객의 코칭 주제를 쪼개거나 개별적으로 다루기보다 통합적으로 관리할 수 있다. 이를 통해 코치는 실제적으로 고객의 전인성에 대한 인식을 경험하고 수용하는 기회를 가질 것이다.

셋째, 인지행동치료의 제한점을 코칭 시각에서 보면 코칭의 차별성을 확인할 수 있다. 코칭은 현재와 미래 관점을 취한다. 코칭 고객이 자기 분야에서 전문가임을 존중한다. 그가 자기 자신의 잠재성과 심리적 자원을 활용하여 원하는 결과를 얻도록 그를 삶의 전면에 내세운다. 이러한 임파워먼트는 코치가 고객을 완전히 신뢰하기 때문이다.

코칭에서 인지행동 접근을 취하는 경우 코치는 고객으로 하여금 코칭 지식과 스킬을 학습하도록 코칭 환경을 조성하고 셀프 코칭할 수 있도록 도울 수 있다(Neenan & Palmer, 2001). 이를 위해 코치는 고객이 인식능력을 키우고 자존감과 자기 수용을 높이는 코칭을 한다. 결과적으로 고객은 자신의 향상된 심리적 자원을 활용해 더 나은 성과변화를 만드는 실행력을 보일 것이다.

인지행동적 프레임워크의 코칭적 활용

심리치료의 문제가 아닌 경우 코칭 분야에서도 인지행동적 프레임워크를 활용하고 있다. 특히, 코칭 산업이 커지면서 일터와 개인 생활, 학교 장면 등에서 폭넓게 사용한다. 대표적인 인지행동적 프레임워크는 ABCDE 모델로 다음과 같이 5단계로 전개된다(Dryden & Neenan, 2004). 엘리스의 ABCDEF 모델과 같이 인지, 정서와 행동에 대한 통합적인 접근을 취한다.

◆ 단계 1: 선행사건(activating event)

고객이 문제로 보는 결정적인 선행사건 A의 내용을 파악한다. 이 모델에서 사건 A가 결과에 영향을 미치는 것은 아니다. 코치는 고객으로 하여금 심리적 스트레스나 부정적인 감정 또는 이러한 심리 변화를 일으키는 사건을 식별하도록 한다. 어떤 사람은 둔감하게 지나칠 수 있는 사소한 것이지만 사람에 따라서는 그것에 의해 상처받을 수 있다. 따라서 고객의 관점에서 이슈라고 인식한 것을 명확하게 규명하는 것이 중요하다.

◆ 단계 2: 신념(beliefs, performance interfering thoughts)

결정적인 사건 A와 관련된 자기 제한적이며 자기 파괴적인 신념, 그릇되며 비이성적이고 도움 되지 않는 신념을 찾는다. 예를 들면, '나는 참을 수 없다'와 같은 좌절을 인내하는 수준이 낮은 신념을 찾는다. 이와 같은 신념은 고객이 일상에서 체험하는 특정 자극에 대해 습관처럼 용이하게 반응하도록 해 준 확고한 신념체계에서 비롯된다. 이 단계에서 코치는 고객이 해당 신념을 갖기 시작한 사건이나 배경, 또는 해당 신념에 대해 고객이 생각하는 논리를 탐색한다.

◆ 단계 3: 결과(consequences)

앞 단계에서 파악한 신념이 고객에게 미치는 영향을 규명한다. 신념의 영향은 정서, 행동, 생리적 반응으로 나타난다. 예를 들면, 다음과 같다.

• 정서: 불안
• 행동: 행동 지연

• 생리적: 가슴 두근거림

이러한 결과는 모두 고객의 신념체계에 따른 것이다. 우리는 자신
감이 부족한 경우나 타인이 압박하는 것을 수행하지 않으려고 거부
한다. 이러한 상황을 견디는 것은 고통스럽다. 비합리적 신념에 따
른 영향으로 드러나는 생리적 반응, 정서와 행동의 상호작용을 통합
적으로 본다. 이때 코치의 역할은 고객의 신념체계를 변화시키는 데
필요한 시스템적 관점을 취하는 것이다. 예를 들면, 고객의 가족, 조
직, 사회적 관계 등의 시스템적 맥락에서 신념의 형성과 활용을 탐
구한다.

◆ 단계 4: 논박(disputing and restructuring unhelpful beliefs)

코치는 고객의 비합리적인 신념을 검증(논박)한다. 이를 통해 합
리적인 신념으로 재구성한다. 예를 들면, 사건이 일어날 때 가진 비
합리적 신념은 '마음에 들지는 않는다. 이전에는 참지 못했다.'이다.
그러나 검증 과정에서 '항상 그런 것은 아니다. 참을 수 있다. 지금
시작한다면, 인내심을 갖고 과제 마감일을 맞출 수 있을 것이다.'는
신념을 확인했다. 이와 같이 기존 신념을 검증하고 재구성한다. 다
음과 같은 관점에서 검증한다(Neenan & Willson, 2021).

• 신념이 고착된 것인가 아니면 유연한가?
• 신념이 극단적인가 아니면 극단적이지 않은가?
• 신념이 논리적으로 타당한가?
• 신념이 현실적인가?
• 신념을 유지하는 것이 도움 되는가?

◆ 단계 5: 효과적인 새로운 접근(effective new approach)

비합리적인 신념을 극복하면서 목표를 달성하기 위해 당면한 과제에 새로운 접근을 시도한다. 새로운 습관과 행동패턴을 형성할 수 있다. 긍정적 결과에 대해 스스로 동기부여를 하고 지연 없이 마감기한과 일정을 준수한다. 성공적으로 일을 마쳤을 때 자기 칭찬과 자축을 한다. 자신에게 특별한 선물을 한다.

반복적으로 떠오르는 생각

경쟁사회에서 치열한 삶을 살다 보면 자기만의 세상 보기가 고착화되기 쉽다. 그 과정에 결정적인 영향을 미치는 심리는 자기중심성이다. 자기중심성은 세상을 보는 하나의 관점이다. 관점은 자기만의 삶의 이야기를 만들어 가는 생명력을 갖고 있다. 그리고 그 관점은 자신의 생각과 행동에 영향을 미친다. 따라서 관점을 바꾸라는 것은 때로는 존재방식을 바꾸라는 것과 같다(이석재, 2020). 이와 같이 자기중심성이 작동하면 특정 생각이 반복해서 떠오른다. 대표적인 것이 그렘린(gremlin), 반추적 사고(rumination), 침투적 사고(intrusive thought), 자동적으로 떠오르는 부정적 생각(automatic negative thoughts: ANTs)이다.

내면의 목소리, 그렘린

의식이 깨어 있는 순간이면, 항상 작동하는 내면의 목소리가 있다. 전문코치와 심리학자들은 이러한 심리의 실체를 개념화했다.

대표적인 것이 자동적으로 떠오르는 부정적 생각(ANTs) 이외에 그렘린(Carson, 2003)과 사보투어(saboteur; Kimsey-House et al., 2011; Whitworth et al., 2007)이다. 사보투어는 그렘린의 다른 언어적 표현이며 그 근본적인 기능에 차이는 없다.

그렘린은 사람의 머릿속에 있는 해설자이다. 방송이나 매체에서 해설자는 그 실체를 드러내지 않은 상태에서 상황이 전개되는 내용에 대해 설명하고 부연한다. 그렘린도 그와 같이 활동한다. 그렘린은 내면에서 관찰자의 역할을 하며, 어떤 생각과 행동을 할지를 조정한다. 의식적으로 통제하고 억제시키려 하면, 나름대로의 다른 전략과 전술을 사용하며 계속 영향을 미친다. 그렘린은 우리를 보호하는 것 같지만, 사실 변화를 시도하고 더 앞으로 나아가려는 것을 방해한다(이석재, 2014).

그렘린을 길들이는 효과적인 방법은 무장을 해제하듯 편안한 상태에서 그렘린의 출현을 단순히 알아차리고, 그것의 말을 있는 그대로 듣는 것이다. 그렘린을 길들이는 방법은 다음 단계를 따른다.

- 단계 1: 단순히 알아차린다. 구체적으로 내용을 파악하려고 하지 않는다.
- 단계 2: 그렘린이 드러나는 방법을 선택하고 함께 놀이를 한다. 예를 들면, 고른 숨을 쉬면서 그렘린의 내용을 충분히 경험하기, 그렘린의 모습을 바꿔 보기, 그림이나 글로 표현하기를 한다.
- 단계 3: 그렘린과 함께하며 다양한 모습의 실체를 알아차린다. 이 과정을 통해 현실적 자기(real self)와 그렘린을 변별한다.
- 단계 4: 그렘린이 원하는 자기 이미지가 아니라, 현실적 자기를 실현한다. 예를 들면, 지금 이 순간 자신의 생각을 알아차리고,

자기 자신이 진정으로 원하는 것을 선택하고 실행한다.

반추적 사고

자신이 해결할 수 없는 사건을 경험하면, 그 사건을 수용하기 힘들고 좌절도 하고 모욕감도 느낀다. 여전히 해결되지 않은 상태이다. 이러한 경험은 반추적 사고로 나타난다. 반추는 포유동물이 삼킨 음식을 다시 게워내어 씹는 되새김질이다. 반추적 사고는 자신의 의도와 관련 없이 과거에 경험한 부정적 사건과 관련된 생각이 저절로 반복해서 의식에 떠오르는 것을 말한다. 반추적 사고의 특징은 5가지로 요약할 수 있다.

첫째, 반추적 사고는 환경 자극이 없는 상황에서도 일어난다. 또 특정 주제와 관련된 인지 활동을 발전적으로 전개시키는 도구적인 기능을 한다. 반추적 사고를 쉽게 통제하기 어려운 이유이다.

둘째, 반복성이다. 생각하면 할수록 생각과 느낌은 더 생생하고 강렬해진다(Martin & Tesser, 1996). 특히, 그 사건의 상세한 내용이 자신의 의지와 상관없이 반복해서 떠오르고 심한 스트레스와 불안을 자극하고 우울하게 만든다. 이와 같이 자신의 의지와는 무관하게 과거에 일어난 부정적인 사건에 대한 생각을 반복적으로 되새긴다.

셋째, 과거에 일어난 부정적인 사건에 강박적으로 묶인다(Irving & Thompson, 2018). 반추적 사고는 부정적인 사고와 우울 등의 감정을 동반하지만, 일반적인 감정 처리와는 다른 문제이다. 대체로 부정적인 감정은 일정한 기간이 경과하면서 해결되고 더 나은 방향으로 처리될 수 있다. 그러나 반추적 사고는 우리의 의식에 반복적으로 떠오르고 우리는 그 생각에 묶인다. 이러한 속성 때문에 반추적 사고를 하면 스트레스로 힘들어지고 우울해진다.

넷째, 반추적 사고는 개인적인 관심과 목적에 관련된 주제에 연관되어 있고 자기 자신에게 초점이 맞춰져 있다. 예를 들면, 한 달 전에 했던 의사결정을 떠올리며 그때 내가 의사결정을 했더라면 지금 더 좋은 결과가 나타날 것으로 상상하며 아쉬워한다. "그때 그 아파트를 샀더라면, 지금 얼마를 벌었을 텐데."라고 되새기는 것이다. 문제는 이 생각을 한 번으로 끝내는 것이 아니라 불안하거나 의기소침할 때, 걱정이 클 때 반복해서 머릿속에 떠오른다는 것이다. 이 사고는 이후에 개인의 관심이나 목적을 달성하도록 돕기도 하고 방해가 되기도 한다.

다섯째, 반추적 사고로 힘들어하는 사람들은 흔히 자신의 생각을 다른 사람에게 털어놓고 싶어 한다. 따라서 코치는 반추적 사고로 힘들어 하는 고객의 이야기를 진정으로 경청하는 역할을 할 수 있다. 그러나 심리치료는 코치의 역할이 아니다.

반추적 사고로 힘들어한다면 관점 변화를 경험하도록 관점코칭을 하는 것이 하나의 해법이다. 관점을 바꾸게 되면 동일한 사건과 대상에서 다른 의미와 가치를 찾게 된다. 이때 긍정 에너지를 체험하게 되고 다음 단계로 나아가는 원동력이 된다. 또 다른 방법은 반추적 사고와 연계되어 있는 부정적 감정을 읽고, 그 감정의 의미를 탐색한 후에 감정을 재해석하거나 반추적 사고의 내용과 감정의 연계 또는 연합을 제거시키는 것이다.

침투적 사고

자신이 원하는 삶의 모습과 다른 현실을 보고 자신이 선택하지 않은 방안을 떠올릴 수 있다. 처음에는 의사결정을 잘못한 사건으로 흘려보냈지만 시간이 갈수록 반복해서 떠오르는 경우가 있다. 되돌릴 수 없는 일이라는 것을 알면서도 그때에 대한 생각이 불쑥 떠오르고 그 생각으로 인해 정서적으로 불안해지는 빈도가 늘어난다.

이와 같이 자신은 원하지 않지만 어느 순간 불쑥 떠오르는 생각을 침투적 사고라고 한다. 스탠리 라흐만(Rachman, 1993)은 침투적 사고를 반복적이며 수용하기 힘들고 원하지 않는 생각, 이미지, 충동으로 정의했다. 사람들이 이러한 침투적 사고를 어떻게 대응하고 처리하느냐에 따라서 그 영향력은 크게 달라진다.

모든 사람은 침투적 사고를 경험한다. 정도의 차이가 있을 뿐이다. 흔히 경험하는 일이다 보니 개인적인 고민을 마음속에 담아 두고 생활하면서 정서적으로 힘들어하기도 한다. 이러한 고민을 드러내고 해결하여 더 큰 문제가 되지 않도록 조치하는 것이 중요하다. 인지행동치료에 기초해 개발된 침투적 사고를 해결하는 방법을 활용해 본다(Winston & Seif, 2017). 구체적인 해결 방법은 다음과 같다.

- 내 인식에 침투한 생각이 있다는 것을 있는 그대로 인지한다.
- 침투한 생각은 또 다른 생각일 뿐이라고 그냥 생각한다. 막거나 통제하려고 하지 않는다.
- 침투한 생각을 수용하고 허락한다. 이성적으로 따지지 않는다. 지워 버리거나 배척하려고 하지 않는다.
- 대응하지 말고 관찰하고 느낀다. 그대로 머물게 둔다.

- 시간이 흘러가도록 둔다. 이 생각 또한 시간이 경과하면서 지나 간다고 생각한다.
- 침투적 사고가 들어오기 전에 하던 일을 그대로 계속한다.

자동적으로 떠오르는 부정적 생각

심리적으로 불편하면 자동적으로 부정적인 생각이 떠오른다. 그 생각은 부정적인 사건을 떠올리게 하고 부정적 신념을 키운다. 또 긴장과 스트레스를 유발하고 사람을 우울하게 만든다(Clark et al., 1999). 처음에 강한 의지를 갖고 시작했더라도 부정적인 생각이 한 가지라도 떠오르면 이내 증폭되고 확산되어 의기소침한 상태가 된다. 부정적인 생각은 순식간에 우리의 사고를 지배한다.

일상에서 새로운 변화를 시도하려 할 때, 내면에서 "정말 할 수 있어? 지금은 아닌 것 같은 데, 괜히 속 태우지 말고 그만둬."라는 소리가 들린다. 앞으로 전진하려고 하면 할수록 내면의 소리는 더욱 강렬하게 변화를 시도하지 못하도록 발목을 잡는다. 새로운 변화는 긴장과 걱정을 수반한다. 그때 내면의 방해꾼인 자동적으로 떠오르는 부정적 생각이 활동한다.

코칭에서 고객의 행동을 변화시키기 위한 대화를 나눌 때, 고객이 흔히 경험하는 내면의 방해꾼은 다음과 같은 부정적인 생각이다. "지금 너무 바쁘다.", "이번이 처음이 아니다. 이전에도 여러 번 시도해 봤지만, 역시 효과가 없었다.", "왜 꼭 해야 하는지 잘 모르겠다.", "지금은 적절한 시기가 아닌 것 같다.", "나중에 하는 것이 더 좋겠다." 이러한 생각은 마치 내면에 또 다른 인식 주체가 있다고 느끼게 한다. 의인화하여 내면의 방해꾼이다.

자동적으로 떠오르는 부정적 생각이 갖는 강력한 능력은 논리적인 자기합리화이다. 자기합리화의 소리가 때론 너무 커서 실제 음성이 들리는 것 같은 착각을 일으킨다. 행동변화를 시도할 때는 항상 부정적인 생각이 함께 활동을 한다. 코칭을 통해 고객의 변화를 이끌어 내려면, 그의 내면에서 작동하는 부정적 생각을 효과적으로 관리할 수 있어야 한다. 고객은 내면의 생각이 안내하는 곳이 아니라, 자신이 가고 싶은 곳으로 가야 한다. 코치는 고객의 내면에서 작동하는 부정적 생각이 힘을 쓰지 못하도록 억제시키거나, 불가능하다면 최소한의 영향을 받도록 도와준다.

자동적으로 떠오르는 부정적 생각은 다양한 모습으로 나타난다. 심리학자들이 연구를 통해 찾아낸 대표적인 인지적인 모습은 다음과 같다(Beck, 1997; Sharp, 2002). 각 유형별로 코칭을 통해 극복할 수 있는 방법을 살펴본다.

◆ 양분법적인 사고(all or nothing thinking)

중간 지점에서 생각하는 여지를 두지 않고 양극단으로 사물이나 사건을 본다. "이번에도 성적이 안 좋군. 앞으로 도전을 해야 하나? 말아야 하나?"

[코칭 팁] 시험을 한번 잘못 보았다는 것이 포기를 하라는 것을 의미하지 않는다는 의식을 갖도록 도와준다. 낮은 점수를 중성적으로 생각하도록 했을 때, 가능한 것은 무엇인지를 생각하도록 이끈다. 다음번에 더 나은 점수를 얻을 수 있는 성공 전략을 짜는 데 집중한다. 부정에서 긍정으로 관점을 바꾼다.

◆ 과장된 일반화(overgeneralization)

작은 사건을 크게 일반화하여 생각한다. "제때 프로젝트를 마치지 못했어. 정말 나는 제대로 하는 것이 없어. 왜 이리 무능하지?"

[코칭 팁] 작은 사건으로부터 처음 기대한 것은 무엇인지 찾아본다. 첫 기대의 긍정적 가치를 찾고, 가치가 실현되었을 때의 충만함을 느끼도록 한다. 충만함을 느끼는 상태에서 작은 사건을 다시 보도록 한다. 작은 사건을 보는 프레임을 바꿔 본다. 작은 사건의 의미를 다시 찾아본다.

◆ 이름 붙이기(labeling)

자신에 대해 부정적인 이름을 붙인다(예: 무능력자, 주홍글씨). 부정적으로 이름 붙이는 것은 상황을 통제할 수 있는 능력을 포기하는 것이다.

[코칭 팁] 이름의 반대 모습에 대해 생각한다. 무능력하다면, 능력이 있는 것은 무엇인지 살펴본다. 그 능력을 활용하여 현재의 문제 상황을 해결할 수 있는 가능성을 살핀다. 또는 이름과 연결된 부정적인 정서를 떼어 놓고 생각하도록 이끈다. "지금 이 순간 어떤 사람이고 싶은가?"에 대해 탐색한다.

◆ 필터링(filtering)

긍정적인 정보는 무시하고 부정적인 정보를 선택적으로 취하여 생각한다. "내 보고서가 훌륭하다고 피드백을 했지만, 그래도 여기저기 실수가 있다고 지적을 했다. 그는 내가 치밀하지 못하다고 생각했을 거야. 일을 하기는 하는 데 뭔가 부족한 사람이라고 보겠지."

[코칭 팁] 필터링을 할 때, 어떤 가정을 하는지 묻는다. "지금 가정

하는 것은 무엇입니까? 그 가정으로 인해 놓치는 것은 무엇입니까?"
놓치고 있는 것에 포함된 긍정적인 정보를 통해 긍정적 자기평가와
긍정적 자기 이미지를 회복하도록 도와준다.

◆ 자기화(personalizing)

자기의 잘못이 아닌 것을 자신과 연계시켜 자책한다. "좀 전에 박
대리를 보니 표정이 안 좋고, 많이 의기소침해 있네. 내가 좀 신경을
썼어야 하는 데 못 했어. 내가 무심했네."

[코칭 팁] 상대방에게 어떤 사람으로 지각되고 어떤 역할을 맡고
싶은지를 묻는다. 자신을 희생시키기 않고 원래 상대방을 위해 할
수 있는 것을 이끌어 내어 실행에 옮기도록 돕는다. '~해야 한다'는
생각을 하는 적합한 상황을 구체적으로 정의해 보게 한다.

◆ 파국화(catastrophizing)

불행한 일이 일어날 가능성을 지나치게 과장하여 생각한다. "이번
기회를 놓치면, 사람들이 도대체 나에 대해 뭐라고 말할까? 기회가
와도 챙기지 못하는 무능한 사람으로 볼 것 아닌가? 이번 기회로 끝
인가? 재기하기는 틀린 것 같다."

[코칭 팁] "지금 가장 염려하는 것은 무엇입니까?" 그 염려를 하지
않아도 되는 상황은 어떤 것인지 인식하도록 한다. 그 상황을 가능
하도록 하기 위해 지금 할 수 있는 것을 이끌어 낸다. 구체적인 실행
방안을 도출하고 실행을 다짐하도록 한다.

◆ 상대방의 마음 읽기(mind reading)

다른 사람이 자신에 대해 어떻게 느끼고, 생각하고, 가정할지를

짐작하면서도 사실 알고 있다고 믿는다. "팀장이 박 대리와 식사를 하는 것을 보니, 나에겐 관심이 없고 박 대리만 편애하는 것 같다."

[코칭 팁] 사실과 추측 간에 어떤 개념적 차이가 있는지 살펴보도록 한다. 팀장이 고객에게 시선을 주지 않는 것은 곧 싫어하는 것이라는 판단이 사실에 근거한 것인지, 추측에 근거한 것인지를 확인시킨다.

◆ 타인 비난하기(blame others)

자기 자신의 문제이지만 타인의 탓으로 돌리며 비난한다. "도대체 내 의지대로 되는 것이 없다. 너 때문에 되는 게 없어. 도대체 너는 나를 위해 하는 게 뭐 있나?"

[코칭 팁] 상대방의 입장이 되어 본다. 상대방에 비친 자신의 모습을 보고, 이전에 미처 생각하지 못한 점은 무엇인지 찾는다. 상대방의 입장에서 자신에게 줄 수 있는 피드백을 하도록 한다. 피드백을 통해 느낀 점을 깊이 받아들여 본다. 새롭게 할 수 있는 것을 찾는다.

자동적으로 떠오르는 생각 해소법

자동적으로 떠오르는 부정적 생각의 영향력을 최소화하는 방법은 다음과 같다.

- 단계 1: 부정적인 생각이 하는 말을 기록한다. 필요하다면, 일정 기간 정기적으로 일기를 쓴다.
- 단계 2: 부정적인 생각을 객관화한다. 유용한 방법은 기록한 내용을 읽어 보고, 부정적인 생각에 이름을 붙이는 것이다. 예를

들면, '나는 할 수 없어', '아직 준비가 안 되었다', '지금 너무 당
황스러워서 결정하기도 쉽지 않다', '지금은 무리야'라고 기록했
다면, '겁쟁이'라고 이름을 붙여 준다. 또는 겁쟁이의 이미지를
그림으로 그리기, 문장으로 부정적인 생각의 활동을 표현해 보
기, 부정적인 생각의 말을 들리는 대로 음성 녹음으로 남겨 두
기, 부정적인 생각을 상징하는 물건을 선정하기 등을 해 본다.
부정적인 생각을 의인화했을 때, '걱정 생산자'라면, 책상 앞에
걱정 생산자인 인형을 놓아두고 "나의 걱정은 네가 다 가져가
라"라고 단호하게 명령한다.

- 단계 3: 변화 노력을 하는 동안 부정적인 생각을 격리시킨다.
내면의 목소리가 들리는 몸의 부위를 찾아낸 후, 밖으로 나오
지 못하도록 가두어 둔다. 또는 은유법을 사용하여 변화 프로
젝트를 완결하는 데 걸리는 시간만큼 멀리 세계여행을 보낸다.
'STOP'이라는 글자를 벽에 걸어 두었다가 부정적인 생각이 튀
어나올 때, 'STOP'이라고 외친다.

- 단계 4: 본래의 자기와 만난다. 자신이 주인임을 선언한다. 이
순간 자신이 어떤 생각과 행동을 할지를 선택하고 결정할 수 있
다고 믿는다. 자신이 원하는 결과를 얻기 위해 실천할 행동들을
개발하고 실행을 다짐한다. 코치는 고객이 원하는 것을 얻을 수
있는 능력과 자격이 있다는 것을 지지한다.

코칭 사례 ⟩⟩⟩
자기중심성의 이중성, 집착과 선한 영향력

사람은 성장하면서 다양한 관점을 갖는데, 그 관점들의 쓰임에 결정적인 영향을 미치는 심리는 자기중심성이다. 자기중심성은 세상을 보는 하나의 관점이다. 관점은 자기만의 삶의 이야기를 만들어 가는 생명력을 갖고 있다. 철학적 문제에 대한 것이든 개인의 인식 문제에 대한 것이든 관점은 생각과 행동에 영향을 미친다. 따라서 관점을 바꾸라는 것은 마치 존재의 방식을 바꾸라는 것과 같다.

나는 코칭을 시작하기 전에 고객에게 전화를 걸어 코칭에 대해 어떤 이해를 하고 있는지, 기대하는 것은 무엇인지, 코칭 프로그램의 목적과 진행 방식, 전반적인 일정에 대해 대화를 나눈다. 서로의 관점을 조율한다. 이를 통해 고객이 앞으로 전개될 코칭에 대해 기본적인 이해를 마쳤다고 확인되면, 첫 코칭 미팅을 위한 일정을 잡는다. 한 대기업의 임원 코칭 프로그램에서 그를 만났다. 그는 이번 코칭이 자신에게 현실적인 고민을 풀어 볼 수 있는 아주 중요한 활동으로 생각하고 있으며 적극 참여하겠다고 다짐했다.

그와의 첫 미팅은 조용한 회의실에서 이루어졌다. 집무실과 가까운 곳에서 미팅을 할 수 있지만, 그는 조용한 다른 공간을 원했다. 코칭을 진행하기 위해 사전에 실시한 다면진단 결과인 효과적 리더십 진단(Effective Leadership Assessment: ELA) 보고서가 그에게 처음 전달되었다. 나는 결과 보고서에 대한 디브리핑(debriefing)을 하면서 그의 느낌과 생각을 물어보았다.

코치: 진단 결과 보고서의 내용을 보셨을 때, 어떤 느낌이었습니까?

임원: 글쎄요. 답답함을 느꼈습니다. 참 답답하네요.

코치: 답답함을 느끼셨군요. 그 답답함에 대해 말씀해 주시겠습니까?

임원: 보고서를 보니, 생각이 서로 다르다는 것이 분명하게 나타났습니다. 이미 알고 있는 것이고, 예상은 했지만 막상 결과를 보니…… 더 답답합니다.

사실 나는 진단 보고서를 보고, 고객은 어떤 리더일지 깊이 생각했다. 미팅을 갖기 전에 어떤 리더인지를 반복해서 생각하면 할수록 실제 만났을 때, 상대방의 말을 이해하는 폭이 넓고 더 공감하는 경험을 했다. 상대방이 처한 상황을 그려볼 수 있다. 이번 임원에 대해서도 여러 차례 보고서를 읽고, 본인과 타인 간의 생각 차이로 인해 갈등을 겪을 것으로 예상했다. 이러한 인식을 활용해 실제 코칭에서 상대방을 단정하지 않는다. 사전 준비를 통해 이해와 공감 영역을 키우는 것이다. 이번과 같은 코칭 사례의 경우, 감정은 공감하는 수준을 유지하고 이성적인 접근을 통해 인식을 차이를 먼저 해소하는 방식을 취했다.

코치: 보고서 전체를 종합해 볼 때, 자신의 생각과 일치하는 것과 불일치하는 것은 무엇입니까?

임원: 평소 알고 있던 점이 그대로 나타났기 때문에 불일치하는 것은 없고, 지금 궁금한 것은 과연 저의 리더십이 맞는 것인지를 알고 싶습니다.

코치: 현재 자신의 리더십과 부원들이 지각하는 리더십 간에 차

이가 있는지 확인해 보고 싶고, 또 임원의 리더십 기준과 비교했을 때 차이가 있는지 궁금해하시는 것으로도 이해 됩니다.

임원: 그러네요. 말씀 듣고 보니 둘 다 궁금하지만, 지금은 첫 번 째에 대한 것입니다.

코치: 알겠습니다. 앞으로 몇 가지 질문을 연이어서 하려고 합니 다. 먼저 어떤 임원이고 싶으십니까?

임원: 좋은 질문입니다. 어쩌면, 바로 질문하신 것이 모든 갈등의 시작일 수 있겠습니다. 저는 지금하고 있는 분야에서 주경 야독하는 노력을 했습니다. 주위에 전문가가 없었기 때문 에 혼자서 개척하는 입장이었습니다. 누구도 가르쳐 주지 않았습니다. 아마 안다고 해도 그것 자체가 개인의 경쟁력 이고 자기정체성이기 때문에 알려 주지 않았을 것입니다. 그러나 이해가 됩니다. 사실 자기 전문 분야를 스스로 개 척하지 않으면, 존재감도 없는 것이죠.

코치: 지금 이 자리에 있기까지의 삶을 한마디로 표현한다면, 뭐 라고 하시겠습니까?

임원: 치열한 삶입니다. 치열함⋯⋯.

그는 순간 감정이 솟구쳐 눈시울을 붉혔다. 이내 눈물을 보이며 감정을 추스르려고 했다. 나는 감정을 억누르기보다 느끼는 대로 두 라고 요청했다. 감정이 흘러가는 대로 두다 보면, 그 감정이 전하고 자 하는 것을 말로 표현하기 때문이다.

코치: 그 치열함이 그간의 리더십과 연관 있을 것 같습니다. 어떠

십니까?

임원: 맞습니다. 바로 그렇습니다. 저는 그 경험을 했기 때문에 후배 직원들에게 어렵게 학습하고 경험한 것을 모두 알려 주고 싶었습니다. 혼자 끌어 앉고 있기보다 나눠 주려고 했습니다. 후배들의 생각을 들어 보고, 잘못되었다 싶으면 즉시 바로잡아 주었습니다. 일할 시간은 부족하고 해 봐야 잘못될 것이 뻔한데 그대로 둘 수도 없다고 생각했습니다. 그런데 후배들의 생각은 달랐습니다.

　사실 그랬다. 진단 보고서에 리더의 리더십 행동에 대해 부원들이 정량적으로 응답한 것과 주관식으로 자신들의 의견을 작성한 내용을 보면, 일관되게 임원의 리더십이 독단적이고 자기주장이 강하다고 나타났다. 다른 사람의 생각을 존중하지 않고 다양한 의견이 존재할 수 있다는 것을 인정하지 않고, 후배 직원들을 육성시키려는 관심과 의욕은 높으나 상사 본인의 의도에 맞게 유도하고 강요한다고 피드백했다. 임원과 부원 간에 인식 차이가 매우 컸다.

　나는 두 개의 의자 기법을 사용하여 임원과 부원의 입장에서 갖는 생각을 들어보고, 그때의 정서를 체험해 보도록 했다. 그는 부원의 입장이 되었을 때, 자신이 의도한 리더십이 다르게 읽힐 수 있다는 것을 생각하고 자신이 답답했던 것처럼 그들도 답답했을 것이라고 공감했다. 그는 역할 연기를 하면서 감정이 고조되기도 하고, 자신의 내면에 깊이 들어가기도 했다. 마지막 역할 연기를 하면서 임원과 부원 간에 느껴지는 감정에 맞게 2개의 의자를 위치시켜 보도록 했다. 그는 2개의 의자를 처음보다 가깝게 가져다 두었다. 그의 얼굴에 옅은 미소가 감도는 듯했다.

코치: 지금 어떤 느낌이 드세요?

임원: 처음 대화를 나눌 때 보다 많이 편안합니다.

코치: 그 편안함을 느끼는 곳이 어디입니까? 몸의 어디에 그 느
     낌이 있는지 그곳에 손을 가져가 보시겠습니까?

그는 가슴의 언저리에 손을 가져갔다. 나는 그 느낌을 가슴 언저
리에 두고, 언젠가 임원의 생각과 다른 견해 차이로 감정이 격해질
때 지금의 편안함을 불러와 감정을 다스려 보도록 요청했다. 이번
미팅에서 감정을 더 깊게 가져가지는 않았다. 앞으로 동일한 감정을
반복해서 다룰 수 있을 것으로 예상했다. 예정된 미팅 시간을 고려
해 리더십에 대한 인식 차이를 좁히는 것을 더 다루었다.

코치: 오늘 아주 중요한 질문을 하려고 합니다. 저의 질문을 잘
     들어 보시기 바랍니다. 리더십에 대한 인식 차이를 떠올리
     고 바라보십시오. 자, 그럼 지금 보이는 것은 무엇입니까?

임원: 생각해 보니 상대방은 빠지고 나만의 의도와 생각에 따른
     반쪽 리더십을 보았습니다. 지금까지 저의 리더십이 잘못
     되었다고 생각한 적이 단 한 번도 없습니다. 내가 경험하
     고 아는 것을 모두 아낌없이 나눠 주려고 했으니까요. 저
     의 말에 집중하지 않고, 그 순간의 소중함을 모르는 젊은
     후배들이 안타까웠습니다. 젊어서 아직 세상을 모른다고
     생각했습니다. 그래서 내 생각을 더 밀어붙였습니다. 알려
     주고 가르쳐 주고 싶었으니까요.

코치: 저는 이 순간 꼭 말씀드리고 싶은 것이 있습니다. 아낌없이
     주는 나무, 정말 그런 분이십니다. 후배들을 아끼고 그들의

성장을 진정으로 도와주고 싶은 사랑이 느껴집니다.

임원: 감사합니다. 저를 그렇게 봐 주시니, 정말 감사해요.

코치: 저도 감사합니다. 흔쾌히 받아들여 주셔서 감사합니다. 한 가지만 더 질문을 드려 보겠습니다. 그럼 앞으로 무엇을 달리하면, 서로의 인식 차이를 좁힐 수 있겠습니까?

그는 자신의 의도가 충분히 공유되지 않았고 당연히 알고 있고 긍정적으로 받아들였을 것으로 가정했다. 그는 인식의 차이가 자신으로부터 비롯되었다는 것을 알아차렸다. 아무리 선한 의도를 가지고 있어도 상대방이 원하는 내용이나 방향과 일치하지 않는다면, 상대방은 불편하게 느꼈을 것이다. 애초에 불편하게 느낄 수 있을 것으로 상상하지 못했다. 모두 감지덕지해야 할 것으로 생각했기 때문이다. 몇 번의 미팅은 유사한 내용을 다른 관점과 코칭 기법을 통해 반복해서 다루었다.

그와의 만남을 통해 알게 된 것은 코칭의 핵심은 관점 변화라는 점이다. 관점을 확대시키고 나아가 관점 전환이 일어나도록 돕는다. 관점을 바꾸게 되면, 동일한 사건과 대상에서 다른 의미와 가치를 찾게 된다. 이때 긍정 에너지를 체험하게 되고 다음 단계로 나아가는 원동력이 된다. 이것 하나만 제대로 되어도, 고객이 나머지를 주도적이며 자발적으로 만들어 나갈 수 있다. 코치의 후속 역할은 변화된 관점이 일회적인 것이 아니라 일관되게 지속되도록 팔로업하며 돕는 것이다.

코칭심리 탐구질문   ● ● ●

다음 질문에 대한 생각을 정리한다.

1. 인지행동심리치료(CBT)의 핵심 개념은 무엇입니까?

2. CBT의 접근을 고려할 때, 인지행동적 코칭의 차별적인 장점은 무엇입니까?

3. 인지행동적 코칭을 현장에서 활용할 때 고려할 점은 무엇입니까?

4. 그렘린의 주된 특징은 무엇입니까?

5. 인지행동적 프레임워크 이해는 현재 여러분의 활동에 어떤 시사점을 줍니까?

6. 여러분의 현장 활동에서 무엇을 달리 실행해 보겠습니까?

제3장

지금의 선택이 삶을 결정한다

행동은 선택의 결과이다

현실치료(Reality Therapy)는 윌리엄 글래서(William Glasser)의 선택이론(Choice Theory)을 근거로 진행되는 상담 기법이다. 현실치료의 핵심은 5가지 기본 욕구를 충족시키지 못한 내담자가 욕구충족을 가능하게 하는 더 나은 선택을 하는 법을 찾도록 돕는 데 있다. 충족되지 못한 욕구는 정신적·정서적·행동적 문제를 일으킨다. 우리에게 어떤 일이 일어났고 우리가 무엇을 했고 과거에 충족되지 못한 욕구가 무엇이냐는 중요하지 않다.

실로 중요한 것은 우리가 지금 이 순간에 행복하고 효과적으로 살수 있는 삶을 계획하며 사는 것이다. 현실치료는 우리가 가지고 있는 다양한 욕구를 채우는 방법을 찾고 자신의 관련 행동을 평가하도록 돕는다. 이때 타인의 욕구를 손상시키지 않으면서 자신의 욕구를 효과적으로 충족시키는 선택을 할 것인가를 명확하게 인식하도록 한다.

선택이론의 핵심 포인트

글래서는 상담실을 찾은 다수의 내담자가 행복하지 않은 것을 경험했다. 특히, 대인관계를 맺고 유지하는 데 불만족한 사례가 많았다. 그들의 삶에서 채우지 못한 욕구는 무엇일까? 그는 인간의 근본적인 욕구를 탐색하고 삶이 보다 충만하고 행복하도록 돕고자 했다. 그가 개발한 선택이론의 핵심 내용은 다음 4가지로 요약할 수 있다.

- 우리가 행하는 모든 것은 행동이다.
- 거의 모든 행동은 자신이 선택한 것이다.
- 우리는 5가지 기본적인 욕구를 충족시키려는 유전자에 의해 이끌린다. 5가지 욕구는 생존, 사랑과 소속, 힘(성취감, 자기 확신, 자존감), 자유, 즐거움이다. 우리가 지금 무엇인가를 하고 선택하는 이유는 이들 욕구를 충족시키려는 것이다. 우리가 했던 실수를 반복적으로 하는 이유는 이들 요구를 제대로 충족시키는 방법을 모르기 때문이다.
- 우리는 자신의 삶을 통제할 수 있다. 타인을 통제하는 것은 제한적이다. 그러므로 타인의 의사결정이나 삶에 관여하지 말고 자신의 삶을 책임지는 데 초점을 맞춘다.

글래서는 상담사와 내담자의 관계를 중시한다. 둘 간에 신뢰로운 관계가 이루어지면 심리치료는 성공한다. 그렇지 않은 경우 치료는 실패한다. 상담사를 찾는 내담자가 갖는 근본적인 문제는 현실 속에서 타인과 원만한 관계를 갖지 못하는 것이다.

정신질환은 대뇌에 생리적인 문제가 있는 것이 아니라, 내담자가 고독함과 타인으로부터 격리되어 있다는 고통을 스스로 해결하려고 선택한 처리방식을 나타내는 것이다. 과거의 선택에 문제가 있어 지금 힘들어한다면 앞으로 보다 나은 선택을 하면 된다.

상담사는 내담자가 보다 나은 선택을 하도록 도와준다. 글래서는 상담, 치료, 심리치료를 혼용한다. 그 이유는 동일한 활동을 다른 접근방식으로 묘사하는 것이라고 보기 때문이다.

좋은 습관과 나쁜 습관

외적 통제심리학은 힘, 폭력, 강압, 처벌 등과 같은 방법을 사용하여 타인을 통제하려고 한다. 이러한 방식이 상대방을 변화시킬 수 있다고 보았다. 그러나 외적 통제방식은 사회적 관계에 파괴적인 영향을 미친다. 관계를 갖는 쌍방 모두를 만족시키지 못한다. 그들 간의 관계를 만족스럽게 하기보다는 오히려 서로를 격리시키는 결과를 초래한다. 사회적 격리는 모든 사람들이 정신질환, 약물중독, 폭력, 범죄, 학업실패, 배우자 폭력 등과 같은 문제의 근본적인 원인이다.

이러한 외부 통제심리학이 사용하는 7가지 나쁜 습관(deadly habits)이 있다. 이것을 버리고 선택이론에 근거한 현실치료에서 사용하는 7가지 좋은 습관(caring habits)을 사용해야 한다.

좋은 습관		나쁜 습관	
1.	지원(Supporting)	1.	비판(Criticizing)
2.	격려(Encouraging)	2.	비난(Blaming)
3.	경청(Listening)	3.	불평(Complaining)
4.	수용(Accepting)	4.	잔소리(Nagging)
5.	신뢰(Trusting)	5.	위협(Threatening)
6.	존중(Respecting)	6.	처벌(Punishing)
7.	차이점 협상(Negotiating differences)	7.	뇌물, 통제에 대한 보상(Bribing, rewarding to control)

선택이론의 10가지 원리

글래서의 선택이론은 내담자 중심의 인지행동적 접근에 속한다. 선택이론의 원리는 다음과 같다.

- 우리가 행동을 통제할 수 있는 유일한 사람은 우리 자신이다.
- 우리가 다른 사람과 주고받을 수 있는 것은 정보뿐이다. 그 정보를 어떻게 사용할지는 우리의 선택에 달렸다.
- 오랫동안 지속되는 모든 심리적 문제는 관계에 관한 것이다.
- 관계 문제는 항상 현재 우리 삶의 일부이다.
- 과거에 일어난 고통스러운 일은 현재의 우리와 관련이 있다. 과거 일을 돌이켜보는 것은 현재 우리가 필요한 것에 도움이 되지 않는다.
- 우리의 행동은 생존, 사랑과 소속, 힘(성취감, 자기 확신, 자존감), 자유, 즐거움과 같은 기본적인 욕구에 이끌린다.

- 우리는 질적 세계(quality world)에 있는 사람과 사물의 정신적 그림책을 충족시켜야 기본 욕구를 만족시킬 수 있다. 따라서 5가지의 욕구가 충족될 때 기대되는 질적 세계에서 본 내담자의 전 행동(total behavior)을 비교해 본다.
- 우리가 할 수 있는 모든 것은 행동뿐이다. 모든 전 행동은 행동, 생각, 느낌, 생리작용으로 구성된다.
- 모든 전 행동이 선택되지만, 우리는 행동과 사고의 구성 요소를 직접적으로 통제할 수 있을 뿐이다. 우리는 행동하고 생각하는 방법을 통해 간접적으로 우리의 감정과 생리작용을 통제할 수 있다. 그러므로 전 행동을 구성하는 요소 가운데 우선적으로 사고와 행동을 적절히 선택하도록 돕는다. 사고와 행동이 감정과 생리작용에 영향을 미친다.
- 모든 전체 동작은 동사로 지정되고 가장 쉽게 인식할 수 있는 용어로 이름이 지정된다. 그러므로 모든 행동은 명사나 형용사가 아닌 동사로 표현한다(예: 우울함 또는 우울한, 낙담한 → 우울하다 또는 우울하도록 선택했다).

현실대응법, 3R을 실천하라

글래서는 1965년 현실치료를 개발했다. 인간은 누구나 5가지 기본 욕구를 충족시키기 위해 움직인다고 본다. 모든 인간의 행동은 선택의 결과이다. 기본 욕구들은 모두 절박한 것으로 욕구가 충족되지 않았을 때 쉽게 알아차릴 수 있다. 더욱이 한 욕구가 충족되자마자 다른 욕구들이 동시에 혹은 상충하며 인간을 압박한다. 그는 개인상담이나 집단상담에서 이 욕구들을 효과적으로 충족시켜 줄 수 있도록 운영해야 한다고 강조했다.

인간의 욕구는 기본적이고 본질적이다. 그러나 욕구를 충족시키기 위해 사람들이 원하는 것은 개인에 따라 독특하고 고유하다. 원하는 것은 비현실적일 수도 있고 변할 수도 있다. 또 서로 갈등을 일으키기도 한다. 현실에서 바람을 충족시켜 주지 못할 때 욕구 좌절을 경험하며 이 때의 불균형과 고통이 행동을 하는 동기가 된다.

현실치료에서 3R의 중요성

내담자가 본인의 행동을 자기평가할 때 합리적으로 기본 욕구를 충족시킬 수 있다. 이러한 측면에서 3R은 평가 기준이다. 심리치료사는 내담자로 하여금 현실(Reality)을 직면하도록 이끈다. 자신의 욕구가 현실적이며 실현 가능한 것인지를 확인한다. 과거를 다루는 것은 현재에 대한 변명을 제공하는 것이다. 심리치료사는 치료과정에서 내담자가 기본 욕구를 충족시키는 선택을 하고 본인의 행동을 책임(Responsibility)지게 한다. 이 과정에서 타인의 욕구충족을 방해하지 않도록 한다.

현실치료는 현재 통제할 수 있는 것을 다룬다. 이때 옳고 그름(Right and Wrong)에 대한 판단이 없이 한 행동은 일관성이나 현실성이 없을 수 있다. 따라서 현실적인 문제를 해결할 수 없다. 그러므로 욕구충족을 위해 섣부른 판단을 하지 않는다. 내담자가 현재 처한 사회문화적 환경과 본인이 존중하는 가치를 고려하여 합리적 사고에 기초한 판단을 하는 것이 중요하다.

내담자와 상담자의 관계관리

선택이론에 따른 상담은 신뢰할 수 있는 내담자와 상담사의 관계, 상담환경의 조성, 변화를 촉진하는 상담 절차와 상담 스킬로 구성된 일련의 과정으로 이루어진다. 선택이론과 현실치료를 교육하고 전파하는 로버트 우볼딩(Robert E. Wubbolding)은 상담사와 내담자가 권위적인 관계가 아니라 친구 되기의 중요성을 강조한다. 그는 이를 위해 지켜야 할 것과 피해야 할 것을 제시했다.

- 지켜야 할 것: 주의 기울이기, 항상 예의 바르게 하기, 신념과 열성을 가지고 진실하게 내담자를 대하기, 항상 확고하며 내담자가 예상하지 않은 행동을 하기, 유머를 사용하기, 내담자가 말하는 은유법에 귀를 기울이기
- 피해야 할 것: 변명을 받아들이기, 비판하거나 논쟁하기, 쉽게 포기하기

현실치료의 공헌과 비판

내담자는 의식적으로 현재의 문제행동을 다루면서 자신에게 행동의 책임이 있다는 것을 깨닫는다. 내담자가 자신의 변화 정도를 스스로 평가할 수 있다. 또 상담기간이 다른 상담이론에 비해 짧다. 이러한 점은 현실치료의 공헌이다.

현실치료는 정신건강 문제를 강조하지 않으며 내담자의 무의식적 동기나 과거를 고려하지 않는다. 현실적으로 자신을 완전히 통제하고 책임질 수 있는 사람은 없다. 이러한 측면에서 내담자가 자신

의 해답을 찾는 대신에 상담사의 해결책을 받아들이도록 영향을 미칠 위험성이 있다.

또 심리상담사가 단순하고 직접적이고 직설적인 방략을 사용함으로써 내담자의 효과적인 기능을 방해하는 미해결 감정을 탐색하지 않는다. 너무 현실에서 당면하는 문제해결에만 초점을 맞춘다고 비판한다. 삶의 문제는 개인의 선택 이외에 사회문화적 환경, 유전자, 가족관계 등에 의해 영향을 받는다는 점을 간과했다고 지적한다.

코칭 시각에서 본 선택이론

글래서는 1998년 선택이론 책을 출간했다. 이 책의 부제는 '개인적 자유를 위한 새로운 심리학'이다. 그는 인간의 선택과 행동을 유발하는 힘은 외부에 있지 않고 내부에 있다고 주장했다. 외부 통제심리학의 위험을 경고하고 내부 통제심리학을 지지하는 입장이다. 한 예로 외부 요인에 의해 '우울하게 되었다' 대신에 '우울해하고 있다'와 같이 본인이 스스로 선택한 결과라는 것이다. 그는 능동적 선택을 통해 삶을 구성하는 자유를 강조했다. 내부 통제를 통한 선택은 인간의 합리적 사고와 선택능력을 지지한다는 점을 보여 준다. 또 그와 같은 합리성을 높이기 위해 기존의 행동을 변화시킬 수 있다고 본다.

그러나 인간은 기대와 달리 합리적인 의사결정을 하지 못한다는 연구 결과들이 있다. 특히, 사람들은 불확실한 상황에서 판단할 때 합리적으로 사고하기보다 외부적 정보나 가용한 준거에 의존하는 경향을 보인다(Tversky & Kahneman, 1974). 오늘날의 글로벌 환경처럼 불확실하고 변동성이 높고 예측 불가능한 시대에는 합리적 사고를 하기 어렵다(Thurman, 1991). 어떤 관점을 택한 사람은 관점이 다른 사람과의 관계로부터 자기 자신을 볼 수 있다. 또 다양한 대안도 발견할 것이다(Monroe, 2001).

코치는 목표 지향적이며 합리적인 입장을 취하지만 때로는 직관을 따르기도 한다. 직관은 코칭 대화를 정해진 방향으로 전개시키기보다 우연한 대화의 장을 만든다. 고객은 이 우연의 공간에서 새로운 관점, 가능성과 기회를 발견한다. 고객은 호기심을 갖고 떠오르는 생각의 의미를 탐구한다.

따라서 코칭 시각에서 볼 때 인간의 '합리적 선택 능력'을 다양한 관점을 유연하게 선택할 수 있는 '관점 전환 능력'으로 대체하는 것이 적합하다. 이러한 측면에서 선택이론과 현실치료는 관점 전환 능력의 시각에서 재조명할 필요가 있다.

선택이론과 현실치료의 프레임워크를 코칭에 사용하는 경우 코치는 고객의 합리적 선택을 가정하기보다 그가 기존의 관점에서 벗어나 유연하고 자유롭게 새로운 선택했을 때 가능한 것과 새로운 기회를 발견하도록 돕는다. 이를 통해 고객이 5가지 기본 욕구를 충족시키는 적합한 행동을 하도록 관점코칭을 한다. 이와 같이 선택이론을 코칭에서 활용할 수 있다.

코칭 시각에서 보면 현실치료와 코칭의 차별성을 볼 수 있다. 현실치료는 내담자의 현재 시점에 집중한다. 코칭은 현재와 미래를 다룬다. 현실치료는 인지행동치료의 한 형태이다. 따라서 문제해결 중심이라는 공통점이 있다. 코칭은 코칭 고객이 문제에 대한 답을 가지고 있다고 본다. 따라서 문제해결에 필요한 답을 주기보다 스스로 답을 찾도록 돕는다. 코치는 고객이 자기주도적으로 답을 찾도록 적합한 코칭 환경을 조성하고 그의 생각을 자극하고 촉진시킨다. 코치

가 일반인을 대상으로 현실치료적 논리와 기법을 활용할 때 코치 역
할을 상기할 필요가 있다.

WDEP 프레임워크의 코칭적 활용

선택이론과 현실치료의 관계는 마치 선로와 기차로 비유된다. 선
택이론은 현실치료가 작동하도록 하는 논리적 프레임워크이다. 선
택이론과 현실치료를 상담체계로 설명하는 도식이나 모형은 다양
하게 개발되었다. 대표적인 프레임워크는 행동변화를 촉진시키는
WDEP 시스템이다(Wubbolding, 2011).

선택이론의 관점에서 변화는 선택이다. 우리가 느끼는 것을 통
제할 수 없을 때 어떻게 생각하고 행동할 것인지를 선택할 수 있다.
이를 통해 우리가 원하는 것을 얻을 수 있다. WDEP는 ① 내담자
가 진정으로 원하는 것(want)과 ② 현실에서 불만족하게 생각하고
있는 관계와 이슈 등을 어떻게 다루고 있는지를 행동 중심으로 살
펴보고(direction and doing), ③ 내담자 스스로 문제라고 평가하고
(evaluation), ④ 내담자가 원하는 것을 얻기 위한 행동변화 계획을
세우고 실행하는 것(planning and commitment)을 돕는 과정이다.

WDEP는 '인간은 변화를 위해 동기화된다'는 가정에 기초한다. 내
담자가 지금까지 취한 행동으로는 원하는 것을 얻을 수 없고 다른
행동을 취할 때 얻을 수 있다고 확신하면 변화가 시작된다. WDEP
의 단계별 주요 활동과 관련 질문은 다음과 같이 요약할 수 있다.

독자도 본인을 내담자 또는 코칭 고객이라고 생각하고 단계별로
제시된 질문에 답해 보자. 마지막 단계에서 작성한 행동변화 계획

을 실천해 보자. 지금의 선택이 삶을 결정한다는 점을 상기하면서 말이다.

내담자가 원하는 것(W)

상담사는 질문으로 내담자의 내적 세계(좋은 세계)를 탐색한다. 내담자의 좋은 세계는 상담과정을 통해 계속 변화되기 때문에 전 과정에서 상담사는 질문을 통해 내담자가 원하는 것을 다방면에서 계속 탐구한다. 또 자신과 다른 사람을 어떻게 보는지를 물어보고 통제 소재를 설정한다. 이때 상담사는 내담자가 원하는 것(즉, 바람, 소망)과 그것을 어떤 관점에서 바라보고 있는지를 파악하고 명확하게 구분하는 것이 중요하다.

⟨유용한 질문⟩

- 당신이 원하는 것은 무엇입니까?
- 당신의 삶이 진정 변화하기를 원합니까? 삶을 통해 얻을 수 없다면, 당신이 원하는 것은 무엇입니까?
- 당신의 미래 모습은 무엇입니까?
- 당신은 어떤 사람이 되고 싶습니까?
- 당신이 원하는 삶의 모습(협의적으로는 사회적 관계의 모습)은 무엇입니까?
- 당신이 원하는 대로 산다면 무엇을 하겠습니까?
- 다른 사람이 당신에게 무엇을 원합니까? 당신은 다른 사람이 당신을 어떻게 봐 주기를 원합니까?

삶의 목표설정과 행동(D)

내담자가 원하는 것을 얻기 위해 자신의 시간을 어떻게 보내는지, 삶의 방향은 무엇이며 그 삶을 어떻게 살고 있는지 등을 포함한 내담자의 전 행동(total behavior)을 세세히 탐색해 보도록 돕는다. 전 행동은 활동(acting), 사고(thinking), 감정(feeling), 생리작용(physiology)을 포함한 행동이다.

현실치료에서는 전 행동을 변화시킬 때 개인이 완전한 통제를 할 수 있다고 보고, 활동과 사고를 먼저 변화시킨다. 활동과 사고가 변화하면 감정이나 생리작용은 따라서 변화한다. 상담사는 내담자가 지금까지의 언행을 효율-비효율, 효과-비효과의 관점에서 진술하도록 질문한다. 질문을 할 때 현재에 집중한다. 과거는 고정되어 있지만 현재와 미래는 변화 가능하고, 내담자가 통제할 수 있는 것은 현재이기 때문이다. 이 단계에서 내담자의 삶, 전체를 다루는 것이 중요하다.

〈유용한 질문〉

- 당신은 어떤 노력을 하고 있습니까? 현재 당신의 선택은 당신을 어디로 데려가고 있습니까?
- 당신이 한 달(혹은 2년) 후에 있기를 원하는 곳을 생각해 보십시오. 지금 그 방향으로 가고 있습니까?
- 당신이 지금 보인 행동을 할 때 무슨 생각하십니까?
- 지금 힘들어하는 것은 무엇입니까? 당신이 이겨 낼 수 있는 것과 없는 것은 무엇입니까?
- 당신은 불안하거나 우울할 때 무엇을 합니까? 그 감정에서 벗

어나기 위해 당신은 무엇을 합니까?

• 이번 한 주 동안 실제로 한 것에서 무엇을 다르게 하길 원합니까?
• 행복해 보이는 주위 사람을 떠올려 보십시오. 그들은 당신이 하지 않는 어떤 행동을 합니까?

평가(E)

평가하기는 현실치료의 핵심 활동이다. 전 행동의 각 요소가 욕구 충족에 도움이 되는지(긍정적), 방해가 되는지(부정적)를 내담자가 철저하게 평가하도록 요구한다. 이때 긍정적 자기평가는 변화의 시작이다. 사람들은 자기가 원하는 것을 얻을 수 있다고 생각할 때 비로소 변화한다.

〈유용한 질문〉

• 지금 당신이 가고 싶은 방향으로 가고 있습니까?
• 당신은 지금 어느 정도 몰입하고 있습니까?
• 당신이 원하는 것을 얻을 수 있습니까?
• 지금 준비하고 있는 계획은 도움이 될까요?
• 당신의 행동은 당신이 원하는 것을 얻는 데 도움이 됩니까?
• 당신은 당면한 문제를 어떻게 보고 있습니까? 그렇게 보는 것이 원하는 것을 얻는 데 어느 정도 도움이 됩니까?
• 당신은 지금의 활동을 전반적으로 어떻게 평가합니까?

계획과 실행(P)

내담자가 실행을 통해서 원하는 것을 얻도록 계획을 세우고 그것에 대해 다짐을 받는 단계이다. 작은 계획이라도 성공적인 변화의 첫걸음이 된다. 이때 상담사는 내담자의 실행의지와 다짐을 지지하고 격려한다.

〈유용한 질문〉

• 당신이 원하는 방향으로 가기 위해 무엇을 준비하고 있습니까?
• '위험관리'하는 관점을 취해 보십시오. 어떤 생각이 떠오릅니까? 원하는 결과를 얻기 위해 꼭 챙겨야 할 것은 무엇입니까?
• 당신은 지금 생각하는 계획의 진행을 통제할 수 있습니까?
• 이번 계획을 통해 당신이 얻고자 하는 것의 긍정적인 것과 부정적인 것은 무엇입니까?
• 부정적인 것이 있다면, 그것에 대한 책임은 누구의 것입니까? 당신이 책임을 지는 데 문제점은 무엇입니까?
• 긍정적인 것을 실행할 수 있는 구체적인 시간, 장소, 방법은 무엇입니까?
• 당신은 혼자 할 수 있습니까? 아니면, 다른 사람의 도움을 받아야 합니까?

코칭에서 활용 가능한 상담 기법

현실치료의 상담 기법 중에 코칭에서 활용할 수 있는 것을 선정하면 다음과 같다.

- 유머 사용: 현실치료에서는 즐거움이나 흥미를 기본 욕구로 강조함. 유머를 통해 내담자와 상담사 간의 관계를 형성
- 역설적 기법: 언어 충격으로 직접적이고 직설적인 절차로 내담자를 변화시키려고 함(예: 실수하는 것을 매우 두려워하는 내담자에게 일부러 실수를 하라고 말함)
- 직면: 내담자의 책임감을 강조하고 변명을 허용하지 않고, 현실에 직면을 시키기
- 판단 보류하기: 낮은 수준의 지각에서 행동을 보고 수용
- 자기 노출하기: 제한된 범위에서 상담사가 내담자에게 상담 목적으로 내면의 자기를 드러내기
- 은유적인 표현에 주의 기울이기: 내담자의 은유적인 말이 갖는 의미 이해하기
- 침묵 허용하기: 쉼을 허용하여 내담자로 하여금 책임감을 갖고 생각하게 하기
- 공감하기: 내담자의 정서 상태, 내면의 세계를 읽고 이해하고, 그 내용을 내담자에게 전달하기

삶을 개선시키는 코칭 주제

현실치료는 내담자의 생각과 행동변화에 초점을 맞춘다. 문제의 원인 분석은 지양하고 현재에 초점을 둔다. 이러한 접근과 주제는 코칭의 것과 밀접하게 연결되어 있다.

코칭에서 활용 가능한 주제

행동의 동기인 5가지 욕구는 코칭 고객이 개인생활과 일터에서 보편적으로 갖는 내용이다. 또 WDEP 시스템의 구성 요소를 코칭에 맞게 배열할 수 있다. 즉, WDPE(새로운 계획 실행 후 평가) 또는 DWPE(기존의 행동을 살핀 후 원하는 것을 다시 설정) 순으로 코칭 대화를 진행하는 것이다. 코칭을 진행하면서 다음 주제를 다룰 수 있다.

- 5가지 기본 욕구와 현재 삶의 관계를 알아차리기
- 기본 욕구 각각에 대해 현실 세계에서 충족된 정도, 충족도를 높이는 해법에 대한 코칭
- 기본 욕구를 더 누릴 수 있는 삶을 위한 선택을 돕는 코칭
- 고객의 선택을 특정 관점에서 접근할 때 가능한 것과 기회를 발견하도록 하기, 또 관점을 바꿔 보았을 때 달라지는 것은 무엇인지를 알아보는 관점코칭을 전개
- 외적 통제 요인보다 내적 통제 요인이 작용하는 삶을 살기
- WDEP 시스템(Wants, Doing, Evaluation, Planning)을 토대로 코칭 전개
- 개인의 삶에서 중요한 사람과의 관계형성과 유지관리
- 조직 내에서 리더와 구성원 간의 관계형성과 유지관리
- 선택이론과 현실치료의 관점과 상담스킬을 코칭에 활용
- 고객에게 질적 세계(quality worlds: 요구가 충족될 때 기대되는 사람과 사물의 정신적 그림책)를 이미지화 또는 은유화하고 탐색
- 질적 세계에 담긴 기대 또는 바람이 현실의 삶에 미치는 영향과 현실 삶에서 필요한 행동변화 코칭

• 현실 세계와 지각한 세계, 질적 세계의 관계를 알아차리기

일상에서 간과하기 쉬운 선택

우리가 지혜롭게 선택하고 결정하는 것은 자기주도적 삶을 사는 길이다. 바쁜 일상에서 다음과 같은 선택 주제를 놓치기 쉽다. 이들 주제를 챙겨서 인식을 깊고 넓게 가져가 보자.

◆ 선택 1: 통제할 수 있는 것과 없는 것

통제할 수 없는 것을 통제하려고 애를 쓰면 삶은 더 불편하다. 통제할 수 있지만 하지 못하면 삶은 후회로 가득 찬다. 통제할 수 있는 것을 실천할 때 몸과 마음이 평안하고 삶이 행복하다.

• 나는 지금 누구의 삶을 살고 있는가?
• 삶을 주도하고 싶다면, 어떤 선택과 실행을 할 것인가?
• 원하는 것을 얻기 위해 노력할 때 통제할 수 있는 것은 무엇인가?
• 통제할 수 있지만 반복적으로 놓치는 것은 무엇인가?
• 통제할 수 있다고 생각하는 것의 목록을 작성해 보자. 목록에서 지금 통제해야 할 것은 무엇인가?

삶의 맥락에서 통제할 수 없는 내용이 많을수록 자기 존재감은 떨어진다. 근본적인 문제는 통제할 수 없다고 가정하고 예단하는 데 있다. 따라서 통제할 수 있는 것과 없는 것을 진심으로 생각해 보자.

◆ 선택 2: 의미 있는 일상과 반복하는 일상

단조로운 반복성에서 삶을 뜨겁게 할 의미를 찾지 못한다면, 지금

의 삶을 지루하고 고통의 굴레라고 생각할 것이다. 일상에서 어떤 의미를 찾을지는 자기 자신에게 달렸다. 일상에서 찾은 의미가 삶의 목적과 어떤 관계인지를 살핀다. 삶의 목적과 일상이 연결되어 있을 때, 일상의 의미는 더 풍성해지고 마음 챙김이 깊어진다.

- 오늘 하루의 일상은 내게 어떤 의미를 갖는가?
- 무의미하게 반복하는 일상의 모습은 무엇인가?
- 나는 지금 무엇을 하고 있는가?
- 나는 왜 이곳에 있는가?
- 어찌 생각하면 지루할 것 같은 이곳은 내게 어떤 의미인가?

익숙한 곳이라고 해도 다른 시선과 관점을 가질 수 있다. 그 시선과 관점을 통해 다른 생각과 느낌, 통찰을 할 수 있기 때문이다.

◆ 선택 3: 알아차림과 무관심

알아차림은 지금 여기에서 일어나고 있는 정신적 물질적 사건들을 각성을 통해 의식하는 것이다. 알아차림은 새로운 관점과 발견을 경험하는 것이다. 오늘 경험한 알아차림을 하나 떠올려 본다. 그 알아차림은 자신에게 어떤 관점을 갖게 해 주었는지 생각한다. 평소 자신에게 무의미한 것이라서 주의를 기울이지 않았지만, 다시 들여다보면 새로운 의미를 발견할 수도 있다.

알아차림의 대상을 넓혀 나간다. 감정, 갈등, 스트레스, 욕구, 신체 감각, 호흡 등에 대한 알아차림이다. 이러한 수행을 통해 내면을 들여다보고 성찰하면서 환경과 상호작용하는 자신의 참모습을 알아가 보자. 이를 통해 마음에 동요를 일으키고 불편함을 주는 사건들에 대해 지혜롭게 대처할 수 있는 방법을 선택할 수 있다.

- 지금 일어나는 것은 무엇인가?
- 지금 내가 힘들어하는 것은 무엇인가?
- 내면에서 일어나는 이 벅찬 감정의 동요는 무엇인가?
- 지금 이 순간 마음은 어떠한가?
- 실로 걱정하는 것은 무엇인가?

◆ 선택 4: 나 중심의 질문과 시스템적 질문

우리는 자기 결정력을 가진 개인이며 가족이나 조직, 사회의 일원이다. 나 자신을 시스템적 관점에서 보지 않는다면, 자기중심적 사고를 할 가능성이 높다. 자기 자신의 사고에 묶이고 갇히는 것이다.

- 당면한 문제는 어떤 관계에 영향을 미치는가?
- 지금 이 문제와 가장 연결된 사람은 누구인가?
- 그 사람과 구체적으로 어떤 대화를 나눌 것인가?
- 나와 가장 다른 견해를 보일 사람은 누구인가?
- 그와 대화를 나눈다면 가능한 것은 무엇인가?

◆ 선택 5: 열린 사고와 닫힌 사고

우리는 급변하고 불확실하고 예측할 수 없는 환경에서 알게 모르게 학습된 무력감에 빠지기 쉽다. 열린 사고를 할 것인가? 아니면 닫힌 사고를 할 것인가? 닫힌 사고를 하면 방어적이거나 냉소적인 언어를 선택하고 자조적인 속삭임을 습관처럼 반복할 수 있다. 무엇이 문제인지를 알지만 자기 스스로 풀 수 있는 입장은 아니라고 생각한다. 세상은 다 그렇다고 일반화하는 사고를 한다. 과연 변화는 불가능한 것일까? 아니면, 그렇게 합리화하고 있는가?

- 스스로 한계를 설정하고 가정하고 예단하는가?

• 그것은 지금의 나에게 어떤 영향을 미치는가?
• 나는 5년 후, 길게는 10년 후 어떤 사람이고 싶은가?
• 내가 추구하는 삶의 가치가 일상에 담겨 있는가?
• 지금 할 수 있는 것은 무엇인가? 어떤 선택과 실행을 하겠는가?

> **코칭 사례 >>>**
> ## 기회를 만드는 선택에 직면하기

전문코치인 토머스 레너드(Thomas Leonard)는 개인의 삶에 있어서 현명한 선택이 중요한 데 비해 어떻게 하는 것이 효과적인지에 대해 가르침을 받은 경우는 드물다고 지적했다. 어떻게 하는 것이 현명한 선택일까? 그가 선택에 대해 분류한 개념을 보면, 선택을 고려하는 맥락에 따라 여러 의미로 해석된다. 이러한 의미적 다양성은 선택을 하는 당사자로 하여금 안정되고 일관된 시각을 요구한다.

• 만일 당신이 선택을 해야 한다면, 그것은 선택이 아니라 결정이다.
• 만일 당신이 선택하기를 원한다면, 그것은 선택이 아니라 바람이다.
• 만일 당신이 개의치 않는다면, 그것은 선택이 아니라 상황에 대한 반응이다.

그럼, 선택이란 무엇일까? 선택은 경쟁관계에 있는 두 가지 선택

대상 간의 균형을 불균형으로 만드는 활동이다. 선택은 그 활동이 이루어짐으로써 안정감을 갖기도 하지만, 반대로 후회와 같은 부정적 정서를 수반한다. 따라서 코치는 고객으로 하여금, 행복감과 충만함을 느낄 수 있는 선택을 하도록 돕는다.

행복감과 충만함을 느끼는 선택을 하기 위해서는 두 가지 요소를 효과적으로 관리해야 한다. 하나는 다양한 상황에서도 일관된 선택을 할 수 있는 '상황적 일관성'이다. 다른 하나는 일회적인 상황에서 최선의 선택을 할 수 있는 '합리적 일관성'이다.

먼저 상황적 일관성은 상황 자체가 다양하고 변화무쌍하지만, 일관된 판단 기준이 적용되고 유지되는 것이다. 여러 상황을 관통하면서 일관성을 유지할 수 있는 선택이란, 각자가 존중하는 삶의 가치를 근간으로 이루어진 것이다.

가치에 따른 선택과 연관된 사람으로 대기업의 한 임원이 떠오른다. 나는 그를 8개월 정도 코칭했다. 그는 젊은 시절부터 중역이 될 때까지 자신이 정한 삶의 가치를 생활화했다. 그는 공정성을 삶의 가치로 중시한다. 그는 선택의 순간에 자신에게 물었다. "지금 상황에서 공정한 선택은 무엇인가?" 그는 아무리 급하게 결정이 요구된다 하더라도 깊이 생각하고 그 답에 따른다. 깊이 생각하는 동안에 자신의 이해관계를 철저히 배제시킨다. 자신에게 질문해 보자. 나는 어떤 삶의 가치를 가지고 있나?

코칭에서 만난 경영자들은 외롭다는 말을 한다. 사업계획서를 최종 결재할 때 무섭고 주저하고 혼돈스러운 때도 있다고 토로한다. 의사결정의 마지막 단계에서 과연 올바른 결정을 하고 있느냐에 자문자답하는 과정이 힘들다고 말한다. 특히 인력을 퇴출시킬 때, 사업부문을 없애거나 축소할 때, 장기 전략에 따른 신규 사업을 추진

할 때, 사운이 걸린 의사결정을 해야 할 때 잠을 못 이루는 스트레스를 겪는다. 한 경영자는 그 결정을 하기 때문에 월급을 좀 더 받는 것 같다고 농담 섞인 말을 했다. 경영자들은 그들 나름대로의 중심을 잡을 수 있는 장치를 갖고 있다.

다음으로 생각할 수 있는 선택은 '합리적 일관성'이다. 일회적으로 일어나는 선택이지만, 중차대한 순간에 합리적인 사고와 행동을 일관되게 유지한다.

한 중소기업의 대표는 명예퇴직을 해야 할 시점이 다가온 것 같다는 이야기를 꺼냈다. 40대에 직장을 그만두는 추세에 비교하면, 나이 50이 넘어서도 대표직을 가지고 있어 만족한다고 말했다.

코치: 지금 명퇴와 경쟁할 수 있는 대표님의 대안은 무엇입니까? 대표님은 둘 중에 하나를 선택해야 합니다. 왼손에 명퇴를 가지고 있습니다. 오른손에 무엇을 가지고 있습니까?

대표: 대안은 내가 정말 하고 싶은 것을 해 보는 것입니다. 지금 개인적으로 하고 있는 교육사업 같은 것이지요.

코치: 지금 그것을 오른손에 가지고 있습니까?

대표: 아직은 아닙니다. 그냥 생각 중입니다.

코치: 명퇴를 생각하지만 실행하지 못하도록 붙잡는 것이 있다면, 무엇이지요? 저에겐 뭔가 주저하는 것으로 느껴집니다.

대표: 경영자로서의 지위, 명성, 관련된 처우, 지금의 생활여건 등을 버리지 못하는 것 같습니다. 아직 두렵고, 두렵다기보다는 준비가 덜 되어 있다고 봐야겠지요.

코치: 경영자로서의 지위는 확실하다고 생각하십니까?

대표: 글쎄요.

코치: 지금 경영자로서의 역할을 수행하는 데 필요한 것은 무엇
　　　입니까?

대표: 좋은 질문입니다. 내게 필요한 것이 뭘까? 경영자로서 활
　　　동하는 것에 대한 자신감입니다. 지금까지의 경영실적보
　　　다 올해는 더 향상된 실적을 만들어 낼 수 있겠는가? 나에
　　　게 그런 역량이 있나? 열정은 어떤가?

코치: 대표님, 지금 진정으로 원하시는 것은 무엇입니까?

대표: 집착 같습니다. 분명 손을 놓을 때가 있겠지만, 지금은 아
　　　니라고 생각하는 것 같습니다. 놓고 싶지 않은 것이지요.
　　　진정 원하는 것은 아니지만, 지금 이 순간 내가 원하는 것
　　　은 끈을 놓고 싶지 않은 것 같습니다.

코치: 현재 상황을 자신에게 가장 도움 되도록 활용한다면, 할 수
　　　있는 것은 무엇입니까?

　우연히 시작한 명퇴 이야기에서 결론을 얻고자 한 것은 아니지만,
선택이란 주제는 때론 그 자체로서 긴장감을 동반한다. 선택을 해야
하는 순간에 합리적인 결정을 하기 위해서는 정서적으로 안정되고
자기파괴적인 생각이나 충동에 의해 영향을 받지 말아야 한다. 또한
선택의 대상이 동일한 가치 수준에 있어야 한다. 어느 하나가 가치
면에서 상대적인 우위에 있는 경우, 진정한 선택이 일어났다고 보기
어렵다.

　코치는 질문을 통해 고객으로 하여금 자신이 처한 상황과 당면 주
제를 객관적인 입장에서 보고 판단할 수 있도록 돕는다. 코칭은 대
화를 통해 그가 더 자신의 삶에 만족하고 행복함을 경험하도록 돕는
데 있다. 코치는 고객으로 하여금 당면한 선택 주제에 대해 다양한

관점에서 볼 수 있도록 함으로써 균형 잡힌 시각을 갖도록 도와주
고, 가장 충만함을 느끼는 선택을 하도록 코칭한다.

코칭심리 탐구질문   ● ● ●

다음 질문에 대한 생각을 정리한다.

1. 선택이론과 현실치료의 핵심 개념은 무엇입니까?

2. 선택이론과 현실치료에 근거한 코칭 접근을 고려할 때, 다른 코칭 접근보
   다 차별적인 장점은 무엇입니까?

3. 우볼딩의 WDEP 프레임워크를 코칭 현장에서 활용할 때 고려할 점은 무엇
   입니까?

4. 코칭에서 선택이론 기반 코칭의 기여는 무엇입니까?

5. 선택이론과 WDEP 프레임워크에 대한 이해는 현재 여러분의 활동에 어떤
   시사점을 줍니까?

6. 여러분의 현장 활동에서 무엇을 달리 실행해 보겠습니까?

COACHING PSYCHOLOGY

제2부

자기주도적 학습과 성장

자기주도적 학습과 성장은 원하는 결과를 얻는 코칭 프레임워크의 두 번째 요소이다. 긍정심리학, 아들러의 개인심리학, 해결 중심 단기치료, 성인학습의 논리적 프레임워크가 갖는 공통점은 경험학습과 이를 통한 성장을 중요하게 본다는 것이다. 우리가 원하는 삶을 구상하고 성취를 이루려면 지속적인 학습을 통해 기존의 멘털 모델을 키워야 한다.

코칭 시각에서 개인과 조직이 원하는 성과변화를 만드는 코칭 원리는 자기주도적 학습과 성장이다. 우리의 마인드 셋이 유연할 때 학습과 성장의 기회를 갖는다. 이를 통해 당면한 심리적 문제를 해결하고 삶을 개선시킬 수 있다. 2007년 스탠퍼드 대학교의 심리학자인 캐럴 드웩(Carol Dweck)은 실패에 대한 사람들의 반응을 연구한 결과, 두 유형의 마인드 셋을 밝혔다. 성장형 사고방식(growth mindset)과 고착형 사고방식(fixed mindset)이다. 전자는 성장 가능성을 믿고 실천하지만 후자는 성장 가능성에 부정적이다.

학교생활이나 사회생활에서 원하는 결과를 이루는 사람들은 성장 마인드를 가진 사람이다. 드웩은 마인드 셋이 불변이 아니라 사람들이 성취를 이루는 과정에서 능력에 대한 인식을 바꿔 변화시킬 수 있다는 것을 연구를 통해 확증했다. '당신은 어떤 강점과 약점을 가지고 있다'는 인식은 또 다른 유형의 고착형 사고방식이다. 성장형 사고방식을 가질 때 마음이 유연해지고 새로운 학습과 성장을 이룰 가능성이 높다.

학습과 성장을 통해 더 나은 내가 되는 인지 전략은 성찰이다(Kolb, 1984). 약점에 묶이면 학습과 성장의 기회를 놓친다. 국내 전국 대리점을 총괄하는 한 영업 부문 담당 임원은 실적이 목표치를 밑돌면 불같이 화를 냈다. 그는 욱하는 감정표현이 자신의 약점인 것을 알지만 막상 저조한 영업실적을 보면 카멜레온처럼 돌변했다.

그가 약점에 민감해지는 이유는 성공해야 한다는 마음으로 실패를 보기 때문이다(이석재, 2019). 이러한 생각 스타일로 인해 그는 실패 그 자체를 직면하지 못했다. 그에게 필요한 것은 자기성찰이다. 실패를 문제로만 보는 고착화된 생각, 욱하는 정서와 자신의 무능으로 쉽게 귀인하는 심리를 알아차리는 것이다. 실패보다 무서운 것은 그 실패에 민감해지고 부적절한 대응 방식을 습관으로 만드는 것이다. 고착형 사고방식이 생기는 심리이다.

코칭은 잠재성(potential)을 끌어내 원하는 결과를 얻도록 돕는 전문 활동이다. 실패 원인을 쉽게 무능력으로 돌리거나 외부 요인에 돌리면 자기 자신의 잠재성을 발견하고 끌어내어 원하는 결과를 얻는 성공 논리를 경험하지 못한다. 실패를 객관적으로 보고 직면하는 용기가 필요하다. 실패를 결과로 보지 않고 목표를 이루어 가는 과정에서 발생한 하나의 사건으로 보는 것이다. 또 실패로 인해 잃은 것보다 학습한 것을 알아차리는 것이다.

잠재성을 끌어내어 발휘한다

긍정심리학에서 찾은 코칭 미션

긍정심리학은 심리학의 기존 역할에 대한 냉철한 평가와 자성을 통해 나타났다. 긍정심리학자들은 기존의 심리학이 사람들의 심리적 자원을 온전히 사용하지 못하고 정신질환, 우울 등 부정적 속성에만 집중했다고 비판했다. 그동안 간과했던 나머지 반쪽은 긍정성(positivity)이다.

긍정성은 개인이 삶에서 성공하고 번성하게 하는 속성이다. 인간 심리에 대한 부정적 관점은 질병 프레임워크에 기초하며 의사와 환자 모델로 대표된다. 이와 달리 긍정적 관점은 삶의 목적과 의미 추구를 하는 성장 프레임워크가 기본이다. 심리치료사와 내담자, 상담사와 내담자의 관계는 가이던스에서 파트너십으로 발전했다.

긍정심리학의 출현 배경

아리스토텔레스는 『니코마코스 윤리학(Nichomachean Ethics)』에서 진정한 행복(Eudaimonia)을 인간의 기능적인 면에서 가장 좋은 것으로 보았다. 행복은 긍정성을 대표하는 요소이다. 윌리엄 제임스(W. James)는 1902년 미국심리학회(American Psychological Association) 회장에 취임하면서 인간 에너지의 한계와 어떻게 이 에너지를 자극하고 잠재력을 최대한 사용할 수 있는지에 대해 논의했다. 행복을 누리는 길은 삶에서 최적의 잠재력을 발휘하는 것이다.

긍정심리학 용어를 처음 사용한 인물은 매슬로(Maslow, 1954)이다. 그는 『성격과 동기(Personality and Motivation)』를 출간하면서 긍정심리학 용어를 사용했다(p. 281). 그는 인간이 자기 자신의 잠재성, 덕성, 성취 열망, 심리적 자원을 최대로 사용하지 못하고 있다고 보았다. 그도 심리학이 질환, 결함, 부족한 점 등 인간의 부정적인 반쪽만을 다루었다고 지적했다.

셀리그먼과 칙센트미하이(Seligman & Csikszentmihalyi, 2000)는 긍정심리학을 개인과 공동체가 번창할 수 있도록 하는 요인을 발견하고 촉진하는 것을 목표로 하는 인간의 최적 기능(optimal function)에 대한 과학적 연구라고 정의했다. 펜실베이니아 대학교에 있는 긍정심리학 센터는 긍정심리학을 개인과 공동체가 번영할 수 있도록 하는 강점에 대한 과학적 연구라고 정의했다. 여기서 상기할 점은 긍정심리학의 대상이 정신적 건강을 잃은 사람을 포함한 모든 인간에 초점을 두었다는 사실이다.

이와 같이 긍정심리학은 모든 사람들이 의미 있고 만족스러운 삶을 영위하고, 자신의 내면에서 최상의 것을 개발하고 사랑, 일과 놀이 경험을 향상시키기를 원한다는 믿음에 기반을 두고 있다.

코칭 시각에서 본 긍정심리학의 미션

마틴 셀리그먼(Martin Seligman)은 1998년 미국심리학회 회장에 취임하는 공식 석상에서 심리학의 지난 역사와 역할을 돌아보고, 새로운 역할을 담은 미션을 제시했다. 그는 취임사에서 '인간의 강점 구축: 심리학의 잊힌 미션(Building Human Strengths: Psychology's Forgotten Mission)'이라는 제목의 연설을 했다. 그는 우리가 잊고 있던 미션을 3가지로 특정했다. 정신질환을 치료하는 것, 모든 사람들이 자신의 삶을 충만하게 만드는 것, 그리고 고등 재능(high talent)을 찾고 육성하는 것이다.

그의 미션 중에 자신의 삶을 충만하게 만드는 것과 고등 재능을 찾고 육성하는 것은 코칭의 미션으로도 적합하다. 코칭이 사람들의 잠재성을 끌어내어 그들이 원하는 삶의 목표를 이루도록 돕는 전문 활동이라는 정의와 논리적으로 연계되어 있다.

셀리그먼이 말하는 재능은 생래적이며 무엇인가를 해낼 수 있는 능력이다. 일터에서 재능은 조직구성원이 학습을 통해 육성시킬 수 있는 개념이다. 재능은 능력 있는 인재, 강점, 인적 자원을 뜻하기도 한다. 특히, 재능이 높은 인재를 뜻하는 핵심 인재(high potential)로도 사용한다. 이와 같이 사람들은 산업 현장에서 재능, 잠재성, 강점을 혼용한다.

긍정 연구의 결과물에 대한 긍정심리학자들의 인식을 통해 그들이 추구하는 가치를 알 수 있다. 비스워스 디너(Biswas-Diener)는 긍정심리학이 공익을 위한 것이라는 점에 매료되었다고 말했다. 긍정심리학자들은 지난한 연구를 통해 알게 된 지식을 비싼 값에 팔지 않는다. 그들의 수고에 대한 대가를 높게 매기려 하지 않는 것이다. 유명한 학자들은 자신이 연구한 것을 개인 홈페이지에 올려 둔다. 누구나 쉽게 관련 정보를 사용하도록 했다. 그들은 긍정심리학을 공공 영역에 속하는 과학으로 본다(Biswas-Diener & Dean, 2007). 자신의 지식을 공공재로 보는 것이다. 나눔의 가치를 깨닫게 하는 대목이다.

잠재성 프레임워크의 코칭적 활용

긍정심리학을 지지하는 전문가들은 사람들이 자신의 부정적인 생각과 느낌에 묶여 있지 않고, 행복과 만족을 누리는 삶을 사는 데 기여하고자 한다. 이를 위해 그들은 사람들이 가지고 있는 긍정적인 심리적 자원으로서 잠재성을 과학적으로 탐구한다.

잠재성 정의와 개념화

잠재성은 '가능성이 있는', '잠재적인'과 같이 현실화되지 않은 속성을 뜻한다. 긍정심리학자들은 잠재성을 특질, 덕성, 가치 등으로 개념화했다. 연구 대상인 주된 특질로는 주관적 안녕(E. Diener), 자기결정력(E. L. Deci), 낙관(C. Peterson), 자율성(B. Schwartz), 의미와 충만(V. F. Frankl), 강인함(S. R. Maddi), 자기실현(A. Maslow) 등을 들 수 있다. 피터슨(Peterson)과 셀리그먼(Seligman)은 Value in Action Model을 통해 6가지의 긍정적 성품(지혜와 지식, 용기, 인간애, 정의,

절제, 초월성)과 총 24가지 강점을 제시했다. 각 성품은 3~5가지의 강점을 가지고 있다.

잠재성에 대한 코칭 접근

코칭이 태동하는 시기에 사람들이 가지고 있는 내적 자원으로서 잠재성에 주목했다. 특히, 잠재성을 끌어내어 활용하는 코칭 방법과 프로세스에 초점을 두었다. 대표적인 코치는 골웨이(T. Gallwey)와 휘트모어(J. Whitmore)이다.

골웨이의 이너게임(Inner Game)은 2000년에 출간된 책이지만 내용은 여전히 인사이트를 준다. 책의 서문에 다음과 같은 인상 깊은 문장이 있다. "이너게임의 간단한 원칙과 방법은 직접 경험을 통해 학습하는 학생의 타고난 능력을 깊게 신뢰하는 데 기반을 둔다." 고객의 능력에 대한 완전한 신뢰는 코치가 고객을 대할 때의 기본 태도이다. 고객을 신뢰로 대할 때 그 수가 무한할 수 있는 가능성이 일어날 수 있다.

이러한 신뢰를 바탕으로 코치는 고객이 경험하는 두려움이나 자기 의심과 같은 심리적 방해 요인을 극복하도록 돕는다. 이를 통해 고객이 자신의 잠재성을 드러내어 원하는 성과와 같은 목표를 이루도록 존재와 환경을 조성하는 것이다. 골웨이는 잠재성을 발휘하는 것을 방해하는 요소를 해소한 크기만큼 성과가 나타난다고 보았다. 그는 간단한 수식으로 성과를 정의했다.

성과(Performance) = 잠재성(Potential) − 방해 요소(Interference)

잠재성을 객관화하는 도구

가설적 개념으로서 잠재성을 코칭에서 활용하는 다른 접근은 진단을 통해 잠재성을 측정하여 객관화하는 것이다. 이를 통해 강점으로 나타난 심리적 자원을 삶의 현장에서 원하는 결과를 얻는 데 활용하도록 코칭한다. 긍정심리학자들은 강점(strengths)을 특정 방식의 사고, 느낌, 행동을 할 수 있는 내재적인 능력으로 정의한다. 긍정심리학자인 셀리그먼 등이 개발한 VIA(Value in Action) 진단을 통해 진단 참가자는 자신의 24개 강점을 무료로 확인해 볼 수 있다. 진단을 원하는 경우 https://www.viacharacter.org에 접속한 후 안내를 따라 참여한다. 이외에 Strengthscope 또는 Gallup의 StrengthsFinder를 유료로 받아 볼 수 있다.

숨은 강점을 찾는 방법

진단 이외에 강점을 찾아 활용하는 방법도 있다. 다른 사람이 자신의 강점을 찾을 수 있는 방법에는 이 장의 코칭 사례에 소개한 'STAR 성공 사례 분석법' 등이 있다(이석재, 2020). 성취 지향적인 사회에서 강점의 기준은 높고 상대적이다. 특히, 강점을 상대방에 비해 경쟁 우위를 갖는 개념으로 생각하는 사람은 자신의 강점을 온전히 자신의 것으로 쉽게 받아들이지 못한다.

자신의 강점을 찾아 긍정적인 자기 이미지를 키우고 자신감과 자기 확신을 높이는 자원으로 사용해 보자. 다음과 같은 방법으로 강점을 찾아본다.

- 칭찬 목록 만들기: 최근 주위 사람들로부터 받았던 칭찬을 기억해 본다. 순서와 관계없이 기억나는 대로 적어 본다. 한 장의 카드에 하나의 칭찬을 적는다. 작성을 마치면 칭찬 목록을 공통 주제별로 분류해 본다. 강점은 바로 그 공통된 주제이다. 다른 사람이 본 당신의 강점이다.

- 강점 이미지 발견하기: 자신을 포함해 서로 잘 안다고 생각하는 4명(A, B, C, D)이 한 조가 된다. 먼저 3명(A, B, C)이 나머지 한 사람(D)이 가진 강점에 대해 최소 5개를 접착력이 있는 메모지에 적고 의견을 말한다. 그리고 메모지를 D의 몸에 붙여 준다. 같은 요령으로 나머지 사람들도 한다. 모두 의견을 전달했으면 함께 공통으로 언급한 강점을 찾는다. 그리고 3명은 공통 감정을 은유적으로 묘사한다. 예를 들면, 신기술에 대한 이해가 빠르고 도전적이며 창의적인 것이 강점이라면, '아이언맨'이라고 부른다. 떠오르는 이름을 말한다. 당사자(D)는 동의하는 것을 자기의 것으로 받아들인다. 그리고 두 팔로 몸에 붙은 메모지를 감싸며 "그래 나는 아이언맨 같은 사람이야. 이게 바로 나야." 라고 말하며 참가자의 의견을 수용한다.

- 강점 약점 진단받기: 자신의 강점과 부족한 점을 파악할 수 있는 진단을 받는다. 예를 들면, 고객의 리더십을 다면진단하는 효과적 리더십 진단(ELA)을 받아 본다(이석재, 2014). 강점으로 나타난 것은 당당히 자신의 것으로 수용한다. 스티커에 해당 강점을 적은 후 가슴에 댄다. 두 손으로 강점을 품으면서 자신의 것으로 느껴 본다. 강점이 내면으로 스며드는 상상을 한다.

효과성 코칭에서 본 잠재성

　고객은 개인적 관심 사항과 목표 지향적인 과제를 가지고 있다. 목표 지향적 과제는 원하는 결과를 이루기 위한 결정적 행동을 찾아 실천하는 것이다. 이러한 상황에서 고객이 자기인식을 통해 자신의 잠재성을 발견하는 활동은 자기 존재에 대한 관심이다.

　효과성 코칭을 실천하는 코치는 고객의 자기인식을 일깨워 네 가지 인지 전략(강점 발견, 관점 확대, 통찰 심화, 자기 수용)을 통해 잠재성의 기능적 가치를 키운다. 이 과정에서 고객은 '자각하지 못한 자신의 잠재성'(모르는 영역: the unseen)을 탐구하여, 그가 처한 맥락에서 강점으로 발휘하고 원하는 결과를 얻을 가능성을 높이는 방향으로 변화를 만들어 간다.

　이러한 과정에서 고객은 이전에 몰랐던 내면의 모르는 영역을 새

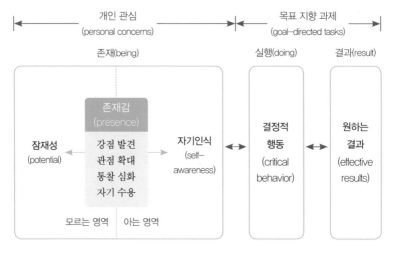

[그림 4-1] 존재와 실행의 심리기제(이석재, 2020)

롭게 인식하고 아는 영역을 확장한다. 이와 같은 성장의 선순환이 반복될 때 코치 대상자의 존재감도 더 커지게 된다.

효과성 코칭에서 본 강점이란

사람들은 삶의 맥락에서 당면한 문제를 해결하고 원하는 결과를 얻기 위해 잠재성을 발휘한다. 잠재성을 발휘하여 얻은 결과가 외부적인 평가 기준을 충족시킬 때, 그 잠재성은 강점이 된다. 사람들은 약점에서 강점을 발견하기도 한다.

한 예로 다리가 짧은 펜싱 선수는 다리가 긴 선수보다 무게 중심이 아래에 있다는 것을 알고, 빠른 발놀림으로 약점을 강점으로 바꿀 수 있다. 따라서 강점과 약점에 묶이지 말아야 한다. 맥락이 달라지면 강점이 약점으로 약점이 강점으로 바뀔 수 있다. 이와 같이 강점과 약점은 맥락적이며 기능적 의미를 품고 있다.

삶의 맥락에서 원하는 결과를 이루며, 더 나은 나로 성장하고 있는 긍정적인 변화에 대한 자기인식을 일깨워야 한다. 더 나은 나로 만드는 잠재성이 바로 강점이다. 코치는 사람들이 강점과 약점의 이분법적인 평가 틀에 묶이지 않고 온전히 자신의 잠재성을 발휘하여 당면한 문제를 해결할 가능성을 높이도록 돕는다. 코칭에서는 평가가 아니라 성장의 관점을 선택한다(이석재, 2020).

효과성 진단 도구

개인, 팀, 조직의 효과성을 객관적으로 진단하는 도구로 효과적 리더십 진단(ELA), 팀효과성 진단(TEA), 조직효과성 진단(OEA)이 있다(이석재, 2014). 모두 다면진단이다. 각 진단은 개인, 팀과 조직 차원에서 원하는 결과를 얻을 가능성을 높이는 영향 요인을 측정한다. 각 진단을 통해 개인, 팀과 조직이 원하는 결과를 얻을 가능성을 높

조직 효과성에 영향을 미치는 요인

요인	내적 차원	상호작용 차원	성장촉진 차원
긍정성	개인 존중 성취 지향	의사소통 학습/성장	가치 추구 조직정체성
생산성	수행 능력 역할 확대	인정/보상 성과 코칭	비전/목표 전략 실행

팀 효과성에 영향을 미치는 요인

요인	내적 차원	상호작용 차원	성장촉진 차원
긍정성	스트레스 내성 정서관리	다양성 수용 상호 신뢰	개방성 팀 정체성
생산성	주도성 주인의식	자원 지원 생산적 피드백	명확한 목표 한 방향 정렬

개인 효과성에 영향을 미치는 요인(리더십)

요인	내적 차원	상호작용 차원	성장촉진 차원
인지 역량	창의성 자기확신	변화관리 문제해결력	거시적 사고 혁신성
대인관계 역량	정서관리 대인 감수성	의사소통 갈등관리	고객 지향 협상력
전략적 관리 역량	추진력 결과 지향성	코칭 팀워크 형성	비전 제시 전략 실행력

[그림 4-2] 효과성 진단의 구조(이석재, 2014)

이는 요인을 분석하고 규명한다. 코치는 분석 결과를 진단 기반 코칭을 전개하는 기초 자료로 활용한다.

타인의 잠재성, 어떻게 보는가

잠재성에 대한 코칭의 관점을 보면, 사람은 본래 창의적이며 내적 자원이 풍부하고 온전한 존재이다. 온전하다(whole)는 그 자체로 흠결이 없고 깨어지지 않았다는 뜻이다. 다시 말해 인간은 고칠 대상, 바로잡을 대상이 아니라는 것이다. 오히려 인간은 조화와 균형, 전체성과 완결성을 지닌 존재라는 의미이다. 코칭 현장에서 코치는 고객을 어떤 눈으로 보는지 다음 질문을 통해 생각해 본다. 독자도 자기 자신을 포함해 사회적 관계를 맺고 있는 타인을 어떻게 보는지 생각해 보자.

- 고객 또는 타인의 잠재성을 어떤 눈으로 보는가?
- 현재 사회적으로 공유하는 가치와 인식의 틀을 기반으로 그의 잠재성을 보는가? 아니면, 그의 잠재성을 있는 그대로 보는가?
- 그의 잠재성을 신뢰하는가? 아니면 각종 검사지와 진단 도구를 통해 잠재성을 유형화하거나 서열화하는 방식으로 객관화한 후 진단 결과의 상자 속에 그를 가두는가?
- 사람은 '본래 창의적이며 내적 자원이 풍부하고 온전한 존재'라는 관점은 당신에게 여전히 유효한가? 타인의 견해는 어떠한가?

GROW 모델의 현장 적용

　하버드 대학교의 테니스 코치였던 골웨이의 이너게임을 비즈니스 코칭으로 발전시키기 위한 연구모임이 결성되었다. 알렉산더, 휘트모어, 란츠베르크, 파인 등이 참가했다. 그들은 목표 지향적인 모델을 개발했다. 란츠베르크(Landsberg)는 알렉산더와 대화 중 함께 개발한 모델에 GROW라고 이름을 붙였다(Whitmore, 2009). 그들은 1980년 중반부터 후반까지 모델을 함께 개발하다가 헤어졌다. 개발 당시 모델에 대해 저작권을 설정하지 않았다. 이후 알렉산더와 휘트모어, 파인은 각자의 방식대로 GROW 모델을 발전시켰다.

GROW 모델의 출현

　알렉산더는 1974년 이너게임을 설명하는 프레임워크로 다음과 같이 5단계 GROW 모델(Alexander & Renshaw, 2005)을 만들어 비즈니스에 도입했다.

- 단계 1: 주제선정(choose the topic)
- 단계 2: 목표설정(set the Goal)
- 단계 3: 현실확인(explore the Reality)
- 단계 4: 가능한 대안의 목록 작성(list the Options)
- 단계 5: 마무리와 전진 방법 찾기(Wrap-up and find the way forward)

공동 연구자인 파인은 GROW 모델을 일부 수정하고 저작권을 설정했다(Fine, 2018). 그는 코칭 고객이 성공을 위한 지식, 열정과 믿음을 갖고 목표에 집중(focus)할 수 있는 능력을 중요하게 생각했다(Fine, 2010). 집중력은 GROW 모델이 성공적으로 작동하는 데 기초이다.

- 단계 1: 목표설정(Goal)
- 단계 2: 현실확인(Reality)
- 단계 3: 가능한 대안(Options)
- 단계 4: 전진(Way forward)

휘트모어는 1965년 유럽 자동차 경주 우승, 그 이듬해부터 3번의 비즈니스 창업과 경영을 통해 성공과 성취를 경험했다. 그후 외부에 시선을 집중하는 삶을 멈추고 내적인 성장에 관심을 가졌다. 그는 1970년 인간 잠재력 운동의 본원지인 미국 에살렌 연구소(the Esalen Institute)로 갔고 골웨이를 만나 이너게임을 공부했다. 이때 자기인식과 자기책임, 자율과 자기결정을 중시하는 '인본주의 심리학과 성과의 연계성'을 처음 알았다.

그는 영국으로 돌아와 코칭 시각에서 이너게임을 탐구하는 공동연구를 했다. 그는 한 기고의 글에서 "대중이 알고 있는 것과 달리 나는 GROW 모델을 창안하지 않았다."라고 말했다(Whitmore, 2009). 자기 자신을 포함한 연구팀이 함께 창안했다는 뜻이다.

휘트모어는 이너게임을 성과코칭으로 명명했다. 그리고 고객이 잠재성을 발휘하여 성과를 극대화하도록 돕는 활동을 코칭으로 정의했다. 당시 유럽에서 스포츠 코칭은 선수 지도(instruction) 중심이었다. 그는 1992년『성과코칭(Coaching for Performance)』을 첫 출간하며 4단계 GROW 모델을 소개했다.

- 단계 1: 목표설정(Goal)
- 단계 2: 현실확인(Reality)
- 단계 3: 가능한 대안(Options)
- 단계 4: 실행의지(Will)

왜 목표설정이 먼저일까

우리는 흔히 당면한 문제에 대한 해결책을 찾으려는 경우 그 문제를 이해하기 위해 우리가 처한 현황을 먼저 분석한다. 그런데 GROW 모델을 보면 현실확인(Reality check)을 먼저 하지 않고 불분명한 미래 목표를 설정(Goal setting)한다. 설정한 목표와 현실확인을 통해 차이(gap)가 드러난다. 이를 해소하기 위한 가능한 대안(Options)을 도출하고 이를 실행하겠다는 의지(Will)를 행동으로 실천한다.

얼핏 보면 GROW 코칭이 문제해결적인 접근으로 보이지만 사실 목표설정에 깊은 의미가 있다. 사람들이 목표를 설정하면서 자기인식을 각성하고 자신의 삶을 구상하고 그 삶에 책임을 지는 인본주의적인 심리를 경험한다. 현실확인을 먼저 했다면 현실 문제를 알게되면서 이를 해결하기 위한 대응방안을 모색한다. 긍정적인 사고보다 부정적인 사고가 작동한다. 현실 문제가 자기인식과 존중에 대한 관심을 압도하는 것이다.

휘트모어는 코칭을 통해 사람들이 삶의 전면에 나서는 존재방식

을 실천하도록 돕고 싶었다. GROW 모델을 사용할 때는 코칭 현장
에서 이러한 인본주의 정신이 기본으로 작동해야 한다. 고객은 코
칭 목표를 달성하는 과정에서 자기인식과 책임감을 가져야 한다.
그래야 스스로 선택하고 결정할 수 있다. 코치는 고객의 의도를 파
악하고 적극적 경청과 강력한 질문을 할 수 있어야 한다(Whitmore,
1992).

인본주의적인 학습과 성장

상담과 심리치료는 어떻게 접근했을까? GROW 모델에서 코칭과
상담, 심리치료의 주된 차이점을 살펴볼 수 있다. 먼저 현실확인을
하고 문제의 원인을 분석하는 데 집중할 것이다. 내담자의 과거에서
당면한 문제의 원인을 찾아볼 것이다. 문제해결적인 사고가 작동한
다. 이와 달리 성과코칭은 미래의 관점을 먼저 취하고 그 시선으로
현실을 확인한다. GROW 코칭은 미래로부터 현재를 본다. 자기인
식과 책임을 자극한다. 또 사람들은 내면의 잠재성을 끌어내어 목표
를 이루려는 자율적인 태도를 갖게 되고 자기결정력을 발휘한다. 코
칭은 고객이 자기인식과 책임을 가진 마인드 셋을 갖고 있을 때 효
과적이다. 잠재성을 끌어내어 목표 달성을 추구하는 과정에 인본주
의적인 학습과 성장이 있다.

이러한 접근은 현재의 성공을 갈망하는 당시 영국 사람들의 통념
에서 보면 혁신적인 발상이었다. GROW 모델을 개발한 연구팀은
당시 사람들이 현실과 목표의 차이를 부정적으로 보고 대응책을 모
색하는 기존의 사고방식에 변화를 주고 싶었다(Mura, 2003).

코칭 1세대에 출현한 GROW 코칭은 인본주의적 관점에서 목표

지향적이며 미래의 관점에서 현실을 직시하도록 코칭 고객을 돕는다. 코칭 고객의 관점을 현재 중심에서 미래로부터 현재를 보도록 시간적 관점을 전환시킨다.

GROW 모델을 활용한 성과평가면담

성과평가권을 가진 리더를 대상으로 한 GROW 코칭이 인사평가 면담에 필요한 대화 스킬과 면담 운영에 대한 자신감을 향상시킨다. 매년 기업은 인사평가 결과를 활용하여 승진, 배치, 재배치 등과 같은 인사조치를 한다. 이때 HR 담당자나 조직의 리더가 생각해 볼 것은 인사평가 결과를 평가받는 직원과 어떻게 공유하고 활용하는지에 대한 것이다.

많은 국내 주요 기업의 경우, 인사평가는 연중에 정기적인 활동으로만 이루어진다. 그러나 평가 결과가 평가받는 임직원과 공유되고, 그들의 성장을 위한 자료로 활용되는 경우는 드물다. 평가점수나 등급(예: S, A, B, C, D 등과 같은 평가 등급)은 해당 임직원에게 공개되지만, 세부적인 평가 내용은 공개되지 않는 것이 현실이다.

따라서 평가받는 사람은 향후 더 좋은 성과를 낼 수 있는 구체적인 방법과 자기계발이 필요한 내용을 알 수 있는 좋은 기회를 놓치고 있다. 이러한 상황을 개선하기 위해 인사평가자가 소속 직원을 면담을 할 때, 코칭 스킬을 활용할 수 있도록 평가면담 환경을 조성할 필요가 있다. 인사평가의 일환으로 성과면담을 할 때, GROW 코칭 모델을 적용할 수 있다.

이 모델을 활용하여 평가권을 가진 리더들을 대상으로 코칭스킬을 교육하면서, 교육 참가자들로부터 그 적용도가 높다는 피드백을

받았다. 또 조직 리더를 대상으로 한 개인코칭에도 이 모델을 적용
했다. 리더들의 공통된 반응은 "매우 심플하여 적용하기 쉽다"였다.
코칭은 구조화된 대화의 프로세스로 전개된다. 목표 지향적 행동코
칭을 통해 조직 리더들이 당면하는 문제들을 해결할 수 있도록 도와
줄 수 있다.

인사평가권을 가진 리더들이 평가면담에서 사용할 수 있는 GROW
모델을 활용한 단계별 코칭 포인트와 코칭 질문은 다음과 같다.

◆ 단계 1: 목표설정

대화의 이슈를 확정하고 원하는 산출물을 명확히 한다. 리더는 편
안한 분위기를 조성하고 목표와 과제를 확인한다. 과제가 해결된 바
람직한 모습에 대해 대화를 나눈다. 이를 통해 면담 대상자의 자기
인식과 책임감, 열정을 불러일으킨다.

- 당신이 얻고자 하는 목표는 무엇입니까?
- 현재 가장 시급하고 중요한 이슈는 무엇입니까?
- 미팅이 끝난 후 어떠한 변화가 일어나기를 원하십니까?
- 어느 정도면 만족스럽게 달성되었다고 볼 수 있습니까?
- 목표를 달성했을 때 기대하는 당신의 모습은 무엇입니까?

◆ 단계 2: 현실확인

현재 진행 상황, 주요 이슈, 자원의 제한, 목표대비 현재와의 차이
를 등을 다각적으로 파악한다. 리더는 과제의 영역과 범위를 명료화
한다. 바람직한 상태와 현재 상태와의 갭(gap)을 확인한다. 또 면담
자 자신에게 미치는 영향을 확인하고, 변화에 대한 동기를 찾는다.

- 현재 상황은 어떻습니까?

- 이러한 상황은 어느 정도 발생하고 있습니까?
- 기대하는 목표에서 현재를 바라볼 때, 가장 부족한 점은 무엇입니까?
- 당신이 원하는 목표가 이루어진다면 달라지는 것은 무엇입니까?
- 지금 상태가 계속된다면 어떤 어려움이 있겠습니까?

◆ 단계 3: 가능한 대안

목표와 현실 사이의 갭을 메우기 위한 방안을 찾고 우선순위를 정한다. 리더는 실천 가능한 대안을 열거하고 구체적인 실행 프로세스와 실행 방법을 점검한다. 그리고 최적 안을 선택한다.

- 그 이슈를 해결하기 위한 구체적인 대안은 무엇입니까?
- 그럼에도 불구하고 그 이슈를 해결하기 위한 방법 3가지를 찾는다면, 무엇입니까?
- 또 다른 대안이 있다면 어떤 방법이 있습니까?
- 그 대안의 부정적인 면과 긍정적인 면은 무엇입니까?
- 그중 어떤 방법이 더 효과적입니까?

◆ 단계 4: 실행의지

구체적인 실행계획을 세우고 예상하는 장애 요소를 극복할 방안을 찾는다. 또 계획 실행에 대한 의지를 다짐하며, 실행과정과 결과에 대한 합의를 도출하고 코칭 대화를 정리한다. 리더는 실행계획에 대한 실천의지를 10점 만점의 척도(1점 아주 낮다, 5점 보통, 10점 아주 높다)로 확인한다. 실행 시 예상되는 장애 요인을 파악한다. 면담 대상자가 지원받아야 할 사항을 구체화하고, 면담에서 경험한 새로운 인식과 느낀 점을 정리한다.

- 그 계획을 실행할 때 가장 먼저 해야 할 것은 무엇입니까?
- 이번 주, 혹은 이번 달에 해야 할 일은 무엇입니까?
- 예상되는 장애물이 있다면 무엇인가요?
- 내가 도와줄 부분이 있다면 무엇입니까?
- 오늘 대화를 통해서 느낀 점은 무엇입니까?

코칭 사례 >>>
강점 발견으로 자기 확신 높이기

코칭 미팅을 갖기 전에 그룹장과 전화 통화를 했다. 그는 지금까지의 규모와 업무량은 감당할 만한 수준인데, 큰 조직에 대한 경험 부족으로 감당할 수 있을지 염려가 크다고 말했다. 나는 당면한 이슈와 과제들에 집중한 시선을 내려놓고, 먼저 자기 자신에 시선을 두도록 대화했다. 나는 다음 미팅까지 '더 나은 나는 어떤 모습인가?'에 대해 생각해 볼 것을 요청했다. 그도 코칭 과제에 대해 흡족하다고 말했다. 그는 더 나은 자신의 모습을 찾게 되면 첫 미팅 전이라도 실천하겠다고 약속했다. 약 2주 후 첫 코칭 미팅을 가졌다.

코치: '더 나은 나 찾기'를 통해 알게 된 것은 무엇입니까?
리더: 더 나은 나의 모습을 찾기 위해, 지금까지 나는 어떤 리더였는지 생각했습니다. 정리를 해 보니, 긍정적인 마인드를 가지고 있고, 목표 지향적이고, 책임감과 사회성이 좋다고 생각했습니다. 그런데 이것이 전부일까? 더 나를 아는 방

법은 없을까? 혹시 나를 더 아는 방법은 없을까요?

코치: 먼저 요청드린 사항에 대한 답을 찾아봐 주셔서 감사합니다. 그동안 나눈 대화에서 말씀하신 특성들을 느꼈습니다. 그럼, 자신의 강점을 찾는 방법이 있는데 같이 해 보겠습니까?

나는 'STAR 성공 사례 분석하기' 방법을 통해 그의 강점을 함께 찾아보았다. 나는 먼저 자신의 대표적인 성공 사례를 떠올려 보도록 했다. 그리고 당시 사례가 어떤 상황이었는지(situation), 구체적으로 설명해 줄 것을 요청했다. 이어서 그때 수행한 과제는 무엇이고(task), 그 과제를 수행하기 위해 실제로 한 행동은 무엇인지(act), 그 행동의 결과가 무엇인지(result)를 질문했다. 나는 그와 원하는 결과를 성공적으로 만들게 한 그의 특성이 무엇인지에 대해 대화를 나눴다. 이러한 STAR 방법을 통해 알게 된 것은 그는 집중력이 뛰어났고, 상대방을 배려하면서 열린 소통을 잘하고 효과적으로 질문과 경청을 하는 탁월한 의사소통 능력을 가졌다는 것을 알았다. 그가 사회성이 뛰어난 것과 연관이 높아 보였다.

코치: 강점 찾기를 하면서 느낀 점과 생각한 것은 무엇입니까?

리더: 성공 사례를 통해 강점을 찾는 방법이 흥미롭습니다. 저의 내면을 스캔하는 느낌을 받았습니다. 함께 일하는 구성원들에게 해 보겠습니다. 목표 달성에 대한 책임감을 느낄 때 일에 집중하고, 그러다 보면 챙겨야 할 것을 놓치는 때도 있습니다.

코치: 챙겨야 하는데 놓치는 것이 있다면, 어떤 것일까요?

리더: 중간 리더나 구성원에게 피드백하고 소통해야 하는데, 일에 집중하다 보면 제대로 못합니다. 피드백을 미루고 주로 요구 사항을 말하게 됩니다.

코치: 그렇군요. 지금까지 나눈 대화를 정리하고 다음 대화를 나눠 볼까요? 강점 찾기를 통해 알게 된 것을 포함해 생각하면 됩니다. 정리하는 형식을 알려드리겠습니다. 이렇게 해 보십시오. 현재 나는 어떤 리더인데 앞으로 어떤 리더가 되고 싶다.

리더: 결과 지향적인 리더십은 두드러진데, 일이 바쁘고 제대로 풀리지 않을 때 다른 강점을 제대로 살리지 못했습니다. 일에 집중하느라 상대방을 배려하지 못했고 소통을 더 하겠습니다. 일 중심의 리더에서 일도 챙기고 사람도 챙기는 균형 리더십을 갖춘 리더가 되고 싶습니다.

코치: 강점과 부족한 점을 균형 리더십과 연결시키셨군요. 잘 하셨습니다. 그럼 조직 규모와 업무량은 더 늘었는데 인력 규모는 정체된 현재 상황에서 균형 리더십을 발휘한다고 생각해 보십시오. 기존 리더십에서 꼭 달라져야 하는 것은 무엇입니까?

리더: 우선 달라져야 할 것은 조급함을 줄이고 여유를 가져야 하고, 뭔가 지시를 하려고 생각할 때 먼저 경청을 더 하겠습니다. 혼자서 모든 것을 해결하려고 애쓰기보다 구성원들이 자신의 능력을 발휘하도록 임파워링하고, 맞춤형 교육을 할 필요가 있다고 생각했습니다.

기존에 자신의 강점으로 인지하고 있는 것이 있더라도, 새로운 방법으로 자신의 강점을 더 찾는다면 현실을 다르게 볼 수 있는 시선과 기회를 갖게 된다. 사실 그와 대화를 나누면서 느낀 것은 자기인식이 뛰어난 리더라는 점이다. 작은 주제라도 대화를 시작하면, 그 주제가 갖는 함의를 자신과 연관시키며 성찰하고 통찰하는 능력을 발휘했다. 그는 '나는 누구인가? 어떤 리더인가?'를 자문하며 늘 깨어 있으려고 노력했다. 대개 자기인식을 하는 데 숙련된 리더는 자기관리 능력도 뛰어났다.

코칭심리 탐구질문 ● ● ●

다음 질문에 대한 생각을 정리한다.

1. 긍정성(positivity)이란 무엇입니까?
2. 긍정심리학에서 다루는 '긍정적 속성(positive quality)'이란 무엇이며 어떤 의미입니까?
3. 골웨이의 이너게임은 어떤 의미입니까?
4. GROW 모델에서 목표설정(G)을 먼저 진행하는 까닭은 무엇입니까?
5. GROW 코칭에 대한 이해는 여러분의 현재 활동에 어떤 시사점을 줍니까?
6. 여러분의 현장 활동에서 무엇을 달리 실행해 보겠습니까?

제5장

더 나은 내가 되는 삶을 산다

열등감은 성장의 자원이다

알프레트 아들러(Alfred Adler)는 인간을 개별적 존재로서 독특성을 갖는 반면 사회와 관계를 맺고 사는 사회성을 본능적으로 가지고 있다고 보았다. 그리고 독특성과 사회성은 서로 상충하면서 긴장과 갈등을 유발한다. 그는 인간을 창의적인 존재로 보았다. 따라서 열등감이 변화를 만드는 창의적인 힘을 갖는다. 열등감에 묶이지 않고 더 나은 내가 되는 심리적 자원으로 활용할 수 있다고 본 것이다.

나는 진정한 독특성은 다른 것을 모방하지 않는 자기다움에 있다고 생각한다. 그러나 자기다움을 안다는 것은 쉬운 일이 아니다. 자기다움이란, 내면의 모순을 스스로 찾아 해결하는 지단한 과정과 결과를 드러내는 것이다(이석재, 2020). 진정한 자기다움을 인식할 때 열등감도 긍정적 심리적 자원이 될 수 있다.

인간은 사회와 분리할 수 없는 존재

아들러는 비엔나 정신분석협회(Vienna Psychoanalytic Society)에서 활동하면서 9년 동안 프로이트와 정신분석을 연구했다. 이후 프로이트(Freud)의 정신분석적인 접근에서 한계를 발견하고 1911년 개인심리학 협회를 창설했다. 협회 활동을 통해 개인심리학을 창안하고 발전시켰다. 개인심리학은 아들러의 이론을 따르는 후학들에 의해 발전된 상담과 심리치료학이다.

개인심리학은 인간을 개별적인 존재이면서도 전체로서 이해할 수 있다는 전체성 관점(holistic view)을 취한다. 개인심리학에서 개인은 한 사람을 뜻하는 것이 아니라 전체성의 관점에서 보아야 할 존재이다. 따라서 한 개인이 사회에 다시 적응하는 과정에서 그가 처한 사회적 맥락과 요소(예: 가족구조)를 중시한다.

3가지 행동의 동기와 라이프스타일

개인심리학은 목적론적 인간관을 갖고 있다. 전체성의 관점에서 더 나은 내가 되기를 지향한다. 사람들이 행동하는 동기는 사회적 관심, 목표 성취, 그리고 삶의 과제 해결이다.

개인은 인식의 주체로서 주관적인 존재이다. 따라서 사적 논리를 따르면 자신은 다른 사람들에 비해 열등하다고 인식하는 기본적인 실수(basic mistakes)를 하게 된다. 성장기에 열등감 콤플렉스를 가진 사람은 사적 논리가 만드는 가상목표(fictional goals)를 추구하는 삶의 방식을 따른다. 이러한 라이프스타일은 성인이 되면서 우월성을 과하게 드러내며 타인에게 영향을 미치려 한다. 그 결과로서 그는 건강한 사회성을 발달시키지 못한다.

아들러는 다음과 같이 네 가지 라이프스타일을 제시했다.

1. 지배형(the ruling type)
2. 의존형(the getting type)
3. 회피형(the avoiding type)
4. 사회공헌형(the socially useful type)

앞의 세 유형은 가상목표를 추구하는 잘못 취해진 스타일이고 사회적 관심과 활동으로 타인과 관계 맺는 마지막 유형이 바람직한 것이다. 사회공헌형과 같이 사회구성원이 서로 연결되어 있고 의존관계에 있다는 공동감각(common sense)과 사회적 관심을 가질 때 사람들은 자신이 속한 문화와 정신의 발달을 이룰 수 있다. 사회적 관심과 공동체감(community feeling)을 갖고 사회에 기여하는 존재를 성숙한 모습으로 보았다. 성장과 진보는 열등감에 대한 보상이며 건강한 우월성의 바탕이다. 이를 통해 사람들은 원하는 목표를 성취한다.

인간 행동의 마지막 동기인 삶의 과제는 직업을 갖는 것, 사회적 관계를 갖고 이성적 사랑을 체험하는 것이다. 이러한 삶의 과제를 해결하는 과정에서 개인의 주체적 결단능력을 중시했다. 이러한 활동에서 심리적 어려움을 겪는 경우 삶에서 의미를 찾는 의미 치료(logotherapy)를 활용했다. 심리치료와 상담에서 내담자와 치료자는 상호 협력관계를 갖는다.

코칭 시각에서 본 개인심리학

개인심리학은 코칭에 논리적 기반을 제공한다. 그 주된 이유를 다음과 같은 두 분야의 공통점에서 찾을 수 있다.

첫째, 개인심리학은 치료 모델이 아니라 성장 모델이다. 사회구성원으로서 한 개인의 바람직한 성장은 열등감과 낙담을 극복하고, 가상의 인생목표와 잘못된 라이프스타일을 수정하고 공동 감각과 공동체 감각을 키우고 발휘하는 것이다. 이를 통해 사회적 기여를 하는 구성원이 되는 것이다. 개인심리학에서 성장의 동기는 더 나은 내가 되는 것이다. 주도적이며·긍정적이다.

앞서 소개하였듯이 개인의 자기주도적 학습과 성장은 원하는 결과를 얻는 코칭 프레임워크의 두 번째 요소이다. 코칭에서 인간은 전인적 존재이다. 존재 자체로서 온전하고 흠결이 없다. 따라서 사회적 존재로서 개인으로 하여금 삶과 환경을 바라보는 관점을 확대시켜 자기중심성을 넘어 이타성을 갖도록 돕는다. 여기서 이타성은 다른 사람의 심리적 안녕과 행복, 복지에 관심을 갖고 자발적으로 그들을 도우려는 태도와 행동을 뜻한다. 이와 같이 코칭은 개인의 사회성과 사회적 적응력을 향상시키는 데 도움을 준다. 코칭에서 성장은 삶의 주체인 개인의 주도성과 책임 의식을 토대로 이루어진다. 개인심리학이나 긍정심리학과 같이 긍정성이 성장의 중요한 자원이다.

둘째, 개인심리학은 개인 성장을 넘어 사회에 기여하는 존재로의 성숙을 지향한다. 사회구성원들이 각자의 사적 논리에서 벗어나 사회적 관심을 갖도록 한다. 심리적으로 건강한 사람은 개인의 정체성을 잃지 않고 인류의 성공을 열망한다. 이와 달리 건강하지 않은 사람은 다른 사람에 대한 관심이 적고 개인적인 우월성을 추구한다. 타인에 대한 관심이 있다고 하더라도 기본적인 동기는 개인의 이익에 있다.

코칭은 고객과 상호협력하는 과정에서 성장 기회와 가능성 발견을 가치로 여긴다. 코칭은 개인 삶의 전반을 다룬다. 예를 들면, 개인과 조직이 원하는 결과를 함께 얻도록 돕는다. 코칭은 개인의 독특성과 차별성을 존중하고 동시에 시스템적 접근을 통해 그가 조직의 일원이라는 점을 인식하도록 관점 확대를 조력한다. 이를 통해 개인 기여자가 팀 기여자, 나아가 조직 기여자가 되게 한다. 이와 같이 개인개발과 조직개발을 연계시켜 개인 효과성과 조직 효과성을 지속적으로 향상시킬 수 있다.

셋째, 개인심리학에서 사람들은 3가지 동기(사회적 관심, 목표 성취, 그리고 삶의 과제 해결)를 행동으로 드러내는 과정에서 심리적 어려움을 흔히 겪는다. 따라서 심리치료사의 도움이 필요하다.

상호 의존성은 인간의 생래적인 특징이다. 코칭에서 인간은 창의적이며 풍부한 내적 자원을 가진 존재이다. 그러나 삶에서 직면하는 다양한 문제에 대한 답을 혼자서 찾기 어렵다. 전문가의 도움이 필요하다. 코치는 고객의 생각을 자극하고 창의적인 방법으로 상호협력하면서 잠재성과 같은 그의 내적 자원을 끌어낸다. 이를 통해 고객이 당면한 문제에 대한 답을 스스로 찾도록 돕는다.

성장 프레임워크의 코칭적 활용

사람들은 흔히 3가지 동기를 삶에서 행동으로 드러내는 과정에서 심리적 어려움을 겪는다. 아들러는 사람들이 심리치료와 상담을 특정 공간에서 전문가와 만남을 통해 받는 것 이외에 스스로 해결하는 방법을 알려 주고자 했다. 이런 배경에서 그는 미국으로 이주했을 때 미국 전역을 다니며 많은 강연을 했다. 개인심리학은 널리 알려졌지만 그는 생전에 심리치료에 대한 논리적 구성을 체계적으로 정립하지 못했다. 한 예로 치료 목적에 따라서 심리치료 단계와 내용이 다양하다(Stein & Edwards, 2002).

아들러 사후에 루돌프 드레이커스(Rudolf Dreikurs, 1982)가 그의 학문을 계승하고 가족치료에 전념했다. 드레이커스가 정립한 4단계 심리치료 단계는 다음과 같다. 각 단계에서 내담자의 성장을 위한 심리치료사의 접근방법을 주목해 보자. 이 프레임워크는 성장 모델이다. 따라서 심리치료와 상담의 범위에 속하지 않는 학습과 성장 주제를 다룰 때 코칭에서도 활용할 수 있다. 다음 내용에서 심리치료사를 코치, 내담자를 고객으로 바꾸어 본다.

관계형성 단계(relationship, rapport development)

심리치료사는 내담자와 돈독한 관계를 만드는 대화를 나눈다. 내담자의 말을 적극적으로 경청하고 공감한다. 그의 말을 수용하고 진심으로 격려하면서 상호 신뢰를 구축한다. 신뢰는 관계형성의 기본이다.

코칭에서 관계형성 단계는 첫 세션에 해당한다. 관계형성의 진전에 따라서 몇 회 차가 더 필요할 수도 있다. 코치와 고객이 라포를 형성하고 코칭의 목적과 목표 달성을 위해 서로 노력할 점을 약속한다. 약속의 실천을 다짐하는 장치로 기본 원칙(ground rule)을 설정한다.

코칭에서도 코치와 고객 사이의 신뢰가 중요하다. 왜냐하면 소통은 서로 신뢰하는 만큼 이루어지기 때문이다. 또 이 단계에서 코치는 고객이 그의 분야에서 전문가임을 인정한다. 고객도 코치를 전문가로 존중하고 인정하는 관계 설정을 한다. 이와 같이 상호 존중과 인정이 필요하다.

라이프스타일 진단분석 단계(psycho-social investigation)

심리치료사는 주관적 인터뷰와 객관적 인터뷰를 한다. 주관적 인터뷰에서는 내담자의 가족관계, 초기 기억 등을 통해 라이프스타일의 패턴을 파악한다. 그 결과를 바탕으로 내담자에 작동하는 심리에 대한 가설을 설정한다. 또 내담자의 관심 사항에 대한 책임의식을 도출한다. 객관적인 인터뷰를 통해 문제의 시작, 선행사건, 의료경력, 심리치료를 선택한 이유 등을 파악한다.

두 가지 인터뷰를 통해 수집한 정보를 통합해서 내담자에 대한 인물 묘사를 완성한다. 특히, 내담자의 라이프스타일, 사적 논리, 잘못된 가정을 명확하게 파악한다. 이상의 내용은 앞으로 전개될 심리치료에 기초 자료가 된다. 그러나 확정이기보다 진행 과정에서 수정될 수 있다.

코칭 시각에서 두 번째 단계를 진행할 때 유념할 사항이 있다. 코치는 인터뷰를 통해 고객이 4~5세에 경험한 초기 기억을 회상한 자료를 활용하여 라이프스타일의 패턴(지배형, 의존형, 회피형, 사회 공헌형)을 찾아낸다. 코치가 이러한 분석을 한다면 관련 전문성을 먼저 확보해야 한다(Clark, 2002). 고객에 따라서는 초기 기억을 회상하기 어렵다고 말하거나 관련 활동을 거부할 수도 있다.

통찰 단계(interpretation, insight)

내담자가 진전을 보이면 심리치료사는 내담자의 행동에 숨은 목적과 목표를 의식 수준으로 끌어올린다. 이때 통찰이 중요하다. 그동안 진행한 대화 내용과 내담자의 행동이 갖는 의미에 대해 서로의 생각을 나눈다. 내담자가 문제를 지속시키는 내면의 동기, 상황을 바로잡기 위해 할 수 있는 것, 내담자가 간과한 것을 파악한다.

코칭 시각에서 정상인으로서 고객이 충분히 고무되지 않았다면 열등감 콤플렉스를 다루면서 통찰을 경험하기 쉽지 않다. 그러나 더 나은 내가 되는 코칭 과제를 수행하거나 코칭 목표를 달성하기 위한 노력의 성과에 대한 해석과 의미를 탐구하는 과정에서 통찰을 기대할 수 있다.

방향 재설정 단계(reorientation)

심리치료사는 내담자로 하여금 보다 건설적인 라이프스타일을 학습하고 수용하도록 돕는다. 이때 타인의 지지 구하기, 책임감 갖기, 새로운 가능성을 찾고 필요한 변화를 시도하도록 한다. 기존의 목표를 수정하고 필요한 의사결정을 한다. 이때 두렵지 않은 것처럼 행동하도록 돕는다. 내담자의 태도와 행동에 변화를 만들어야 한다. 이 과정에서 변화에 장애가 되는 문제에 직면하도록 돕는다.

코칭 시각에서 심리치료가 아닌 코칭 목표에 따라서 열등감을 해소하거나 생산적으로 사용하고, 가상목표를 수정하고 공동체감을 높일 수 있도록 방향을 재설정할 수 있다. 또 더 나은 삶의 질을 높이는 라이프스타일을 바꾸도록 격려하고 응원할 수 있다.

더 나은 내가 되는 방법

아들러의 관점을 개인 성장에 적용할 때 성장 전략은 '더 나은 내가 되기'이다. 성장의 시선을 너무 멀리 두면, 공상이 되기 쉽다. 시선을 과거에 두면, 자기 자신에 대해 평가적이며 닫힌 사고를 한다. 시선을 '지금 여기'에 둔다. 자기 자신에게 질문해 보자. "나는 더 나아지고 있는가?"

삶의 목적관리 매트릭스 분석

자기 자신이 더 나아지기 위해서는 먼저 삶의 목적관리 매트릭스로 원하는 삶을 디자인해 보자(이석재, 2021). 목적 없는 삶, 일에 묶인 삶을 경계하는 것이 중요하다. 효과성 코칭에서 코치는 존재 중심(being)과 실행 중심(doing)의 삶이 균형 잡히고, 존재의 내적 자각과 울림, 내적 자원이 실행을 촉진시키는 삶을 추구한다. 그러나 삶의 목적에 묶이지 않도록 한다.

- 목적 있는 삶: 삶의 가치와 가치의 실천에 따른 결과, 결과의 선한 영향력이 조화롭게 실현되는 의미 충만한 삶
- 일에 묶인 삶: 삶의 가치와 의미, 목적 없이 결과를 만드는 일에 집중하는 삶

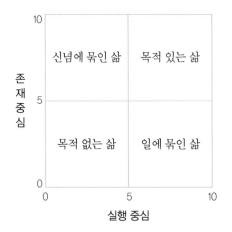

[그림 5-1] 삶의 목적관리 매트릭스(이석재, 2021)

- 신념에 묶인 삶: 삶의 가치와 의미, 목적을 중요하게 생각하지만 실행력이 뒷받침되지 못하는 삶
- 목적 없는 삶: 삶에 대한 신념과 실행이 결여된 삶

현재 자신의 삶이 존재 중심인 정도와 실행 중심인 정도를 0점에서 10점 만점으로 평정해 본다. 0점은 아주 낮은 것이고 5점은 중간, 10점은 아주 높은 것이다. 존재와 실행 점수를 삶의 목적관리 매트릭스에 표시하고 어떤 삶인지를 확인해 본다. 목적 있는 삶을 살고 있지 않다면 필요한 노력은 무엇인지 생각해 보고 실천한다. 목적 있는 삶을 산다면 그 삶을 완성해 보자.

목적 있는 삶 살기

삶의 목적은 방향을 주고 목표는 내용을 준다. 목표는 목적을 이루는 과정에서 설정되는 중간 목표이다. 이와 같이 '더 나은 내가 되

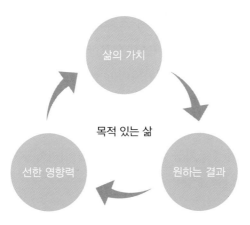

[그림 5-2] 목적 있는 삶의 구성(이석재, 2020)

기'는 최고의 내가 되는 과정 목표이다. 또 삶의 목적을 이루는 주체로서 바람직한 내가 되는 길이다(이석재, 2020).

어떻게 목적 있는 삶을 구성할 것인가? 목적 있는 삶은 핵심적인 세 가지 구성 요소가 순환적인 관계를 갖는다. 즉, 삶의 가치, 원하는 결과, 선한 영향력이 서로 연계성을 갖는다.

목적 있는 삶이 성공적으로 이루도록 다음 세 가지 질문을 반복적으로 하고, 그에 대한 답이 연계되도록 한다.

• 삶의 가치: 내 일상에 삶의 가치가 담겨 있는가?
• 원하는 결과: 일상의 결과는 내 삶의 가치와 일치하는가?
• 선한 영향력: 내 삶의 결과는 선한 영향력을 갖는가?

개인심리학을 코칭에 활용하기

아들러의 개인심리학을 기반으로 한 코칭은 개인코칭뿐 아니라 리더십 코칭(서재진, 2020), 팀과 조직코칭에 적용하는 데 적합하다. 개인이 팀 기여자, 조직 기여자로 성장하는 기저에는 개인의 독특성이 사회성으로 확대되고 전환되어야 한다. 또 전체성 관점에서 개인코칭을 할 때 그 개인이 처한 삶의 맥락을 고려하고 조직코칭에서 고객이 처한 조직 환경을 고려해야 한다. 이러한 맞춤형 코칭설계는 코칭 목표를 달성할 가능성을 높인다. 개인심리학을 기반으로 코칭을 전개할 때 다음과 같은 질문을 해 보자.

- 전체성 관점(holistic view)을 반영한 코칭 질문을 한다면, 가능한 것은 무엇인가?
- 개인의 독특성과 사회성의 갈등을 어떻게 극복할 것인가?
- 개인 요구와 조직 요구가 불일치하는 경우, 대응방안은 무엇인가?
- 더 나은 내가 되도록 돕는 코칭 포인트는 무엇인가?
- 당신의 삶의 과제(life task)는 무엇인가?
- 자동적으로 떠오르는 부정적인 생각, 어떻게 해결할 것인가?

코칭 사례 >>>
진정 원하는 것 찾기

"당신이 진정으로 원하는 것은 무엇입니까? 그것을 얻는 데 이 기회를 어떻게 활용하겠습니까? 지금 무엇을 하겠습니까?" 코치는 고객이 진정으로 원하는 것에 집중하고, 원하는 결과를 얻도록 돕는다. 꿈은 꺼내어 펼칠 때, 내 것이 된다.

어느 한 여름 그를 처음 만났다. 그는 매우 위축되어 있었다. 전 세계에 불어 닥친 국제금융위기로 인해 자신의 의지와는 달리 해외 사업을 중단하고 귀국한 경험은 오랫동안 마음의 상처로 깊게는 한으로 남았다. 실패를 모르고 자란 그에게는 처절한 경험이었다. 그 당시 많은 기업이 도산하고 실업자가 발생했다. 이런 통제할 수 없는 환경 요인은 자신의 실패를 위안하거나 합리화하는 데 도움이 되었다. 극복하기 어려웠던 것은 신규시장 개척에 실패한 사람이라는 패잔병 같은 이름이다. 다른 사람이 아니라 스스로 붙인 주홍글씨이다.

그 사건이 있는 이후, 그는 타인의 시선에 민감해지기 시작했다. 자신의 의견을 강하게 피력할 때는 너무 나선다는 시선을 느꼈고, 생각을 명확히 드러내지 않을 때는 소심하다는 피드백을 받지나 않을까 염려했다. 과연 어느 수준의 대화를 나누어야 하는지 망막했다. 조용히 혼자 일할 수 있는 자리는 천국과 같았다. 한 번의 실패 경험은 그에게 큰 울타리가 되었고, 그는 그 안에 갇혔다.

그가 울타리를 벗어나려면 계기가 필요하다. 울타리를 벗어나기 위해 실패의 원인을 철저하게 분석하고 앞으로 다가올 기회를 포착하는 준비를 할 수 있다. 그러나 이런 대화는 에너지를 생성시키기 쉽지 않다. 코칭 대화는 즐거워야 한다. 즐거움이라는 긍정적 감정은 세상에 숨겨진 가능성을 보게 한다. 그는 성장과정에서 역경을 극복하면서 자신의 꿈을 펼쳤던 성공 경험들을 회상하면서 긍정적인 에너지가 내면에 형성되는 것을 느꼈다.

"지금까지 살아오면서 자신의 의지대로 노력하고 성공을 경험한 때가 있다면, 언제입니까? 그때의 상황을 구체적으로 이야기해 주시겠습니까?"

"(잠시 생각하다가) 대학에 진학하려고 공부할 때입니다. 원하는 대학을 가기 위해 밤낮으로 공부를 하였고, 그 결과 남들이 최고라고 하는 대학에 진학을 했습니다."

"그 경험을 통해 학습한 것이 있다면, 무엇입니까?"

"그땐 힘들었지만, 내가 원하는 것을 얻으려고 노력할 때 역경은 장애물이 아니라 그냥 과정의 일부라고 생각했습니다. 아마 장애물이라고 생각했다면, 지치고 힘들어서 포기하였을지도 모르지요. 목표에 집중하는 것이 역경을 극복하는 효과적인 방법이라고 생각합니다."

그는 역경을 극복하는 방법을 이미 알고 있다. 그러나 그는 현재 긍정보다 부정적 관점에 사로 잡혀 있다. 부정적인 관점을 가지면 내면의 답도 보이지 않는다. 관점을 바꾸는 것이 필요하다.

"역경을 극복하고 당신이 얻은 것은 무엇입니까?"

"성장입니다. 어려움이 있기 전과 후, 달라진 것입니다. 역경을 극복한 후 더 성장해 있었습니다. 자신감도 생기고 원래 내성적인 성격인데 더 활동적으로 바뀌었습니다."

"말씀하시는 목소리 톤에서도 힘이 느껴지는데요. 그때 역경을 극복한 경험은 지금 이 힘든 상황을 극복하는 데 어떤 시사점을 준다고 생각하십니까?"

그는 잠시 창밖을 보았다. 뭔가 빠르게 그의 머리를 스치는 것 같았다. 그게 무엇인지는 알 수 없지만, 그는 답을 찾았다는 표정을 지었다.

"그렇군요. 정말 내가 원하는 것이 뭐지? 목표가 없군요. 지금 목표가 분명하지 않습니다."

"저에겐 분명한 목표를 이미 가지고 있었다는 말씀으로 들립니다. 어떻습니까?"

"아니, 어떻게 아셨습니까? (웃으며) 저는 한 회사의 사장이 되고 싶습니다. 그게 제 꿈입니다. 지금은 접었지만……."

"저는 그 동안 말씀을 나누면서 목표 지향적인 마인드를 가지고 있고 열정과 의지가 대단한 분이라고 생각했습니다. 코치로서 이 피드백을 꼭 드리고 싶습니다."

"(웃으면서) 감사합니다."

나는 그가 웃을 때, 그 자신이 가장 소망하고 중요하다고 생각하는 것에 대해 이야기를 하고 있다고 느꼈다. 그러나 그 웃음이 무엇을 의미하는지 묻지 않았다. 오히려 그가 더 자신의 목표에 대해 말하도록 대화를 전개했다.

"목표를 향해 가는 데 무엇 때문에 주저하십니까? 이 질문을 깊이 생각해 보십시오. 시간을 두고 생각하는 성찰질문입니다. 다음 코칭 미팅에서 생각하신 내용을 공유해 주시겠습니까?"

약 2주일이 지난 후 다시 그를 만났다. 코칭 과제로 던진 성찰질문에 대해 그가 찾은 답은 바로 자신이었다. 이 인식은 자각과 통찰로 이어졌다. 그동안 다른 사람의 시선을 부정적으로 곡해하고 대인관계에서 자신을 희생자로 만들고 죄인으로 만든 것도 모두 자기 자신이었다. 상황이 달라진 것은 없지만, 상황으로부터 스트레스를 받고 민감하게 대응한 것도 바로 자기 자신이었다.

그 깨달음이 있은 후, 그는 전혀 다른 모습을 보였다. 찡그리고 어두운 얼굴이 아닌 밝고 미소가 항상 있는 얼굴, 수동적인 대화에서 능동적인 대화, 타인의 아픔을 지켜보는 사람에서 다가가서 코칭해 주고 도움을 주려는 사람, 자신의 아픔에 묶여 있던 사람에서 다른 사람의 아픔을 공감하고 해결해 주려는 배려 깊은 사람으로 변했다. 이러한 변화는 대화가 절대적으로 부족하였던 자녀와의 관계, 냉랭한 부부간의 관계에도 긍정적인 영향을 미쳤다.

그는 이제 자신의 능력을 다시 확인하고자 새로운 도전을 했다. 그는 코칭에서 약속한 대로 핵심 부서가 아닌 지원부서의 팀장에 자원했다. 실적이 저조했던 팀을 성장하는 팀으로 변모시키고 싶었다. 지원부서의 팀장으로 발령을 받은 지 한 달 반이 지난 후, 그는 1조 이상의 매출 규모를 가진 사업본부의 팀장으로 발탁되었다. 불과 3개월 안에 엄청난 변화가 그에게 일어났다. 그는 코칭 초반에 경험한 통찰의 순간이 없었다면, 아마 이러한 변화는 불가능하였을 것이라고 말했다.

이 코칭 대화를 마치고 6년 후, 그는 동종 업계의 한 외국회사 사장으로 부임했다. 그가 이루고 싶은 꿈이 현실이 되었다.

코칭심리 탐구질문   ● ● ●

다음 질문에 대한 생각을 정리한다.

1. 아들러 개인심리학의 핵심 개념은 무엇입니까?

2. 개인심리학에 근거한 코칭 접근을 고려할 때, 아들러 코칭의 차별적인 장점은 무엇입니까?

3. 아들러 코칭을 코칭 현장에서 활용할 때 고려할 점은 무엇입니까?

4. 코칭에서 아들러 코칭의 기여는 무엇입니까?

5. 아들러 코칭 이해는 현재 여러분의 활동에 어떤 시사점을 줍니까?

6. 여러분의 현장 활동에서 무엇을 달리 실행해 보겠습니까?

제6장

문제 중심보다
해결 중심으로 대화한다

효과적인 프레임워크 찾기

해결 중심 코칭은 1980년대에 개발된 해결 중심 단기치료의 영향을 받았다. 해결 중심 단기치료((Solution-focused Brief Therapy)는 내담자가 직면한 문제에 대한 인식변화와 이에 대한 해결에 중점을 주는 접근방법이다. 여기서 해결이란 내담자가 원하는 상태 또는 모습이다. 스티브 드 세이저(Steve de Shazer)와 인수 김 버그(Insoo Kim Berg)가 중심이 되어 내담자가 원하는 결과를 단기간에 만드는 프레임워크를 귀납적 방법으로 개발했다.

그들이 프레임워크를 개발하는 방법은 코칭이론이 부재한 코칭 분야에서도 활용할 필요가 있다. 해결 중심 단기치료의 출현 배경과 현장에서 실천되는 모습을 통해 코칭 프레임워크 개발에 대한 시사점과 활용성을 찾아본다.

해결 중심 단기치료의 출현

드 세이저는 1978년 밀워키 가족치료센터를 설립했다. 초기 멤버는 총 6명이었다. 당시 전통적인 심리치료와 상담은 내담자가 호소하는 문제의 징후, 원인 분석, 문제점을 규명하는 데 많은 시간을 보냈다. 해결 중심 단기치료는 기존 이론을 바탕으로 문제를 다루기보다 단순한 질문을 사용해 내담자가 원하는 구체적인 해법을 빨리 찾는 데 집중했다. 그 결과, 내담자의 강점과 심리적 자원, 해결 중심 대화를 하는 것이 더 효과적이었다.

그는 1982년 연구팀의 치료활동을 해결 중심 단기치료라고 이름을 붙였다. 그는 1959년 돈 잭슨(Don Jackson)이 설립한 정신건강연구소(Mental Research Institute)의 단기치료 모델의 영향을 받았다. 또 1950년대 중반 구성주의 관점을 갖고 있는 밀턴 에릭슨(Milton Erikson)의 단기치료 방법의 영향을 받았다.

심리치료사는 내담자와 신뢰관계를 형성하고 내담자의 문제를 단기치료의 관점에서 재구성한다. 내담자는 자신의 문제를 다른 관점에서 보게 된다. 에릭슨은 내담자가 겪는 심리적 장애 원인을 분석하는 것을 주된 심리치료로 보지 않았다. 당시 가족치료는 내담자의 근원적인 내적 자원 보다 병리적인 측면에 초점을 맞췄다. 이렇다 보니 내담자의 과거에 집중했다. 그러나 에릭슨의 치료 전략은 미래의 해법에 두었다. 내담자가 지속적으로 개선하는 데 필요한 스킬을 개발하도록 돕는 것이다.

단기치료에서 내담자의 변화는 천천히 일어난다고 보았다. 에릭슨은 내담자를 한 번 볼 때도 있었다. 그러나 단기간의 만남이었지만 내담자의 변화는 지속적으로 일어났다. 가족치료의 경우 내담자를 독립적인 개인이 아니라 가족 시스템의 일원으로 보았다. 필요하다면 다른 가족구성원을 가족치료에 참여시켰다. 에릭슨은 심리치료에 최면을 사용했다. 비록 당시 주류에서 최면치료를 악의 예술로 보았고 최면치료를 하는 경우 심리치료사 지위를 잃기도 했다. 이와 같이 에릭슨은 당시 표준적인 심리학적 접근에 반하는 치료활동을 보였다. 그는 심리학 이론 개발이나 치료 사례를 이론에 맞추려고 하지 않았다.

단기치료의 영향을 받은 드 세이저는 가족치료에 연역적 접근보다 귀납적 접근을 취했다. 가족치료 사례를 통해 내담자에게 도움되는 치료 방법과 원리를 찾고자 했다. 과거는 변할 수 없는 것으로 보았다. 따라서 과거를 탐색하지 않고 현재에 초점을 두고 미래를 지향했다.

EARS 프로세스

해결 중심 단기치료가 폭넓게 사용되고 있지만, 여러 치료 방법을 체계적으로 사용하는 데 필요한 표준적인 프로세스 또는 심리치료 프레임워크는 명확하지 않았다. 바닌크(Bannink, 2010)는 해결 중심 단기치료의 기본 프로세스를 다음과 같이 제시했다.

사전 세션(intake session)에서 심리치료사는 내담자와 인사를 나눈다. 그리고 내담자는 자신의 문제를 소개하고 치료의 결과로 더 나아진 모습을 치료 목표로 설정한다. 심리치료사는 문제를 인지했고 문제의 심각성을 진지하게 받아들였다는 것을 알린다.

첫 세션에서 사전 변화를 확인한다. 그리고 예외적 상황 등을 활용해 미래 목표를 설정하는 데 도움이 되는 질문을 한다. 큰 목표는 작은 크기로 쪼갠다. 또 내담자가 변화를 만들고 책임감을 갖고 목표를 달성할 역량이 있는지를 알아보는 질문을 한다. 그리고 긍정적 피드백과 목표로 나아가는 과제를 부여하는 것으로 마무리한다.

후속 세션에서는 구체적으로 나아진 모습과 나아지게 할 방법에 집중하며 EARS를 따른다. 단기치료는 치료 목표와의 연관성을 확인한다. 그러나 후속 세션의 구성은 내담자의 사례에 따라 다르다. EARS는 다음과 같다.

- 끌어내기(Elicit): 지난 세션 이후 내담자의 이슈에서 긍정적 변화가 무엇인지를 끌어낸다. "무엇이 나아졌습니까?"
- 확장하기(Amplify): 내담자가 나아진 것이 있다고 응답하면 변화에 대한 인식을 확장한다. "구체적으로 나아진 것은 무엇입니까?", "그 변화를 아는 사람은 누구입니까?", "그 변화는 언제 일어났습니까?"
- 강화하기(Reinforce): 내담자가 체험한 변화에 대해 칭찬하고 인정한다. 변화를 말할 때 메모를 하거나 경이롭다는 표정이나 제스처를 보인다. 변화에 대해 더 알고 싶어서 긍정적으로 확인한다는 의미를 담은 질문을 한다. "변화가 일어났다고요?", "다시 말씀해 주시겠습니까?", "그것을 어떻게 관리했습니까?"
- 다시 시작(Start again): 앞에서 말한 것 이외의 것이 더 있는지를 묻는다. "그 이외에 나아진 것은 무엇입니까?"

해결 중심 단기치료의 차별성

프랭클린 등(Franklin et al., 2017)은 해결 중심 단기치료가 왜 그리고 어떻게 작동하는지 조사하는 연구를 찾기 위해 5개의 데이터베이스, 5개의 주요 저널, 2개의 단행본, 4개의 웹 사이트에서 영어로 출판된 연구와 미발표된 연구를 검색했다. 다양한 연구방법을 사용한 33개의 연구를 대상으로 메타분석을 했다.

그 결과, 연구자들은 해결 중심 단기치료를 진행하는 과정에서 상담치료사와 내담자가 대화의 의미를 함께 구성하는 프로세스, 내담자의 강점을 찾는 기법이 다른 기법에 비해 중요한 것으로 확인했다. 단기치료는 우울장애, 조현병과 같은 심각한 정신문제를 제외한 스트레스 해소, 일상에서 직면하는 삶의 문제, 가족관계 문제 등에 효과적이다.

문제 중심 대화보다 해결 중심 대화하기

내담자가 말하는 문제의 원인을 분석해 해결책을 찾는 기존의 심리치료 접근과 달리 원인분석이나 문제를 바로잡으려 하지 않는다. 심리치료사는 내담자가 원하는 것에 빠르게 집중하고 지금보다 더 나아지는 해결방법을 찾도록 돕는다. 더 나은 삶을 만들려는 내담자의 동기를 가정하고, 그가 심리적 자원과 해결책을 갖고 있다고 믿는다. 또 기적의 질문과 같은 예외 상황을 통해 문제를 해결하게 도움으로써 문제해결 능력이 자기 내면에 있음을 알게 한다.

내담자의 프레임워크를 찾아라

내담자는 삶의 문제에 직면할 때 성공적인 해결방안을 찾는 행동 패턴을 점차 알아차린다. 문제 상황에 대처하고 해결해 가는 자기만의 생각 틀을 구성하는 것이다. 이때 심리치료사는 내담자가 자기만의 프레임워크를 발견하고 키우도록 돕는다. 마치 드 세이저가 내담자와 해결 중심의 대화를 나누면서 단기치료의 프레임워크를 찾으려고 노력한 것과 같다.

문제대화(problem talk)를 해결대화(solution talk) 중심으로 바꿀 때 내담자의 행동변화가 짧은 기간에 일어난다. 따라서 언어와 소통 스타일이 중요하다. 치료의 결과에 초점을 둔다. 이를 위해 원하는 삶의 모습을 명료하게 도출하고, 이것을 달성했을 때 알아차릴 수 있는 방법을 상세히 질문한다.

내담자의 자원에 초점을 두고 활용하도록 한다. 내담자의 문제에 대한 전문지식이 없이도 문제와 맥락에 맞는 질문을 하는 것을 강조한다(de Shazer, 1988). 내담자가 자신의 삶의 영역에서 전문가라고 인정하기 때문이다. 당면 문제를 풀었던 성공 경험, 지금은 문제이지만 문제로 느끼지 못했던 예외적인 상황과 사건, 내담자의 강점 활용, 문제 상황보다 긍정적 상황에 초점을 준다.

이러한 접근을 통해 내담자가 지속적으로 도움이 되는 해결책을 스스로 찾도록 한다. 이 과정을 통해 내담자는 자신의 행동패턴을 자각한다. '내가 그동안 이런 방식으로 문제를 풀어 왔구나.'라고 알아차리는 것이다. 심리치료사는 이를 토대로 내담자가 자기주도적 학습으로 상담목표를 달성하도록 돕는다. 따라서 문제해결에 대한 내담자의 의지와 능력, 학습과 성장을 추구하는 동기가 필요하다

(Miller & Rollnick, 2013).

단기치료는 효과가 있는 상담과 치료에 초점을 맞춘다. 내담자가 당면한 문제를 해결하고 있다면 심리치료사는 그의 관심과 실행이 지속되도록 대화환경을 조성한다. 상담과 치료 과정에서 작은 것을 통한 큰 변화를 만드는 것이 가능하다고 본다. 치료효과의 진전 여부를 지속적으로 확인한다. 빠른 상담을 지향한다. 일반적으로 1~4회, 길게는 8회 이내로 진행한다.

시스템적으로 내담자에 접근하라

사람들은 공유하는 언어와 언어패턴을 통해 현실을 구성하기 때문에 자신도 모르게 다양한 가능성에 둔감해진다. 또 지식은 시간과 문화에 의해 영향을 받으며 한정된다. 의미 또한 문화적 맥락과 대화에서 체험된다. 내담자가 고유하게 갖는 문제의 맥락이다. 따라서 내담자의 문제는 맥락과 상호작용한다.

문제의 원인 또는 문제 그 자체를 다루기보다 문제가 지속되는 맥락을 규명한다. 문제의 원인을 아는 것이 행동변화를 이끄는 데 도움 되지 않았다. 한 예로 가족치료인 경우 가족이 기존에 묶여 있던 관점이나 시각에서 벗어나 창의적으로 다양한 상황에 적용할 수 있는 새로운 접근을 개발하도록 도와준다.

해결 중심 단기치료는 해결과 치료의 성공에 초점을 둔다. 이를 위해 다양한 질문법을 사용해서 변화를 자극하고 촉진시킨다. 이 과정에서 내담자가 문제로 생각하지 않는 주제를 심리치료사는 문제로 삼지 않는다. 치료효과가 있는 방법을 반복하고 이를 통해 내담자가 성공 경험을 체험하도록 한다. 치료효과가 없으면 다른 방법을 시도한다(Berg & Miller, 1992).

행동변화에 대한 저항은 없다

　드 세이저는 내담자가 보이는 저항(resistance)을 '행동변화를 원하는 자원과 강점을 가지고 있다는 신념'을 나타내는 것으로 보았다(de Shazer, 1984). 내담자가 자신의 변화를 주도하기 때문이다. 심리치료사는 내담자의 문제에 대해 한 발 뒤로 물러나서 대화 상황을 이끌며 '나는 모른다(not knowing)'의 태도를 취한다. 즉, 심리치료사는 문제에 대한 답이나 조언을 주지 않고 질문을 하는 역할을 담당한다는 뜻이다.

　변화에 대한 저항이라는 개념은 1977년 프로채스카와 디클리멘테(Prochaska & DiClemente)가 Rhode Island 대학교에서 처음 제안한 것으로 알려져 있다. 심리치료에서 저항은 이론별로 다른 의미를 갖는다. 프로이트의 정신분석학에서는 심리치료사의 치료와 제안에 대한 저항이며, 심리치료사의 권위를 손상시키는 것으로 보았다. 로저스의 내담자 중심 심리치료에서는 내담자가 보이는 반응으로 심리치료사는 이 반응의 의미를 탐색하고 접근방법 등을 수정할 필요성이 있다는 의미로 인식했다. 그리고 인지행동적 심리치료에서는 내담자가 인지적 왜곡을 한 것이며, 잘못된 내담자의 행동을 스스로 강화해 반복하는 것으로 보았다. 동기강화상담(Miller & Rollnick, 2013)에서는 내담자의 양가적인 감정을 나타내는 것으로 동전의 양면에 비유하며 상보적인 관계에 있다고 보았다.

내적 자원을 끌어내는 질문을 하라

해결 중심 단기치료에서 사용하는 주요 질문들을 코칭에서 활용할 때, 질문의 유용성을 찾아본다. 각 질문법에 담겨 있는 심리학적인 기제와 역동성을 이해하고 코칭 장면에서 활용한다.

드 세이저(1988)가 사용한 짧은 기적의 질문을 데 종과 버그(De Jong & Berg, 1998)가 수정한 최종본이다. 흔히 사용되는 기적의 질문이다.

> "이제 낯선 질문을 하겠습니다. 당신이 오늘 밤 자고 있고 집 전체가 조용할 때 기적이 일어난다고 가정해 보십시오. 기적은 당신이 여기에 가져온 문제가 해결되었다는 것입니다. 그러나 당신은 자고 있기 때문에 기적이 일어난 것을 모릅니다. 그래서 다음 날 아침에 일어났을 때 기적이 일어났고 당신의 문제가 해결되었다는 것을 알려 주는 것이 있습니다. 무엇이 다를까요?"

기적의 질문을 사용할 때 심리치료사는 세 가지를 유념해야 한다. 첫째, 내담자로부터 진정으로 답을 듣고 싶어 하는 느낌이 전달되도록 질문한다. 둘째, 내담자가 좋은 답을 할 수 있는 능력을 갖고 있다고 믿는다. 심리치료사가 내담자의 능력을 믿지 않는다면 사용하지 않는 것이 좋다. 셋째, 기적의 질문은 3단계가 모두 진행되어야 효과가 있다. 먼저 기적의 질문을 한다. 기적의 질문을 받은 고객은 상상하고 기적의 질문에 대한 답을 찾는 과정을 반복한다. 이 과정에서 문제를 해결하는 행동을 찾는다. 그 결과 당면한 문제가 해결되는 경험을 하는 것이다.

기적의 질문 이외에도 예외 질문이 있다. "당신의 삶을 되돌아볼 때 오늘 말씀하신 문제가 일어나지 않았던 때가 떠오릅니까?", "가장 행복했던 때는 언제입니까?"와 같이 예외적 상황과 우연한 성공 경험을 상기하도록 하고 그 경험을 현실에서 활용하도록 한다.

척도 질문은 당면한 문제를 숫자로 체험을 시킨다. 예를 들면, 현재 느끼는 불안의 정도를 1~10점 척도에서 평정해 보도록 하는 것이다. 1점은 불안이 가장 낮고 5점은 보통, 10점은 가장 높은 것을 나타낸다. 척도 질문으로 목표와 현재 모습을 점수화하고 비교해 보도록 한다. 특정 점수의 의미를 탐색하고 명료하게 한다. 불안이 6점이라면 그 상태를 묻는다. 또 진전을 확인할 수 있다. 불안이 6점에서 4점으로 낮아졌는데 어떤 노력을 했는지를 묻는다. 이어서 2점은 목표 관점에서 어떤 변화로 느끼는지를 묻는다.

기적의 질문과 예외 질문을 사용하기 어렵다면 내담자가 당면한 문제가 해결된 상태 또는 모습(best hopes)에 대해 질문한다. "이번 세션에서 당신이 가장 원하는 상태 또는 모습은 무엇입니까?", "이번 세션을 마칠 때 당신이 충분히 도움을 받았다는 것을 어떻게 알 수 있겠습니까?" 또 변화를 전제로 한 질문도 강력하다. "지난번에 본 이후로 달라진 점이나 나아진 점은 무엇입니까?"와 같이 긍정적인 변화를 가정하는 질문이다. 내담자가 긍정적 변화를 찾을 수 없다면 당면 상황을 개선시킬 수 있는 내적 자원을 찾아보도록 다음과 같이 질문한다. "이 문제를 어떻게 대처해 왔는지 생각해 보시겠습니까? 이 문제가 더 어려운 상황으로 전개되는 것을 막기 위해 무엇을 어떻게 하겠습니까?"

대처 질문은 절망적인 상황에 대처하도록 자신의 경험에서 답을 찾아보는 것이다. 예를 들면, "이와 같은 어려움에 직면했을 때 당신

은 일상의 의무를 이행하기 위해 어떻게 자신을 관리합니까?"라고
묻는다. 관계성 질문은 자신의 입장에서 타인의 입장을 취해 보도
록 하는 질문이다. 이외에도 "또 무엇이 있나요?", "무엇이 가능한가
요?"와 같이 연속적으로 하는 열린 질문도 있다.

단기치료에서 사용하는 질문의 힘

질문이 갖는 힘은 4가지로 요약해 볼 수 있다. 첫째, 당면한 문제
를 긍정적으로 보게 된다. 둘째, 내담자에게 일어나는 작은 변화가
큰 변화를 만들 수 있다. 셋째, 예외 상황을 경험하도록 한다. 이를
통해 내담자가 직면하는 문제를 통제할 수 있고, 자신감과 해결책을
찾는 데 도움을 준다. 넷째, 내담자가 미래 지향적인 관점을 갖도록
돕는다. 사람은 일반적으로 더 나은 삶을 원한다.

해결 중심 프레임워크의 코칭적 활용

해결 중심 코칭은 해결 중심 단기치료의 문제해결보다 해결 중심
접근과 맥락을 유지하면서 코칭의 특징인 목표 지향적 접근을 취한
다. 해결 중심 코칭은 라이프 코칭(Spence & Grant, 2007)과 조직코칭
(Barrett, 2004)에서 효과적인 것으로 나타났다.

해결 중심 코칭 프레임워크

고객의 목표달성을 돕는 데 필요한 학습과 성장 기회를 촉진시키

는 방안으로 총 4단계에 걸쳐 고객의 내적 자원과 행동변화를 심도
있게 탐구한다(Kemp, 2005). 과거에 대한 심리치료 목적의 여행 없
이 고객의 과거 경험을 살핀다.

◆ 단계 1: 과거 탐구와 이해

코칭 고객의 성장과 성공을 돕기 위해 그가 과거에 경험한 삶을
돌이켜본다. 이 단계에서는 고객이 중시하는 삶의 가치와 신념, 가
치와 신념이 원하는 결과와 연결된 체험이 있는지를 알아본다. 또
자기 분야에서 전문가로서 성공한 경험도 파악한다. 가족구조와 가
족관계를 통해 고객이 중시하는 인생관, 대인관계적 스킬, 자기 존
재에 대한 인식을 탐구한다. 고객이 문제해결을 효과적으로 한 특정
행동을 찾아본다.

이러한 탐구 내용은 전통적인 인지행동적 심리치료와 상담에서
다룬 영역이다. 해결 중심 코칭은 고객이 처한 삶의 맥락에서 경험
한 내용을 통해 그의 속성, 강점, 역량 등의 긍정적 자원을 찾는다.
대화의 결과로 도출된 내용은 고객이 현재를 대하는 관점이나 현재
로부터 미래로 나갈 때 가능성과 성장 기회에 영향을 준다. 이와 같
은 논리로 코칭에서 흔히 다루지 않는 고객의 과거를 탐구한다.

◆ 단계 2: 현재의 기반 완성

고객이 가지고 있는 가치와 신념이 그의 현재 삶과 연결되어 있는
지를 본다. 생각과 행동의 일치성은 고객이 이루고자 하는 미래 모
습을 얻을 가능성을 높인다. 인지행동적 측면에서 건강한 적응을 하
며 창의적으로 다양한 시도와 도전을 할 수 있는 정신적 기반을 갖
고 있는지를 확인한다. 개인적 성장과정에서 체험한 인지적 왜곡이

나 편견, 고정관념, 자기 제한적 신념 등이 현실에서 어떻게 작용하고 있는지를 본다. 또 개인의 학습 경험과 학습 도구의 현실적인 유용성도 파악한다. 이러한 코칭 대화를 통해 고객이 현재의 삶을 건강하고 안정적으로 구성하고 실천하는 현주소를 파악한다.

◆ 단계 3: 미래 설계와 창조

해결 중심 코칭은 학습과 성장을 추구하는 목표 지향적 활동이다. 코치는 고객이 원하는 미래를 설계하고 창조할 수 있는 마인드와 구체적인 방안을 수립하도록 돕는다. 한 예로 성장 비전과 목표에 대한 글을 쓴다(이석재, 2020).

고객이 생각하는 존재 이유를 설명하는 글을 작성하여 삶의 목적을 분명히 한다. 또 삶의 목적과 연계된 성장 비전을 작성한다. 이어서 성장 비전을 달성하기 위한 도전과제를 설정한다. 성공 경험을 체험하기 위해 최소 30일 이내에 달성할 수 있는 과제를 선정한다. 이어서 도전과제를 달성하기 위한 구체적인 실행과제를 설정한다. 그리고 도전과제를 수행하면서 예상되는 자기변화가 필요한 사항을 명확하게 적는다.

◆ 단계 4: 변화학습과 유지

고객이 성장 비전을 계획한 대로 실천하고 원하는 결과를 이루는 작은 성공 체험을 해 본다. 이를 위해 필요한 학습과 더 큰 성장과 성공 체험을 위해 새롭게 학습해야 하는 것들을 자기주도적으로 선정하고 실천한다. 이 단계에서는 지속적인 경험학습(Kolb, 1984)과 변화관리가 중요하다.

해결 중심 코칭의 특징

프레임워크는 고객의 병리적이거나 역기능이 아니라, 그가 삶에서 경험하는 행동을 다룬다. 고객이 직면하는 문제의 원인을 분석하거나 문제해결에 집중하기보다 답을 찾도록 돕는다. 예를 들면, 관점 변화를 통해 문제 상황을 재구성(reframe)하도록 한다.

코칭을 전개할 때, 코치의 전문성이 아니라 고객이 자신의 삶 영역에서 전문가임을 인정한다. 따라서 코치는 코칭 세션에서 고객으로부터 배운다는 마음의 자세를 갖는다. 코치는 고객의 문제를 원인 분석하기보다 고객이 갖고 있는 자신의 심리적 자원을 발견하고 활용하도록 돕는다.

해결 중심 코칭은 실행 중심이다. 코치는 고객이 코칭 세션 외에 자신의 삶에서 변화를 만들어 낼 것으로 기대한다. 변화는 장기간에 걸쳐 일어난다고 가정하기보다 단기간에 일어날 수 있다고 가정한다. 이를 위해 코치는 코칭 개입을 고객별로 맞게 구체적으로 설계한다. 코칭의 방향은 고객의 과거나 현재보다 그가 원하는 미래에 더 중점을 둔다.

해결 중심 코칭은 고객의 긍정적인 내적 자원을 활용하여 그가 원하는 결과를 해결할 수 있다는 접근을 취한다. 이러한 접근은 긍정심리학과 일치한다. 그러나 인간이 자신의 삶을 완전히 통제한다고 볼 수 없다. 따라서 고객이 사용할 수 있는 내적 자원의 영향력이 갖는 정도와 수준에 대한 탐구가 필요하다.

코치는 고객에게 매력적이고 그의 몰입을 끌어내는 방식으로 코칭을 설계하고 진행한다. 또 코치는 고객에게 개방적인 태도를 취하며 새로운 방식으로 생각하도록 자극하고 도전한다. 코칭 대화는 목표 지향적이다.

적합한 대화 방식

코치는 해결 중심 코칭에서 고객과 어떤 대화 방식을 사용할 것인가? 대화 방식에서 코칭 대화와 일반 대화의 주된 차이는 질문하기와 말하기의 비중에 있다. 코칭 대화는 일반 대화보다 질문하기의 비중이 더 크다. 또 다른 대화 방식의 속성은 '왜'와 '어떻게'이다 (Grant et al., 2021). 해결 중심 코칭에서 이들 속성을 어떻게 사용하는지 알아본다. 다음 질문에 대한 생각을 정리해 본다.

- 일반 대화에서 당신은 주로 어떤 방식을 사용했습니까?
- 평소 코칭을 할 때 당신은 주로 어떤 방식을 사용했습니까?
- 해결 중심 코칭에서 적합한 대화 방식은 무엇입니까?
- 코치로서 당신의 대화 방식에 어떤 시사점을 줍니까?

일반적인 대화는 질문하기보다 말하기의 비중이 높다. 따라서 대화 방식 3과 4를 많이 사용한다. 반면 코칭 대화는 말하기보다 질문하기의 비중이 높다. 따라서 대화 방식 1과 2를 많이 사용한다. 특히, 해결 중심 접근을 하는 코치는 대화 방식 3보다 대화 방식 1을 더 많이 사용한다.

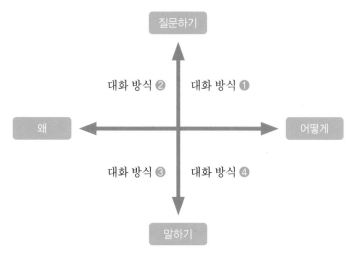

[그림 6-1] 대화 방식의 4가지 유형

핵심 코칭 스킬

해결 중심 코칭에서 코치가 사용할 코칭 스킬은 다음과 같다.

• 고객이 자기 자신의 삶의 영역에서 전문가임을 인정하고 존중한다. 코치는 고객으로부터 배운다는 자세를 갖는다.

• 고객이 자신의 당면 문제를 해결 가능한 문제로 재구성(reframe)하도록 관점 전환을 돕는다.

• 당면한 문제와 상황을 다르게 보았다면, 그 시선으로 기존의 행동을 다르게 하도록 돕는다.

• 고객의 내적 자원을 끌어내는 질문(기적의 질문, 예외적 질문, 대처 질문 등)을 효과적으로 사용한다.

• 고객이 해결 중심 대화에서 자기주도적 학습을 하고 자신의 자

원과 능력을 발견하고 해법을 찾도록 돕는다.

- 고객과 상호 협력하는 관계를 구축하고 빠른 속도로 해결 중심 대화를 전개한다.
- 고객의 변화가 코칭 세션에서 보다 세션과 세션 사이(between sessions)에 있는 기간에 일어나도록 실행과제를 부여한다.
- 코칭에 따른 변화는 단기간에 일어날 수 있다는 가정을 갖고 진행한다.
- 코칭은 과거나 현재보다 미래 지향적으로 전개한다.

경험학습 모델

해결 중심 코칭의 네 번째 단계에서 수련, 피드백과 교정이 고객의 인지행동적인 스킬의 점진적인 발달을 촉진시킨다. 코치와 고객은 목표를 이루고, 미래 행동 개발에 장애가 될 수 있는 과거 행동패턴과 경험을 성찰하도록 협력활동을 유지하는 것이 중요하다.

실제 일어난 일에 대한 경험과 특정 행동에 대한 보고를 통해 고객은 구체적 경험을 하게 된다. 이어서 성찰적 관찰에서 고객은 행동의 영향에 대해 성찰하고 영향의 내용을 이해한다. 즉, 경험-행동-영향의 연계를 인식하는 것이다. 성찰적 연계를 통해 경험이 행동에 영향을 미치는 일반 원칙을 학습하게 되고, 학습 내용이 추상적 개념화에 이르게 된다. 고객은 일반 원칙으로 학습한 것을 토대로 새로운 행동에 대한 시도를 계획한다. 학습의 마지막 단계인 능동적 실험을 하는 것이다. 고객은 능동적 실험을 통해 행동변화를 지속적으로 유지하고 코칭 목표의 성취 여부를 확인할 수 있다.

구체적 경험
경험, 느낌
(Concrete experience)

능동적 실험
행동, 실행, 적용, 계획을 통해
새로운 개념 테스트
(Active experimentation)

성찰적 관찰
경험에 대한 관찰, 주시, 성찰
(Reflective observation)

추상적 개념화
성찰을 토대로 생각, 개념, 일반화
(Abstract conceptualization)

[그림 6-2] Kolb의 경험학습 모델

코칭 **사례** >>>
일과 삶의 불균형에 답을 찾다

조직 내에서 리더로 성장하면서 흔히 갖는 고민은 일과 삶의 균형, 성과(doing)와 존재(being)의 균형을 잡는 것이다. 이 여성 팀장은 육아 문제에서 거의 벗어났지만 여성이라는 존재감과 성과를 내야 하는 리더로서의 역할 수행이 늘 갈등이었다. 특히, 팀장 경력과 연차가 쌓이면서 임원으로 승진할 수 있는 기회를 가질 수 있고, 내심 더 성장하고 싶기 때문이다.

여성 팀장은 여성 리더로서 역할을 잘 해낼 수 있을지에 대해 진지하게 고민했다. 마침 외부 전문코치가 진행하는 코칭 프로그램에 참여할 수 기회를 갖게 되었다. 회사는 매년 소수의 인원을 대상으로 자기계발을 위한 코칭 프로그램을 개설한다. 참가자는 부서장의 추천을 받거나 본인이 자원한 신청자를 대상으로 한 1차 심사를 거쳐 최종 선정된 리더들이다. 어느 화창한 날 팀장과의 첫 미팅이 이루어졌다.

코치: 이번 코칭 프로그램이 어떻게 운영되면, 팀장님에게 도움이 될 수 있겠습니까?

팀장: 여성 리더로서 계속 성장하고 싶은데 어떻게 하면 좋을지, 지금 고민하고 있는 것에 대한 답을 찾을 수 있으면 좋겠습니다.

코치: 말씀에서 여성 리더로 성장하고 싶은 바람과 고민의 정도가 함께 느껴집니다. 저와의 코칭 시간을 통해 원하시는 답을 찾으면 좋겠습니다. 두 가지가 궁금한데요. 되고 싶은 여성 리더란 어떤 모습일까? 또 지금 고민은 어떤 내용일까? 이 두 가지 이외에 또 말씀 나누고 싶은 것이 있으십니까?

팀장: 아니요. 현재 두 가지가 전부입니다. 앞으로 고민되는 것이 있으면, 말씀드리겠습니다.

코치: 잘 알겠습니다. 그럼 먼저 되고 싶은 여성 리더란, 어떤 모습을 생각하십니까?

팀장: 사실 제가 생각하는 것은 선한 영향력을 가진 리더입니다. 성별의 구분이 없이, 여성은 저의 정체성이기 때문에 붙인 것입니다.

코치: 여성은 나중에 관련성이 있으면 다루기로 하고, 선한 영향

력을 가진 리더란 어떤 사람이죠?

팀장: 팀장의 역할을 수행하면서 성과를 만드는 방법을 고민했습니다. 어떻게 성과를 만들 것인가? 성과를 앞에 내세우니, 나머지는 모두 방법이나 도구가 되더군요. 여성도 그중 하나죠. 그때 육아 문제가 컸었는데, 성과를 내는 데 큰 장애가 되었습니다. 엄마가 자식을 장애라고 하면 벌 받겠지요? 당시에는 경제적으로 일을 해야 했고 경력을 놓고 싶지는 않았습니다. 솔직히 말씀드리면, 일 욕심도 컸습니다. 성과를 내기 위해 나머지를 관리할 때 그 비용이 너무 큰 거죠. 감당하기 어려웠습니다. 저뿐만 아니라 팀원들도 마음의 상처를 많이 받았습니다. 그때 깨달았죠. 팀장이 성과를 주도해서는 안 되겠다. 선한 영향력은 모두가 성과 만들기를 주도하도록 참여시키는 리더십입니다.

코치: 깊은 뜻이 있군요. 선한 영향력에 팀장님의 가치관과 신념이 담겨 있다고 생각했습니다. 대단하십니다. 지금은 어떠세요? 팀장님의 고민이 점점 궁금해집니다.

팀장: 그런데 모두를 참여시킨다는 것이 쉽지 않았습니다. 어떤 때는 제가 주도하는 것보다 더 힘든 것 같습니다. 어떻게 하면 모두를 참여시킬 수 있을까?

코치: 말씀을 들으면서 지금까지 많은 시도를 하셨을 것으로 생각합니다. 좀 전에 쉽지 않다고 하셨는데, 쉽지 않은 것은 뭘까요? 가장 어렵게 느낀 것은 무엇입니까?

팀장: 처음에는 팀원들의 문제점을 찾았습니다. 팀원에서 찾다 보니 팀원을 대하는 호불호가 생겼습니다. 팀원이 문제가 아니라 호불호를 갖는 제가 더 문제죠. 가장 어려운 것은

팀원의 문제라고 보지 않고 저의 문제라고 생각을 바꾸는 것이었습니다. 내 문제라고 생각하면 쉬울 줄 알았는데, 자꾸 원인을 밖으로 돌리더군요. 그래서 저의 내면이 정리되지 않고는 달라질 것이 없다고 결론을 내렸습니다.

코치: 자신의 내면을 정리하고 달라진다는 것은 무슨 의미일까요?

팀장: 팀장 역할을 하는 나는 누구인가? 나는 어떤 사람이어야 하는가에 대해 답을 찾아야겠다고 생각했습니다. 코치님은 이런 질문을 가진 리더들을 많이 만나셨을 것 같은데요. 이럴 때는 어떻게 하세요?

코치: 저는 답을 제시하지 않고 찾도록 도와드리죠. 지금 팀장님과 관점코칭 대화를 나눠 보면 좋다고 생각했습니다. 관점코칭 대화는 답을 찾고 싶은 주제를 정하고 그 주제를 여러 관점에서 바라보는 것입니다. 그 과정을 거치다 보면, 해당 주제에 대한 답을 찾거나 답을 찾는 길이 더 명료하게 보이죠. 같이 해 볼까요?

팀장: 지금까지 코치님과 대화한 것과는 다른 것인가 보죠? 좋습니다. 알려 주시면 따라가겠습니다.

코치: 지금까지의 대화를 정리해 보면, 팀장으로서 나는 어떤 사람이면 좋겠는가? 이것에 대한 답을 찾고 싶으신 것이죠?

팀장: 맞습니다.

코치: 그럼, 이 주제에 대해 이름을 붙여 보는 것입니다. 이름을 정해 보시죠.

팀장: 글쎄요. 정체성 발견, 자기 발견…… 쉽지 않은데요. 나는 누구인가? 이렇게 해도 되지요?

코치: 그럼요. 주제의 이름은 나는 누구인가? 좋습니다. 다음 단

계는 이 주제에 대해 어떤 관점을 가지고 있는지를 알아보는 것입니다. 주제를 바라보고 어떤 생각을 하십니까?

팀장: 가장 중요하면서도 답하기 어려운 것, 본질적인 것, 중심을 잡아 주는 것, 뭔지 잘 모르니까, 답하기 어려우니까…… 안개 이런 생각도 듭니다. 중요한 질문, 죽기 전에는 꼭 답을 알아야 할 것.

코치: 지금 어떤 느낌이세요?

팀장: 생각하면서 무척 진지함을 느꼈습니다. 주제를 바라보지만 내면과 대화하는 느낌이었습니다. 저한테 정말 소중한 것이라는 생각이 듭니다.

코치: 이 주제가 팀장님의 내면과 깊이 연결되어 있군요. 그 연결을 느껴 보십시오. 이제 그 연결에 이름을 붙여 보십시오.

팀장: 내면의 자기와 만남을 연결시켜 주는 것, 자기가 누구인지를 알아가게 해 주는 길…… 만남의 길로 이름 붙이겠습니다.

코치: 팀장님은 작명도 잘하십니다. 멋진데요. 좋습니다. 만남의 길, 관점 이름은 만남의 길입니다. 만남의 길 관점 이렇게 불러도 됩니다. 이번에는 이 관점을 떠나 다른 관점으로 가 보려고 합니다. 이 관점을 떠나기 전에 느낌이나 생각을 더 나누고 싶은 것이 있습니까?

팀장: 아니요. 없습니다.

코치: 자, 주제를 바라다봅니다. 이번에는 어떤 생각이 떠오릅니까? 천천히 생각하셔도 됩니다.

팀장: 여러 생각들이 많이 떠오르는데 그 생각 중에 어떤 것을 꺼낸다는 것이 쉽지 않습니다. 생각을 빨리 정리하는 방법도 있을까요? 혹시 코치님께 결례가 아닌지 죄송합니다.

코치: 그렇지 않습니다. 여러 접근방법이 있기 때문에 잘못이나 결례는 없습니다. 처음 어떻게 하는지 아셨으니, 이번에는 주제를 보는 데 도움이 되는 여러 관점을 제시하겠습니다. 그 관점들을 보고 선택해 보시기 바랍니다.

팀장: 네, 좋습니다.

코치: 코칭에서 만난 리더들의 변화 요구를 분석한 것입니다. 모두 7개의 변화 요구가 있는데 저는 이를 삶의 주제라고 이름을 붙였습니다. 요구를 간단한 명사로 표현했는데요. 구성, 시선, 인식, 협업, 희망, 동기, 탐구입니다.

나는 팀장에게 7가지의 요구가 갖는 정의를 간략히 소개했다. 관점코칭에 참여하는 리더들은 처음에 자신의 생각을 끌어내고 관점으로 정리하고 이름 붙이는 것에 흥미를 갖고 참여했다. 그러나 대개 다음 단계로 진행되면서 코치의 도움을 받고 싶어 했다. 제한된 코칭 시간에 진행할 때 효과적이다. 나는 팀장에게 7개의 관점에서 필요한 관점을 선택한 후 주제를 바라보고, 떠오르는 생각과 의미들을 찾아보도록 했다. 자신이 선택한 관점에 포함된 생각과 느낌을 깊이 살펴보면서 주제에 대해 깊게 들어가 보는 것이다. 주제를 다양하게 바라보면, 주제에 대한 자신의 전체 사고를 이해할 수 있고 그 과정에서 원하는 답을 찾을 수 있게 된다. 2주 후 팀장과 만났다.

코치: 지난 미팅에서 나는 누구인가에 대한 주제를 여러 관점에서 살펴보는 코칭 대화를 나눴습니다. 그리고 추가 활동은 코칭 과제로 정하였는데요. 지난 미팅 이후 더 알게 된 것은 무엇입니까?

팀장: 주말에 저만의 시간을 내어 7가지 관점을 모두 해 보았습
　　　니다. 상당히 흥미로웠고, 저를 많이 살펴볼 수 있었습니
　　　다. 7가지 관점이 큰 도움이 되었습니다. 주제를 서로 다르
　　　게 깊게 살필 수 있었습니다. 생각들을 모두 정리해 보니,
　　　삶의 목적이 중요하다는 생각을 했습니다. 추상적일 것이
　　　라고 생각했는데, 오히려 구체적으로 설정할 필요가 있었
　　　습니다. 오늘은 삶의 목적을 어떻게 정할 수 있는지를 알
　　　고 싶은데, 가능한 것인가요?

코치: 그럼요. 주말에 귀한 시간을 만들고 생각을 잘 정리하셨습
　　　니다. 우선 다음 단계로 진행될 수 있도록 코칭 과제를 해
　　　주셔서 감사합니다.

팀장: 당연히 해야 할 저의 일인데요. 감사합니다.

　나는 팀장과 삶의 목적을 정하는 대화를 나눴다. 첫 코칭 미팅에
서 그는 이미 선한 영향력을 가진 리더가 되고 싶어 했다. 이 생각은
순간적으로 떠오른 것이 아니라 팀장의 역할을 하는 시행착오 체험
에서 나온 삶의 이야기이다. 그 이야기 속에 팀장의 자기 발견, 성찰
과 통찰의 결과가 녹여져 있다. 삶의 목적 찾기는 오히려 쉽게 진행
될 수 있었다. 나는 그에게 삶에서 추구하고자 하는 가치, 그 가치를
일상에서 실천했을 때의 결과물, 그 결과물이 가치와 일치하는지에
대해 이야기 나눴다. 그리고 그 가치 실현을 자기의 것만이 아닌, 가
정과 타인, 사회에 어떤 영향을 미칠 수 있는지에 대해 대화를 나눴
다. 팀장은 삶의 가치를 봉사와 기여로 정했다. 삶의 목적은 자신의
삶을 통해 타인에게 봉사하고 기여하는 것이다.

코치: 삶의 목적을 세우면서 알게 된 것이 있다면, 무엇입니까?

팀장: 삶의 목적에 맞는 삶을 산다는 것이 어떤 의미일지, 그 점을 다시 생각해 보았습니다. 생활하는 언행이 삶의 목적과 일치해야 한다고 생각했습니다.

코치: 그렇습니다. 일치성이 삶의 목적에 따른 삶을 살고 있는지를 보여 주는 것이죠. 그럼, 그러한 삶을 살고 있다는 것을 어떻게 알 수 있을까요?

팀장: 어떻게 알 수 있을까요? 저도 질문해 보고 싶습니다. 회사에서는 매년 상반기와 하반기에 성과 피드백도 하고, 1년에 한 번은 리더십 피드백도 합니다. 특히, 리더십 피드백의 내용을 보면, 직장에서의 생활은 어떤지 알 수 있겠는데요. 그럼 가정생활에서는 어떻게 하죠?

코치: 직장 생활과 가정생활은 어떤 차이가 있다고 생각하십니까? 두 생활을 구분해서 말씀하시니, 두 생활의 차이를 분명히 정의하면 좋겠습니다.

팀장: 다르지 않을까요? 환경 자체가 다른데…….

코치: 환경은 다르네요. 그럼 그 생활의 주체인 주인공은 어떨까요?

팀장: 당연히 같은 사람이지요. 그러나 생각해 보니, 같은 사람인데 다르다고 생각하는군요. 가정에서 아내이며 애들의 엄마로 직장에서는 팀장으로, 역할은 다르지만 같은 사람이죠. 나는 누구인가를 생각할 때, 그동안 저는 역할을 가지고 나를 생각했군요. 정작 주인공인 자기 자신은 빠져 있었습니다. 역할이 주인공이다 보니, 다중 역할을 하느라 힘들었군요. 코치님의 질문이 핵심이군요. 생활의 주인공은

누구인가?

코치: 역시 팀장님은 자기인식이 훌륭하십니다. 그럼 그 생활의 주인공 눈으로 지금의 삶을 바라볼 때, 달라지는 것은 무엇입니까?

팀장: 이제 답을 찾은 것 같습니다. 저는 같은 사람이어야 합니다. 가정과 직장은 다른 환경일 뿐입니다. 그 환경을 중심에 놓고 보니, 일과 삶, 존재와 성과의 균형을 맞추는 것이 풀어야 할 숙제였습니다. 나를 주인공으로 놓고 보면, 직장과 가정 그 이외에도 많은 삶의 환경이 있고 그 모든 것의 균형과 조화를 이루는 데 집중한다는 것은 맞는 말 같지만 맞는 사고방식은 아니라고 생각합니다.

코치: 그럼 생활환경이 다른 문제를 어떻게 풀면 좋을까요? 다양한 삶의 환경에서 삶의 목적과 일상의 모습을 일치시키려면, 필요한 것은 무엇이겠습니까?

팀장: 코치님이 갈수록 어려운 질문을 하시는데, 답을 생각할수록 정리가 되어 좋습니다. 감사드려요. 나는 누구인가의 주제에 대해 관점으로 사용한 7가지 변화 요구가 그래서 나온 것일까요? 지금 생각해 보니, 삶의 목적에 맞는 생활을 하려면 그 변화 요구들이 채워져야 하는군요. 삶의 목적이 없다면, 그 요구들을 어떻게 채울지 모르겠지만 목적이 분명히 서 있다면 답을 찾는 방향이 있으니 그 방향으로 가면 되겠는데요.

코치: 삶의 목적 방향으로 간다면, 그 삶의 모습이 시사하는 바는 무엇일까요? 봉사와 기여의 삶을 사는 팀장님의 모습을 떠올려 보십시오.

팀장: 삶은 결과가 아니라 과정이라고 생각했습니다. 현재의 삶
은 결과를 원하지만, 목적 있는 삶은 과정을 바라보라고 말
하는 것 같습니다. 팀장의 역할을 하면서 성과를 내야 하
는 결과를 생각하면서 저를 잃어버렸습니다. 팀원들도 저
와 같은 삶을 사는 사람인데, 그렇게 보지 못했습니다. 결
과도 챙겨야 하지만, 이제 과정을 중시하는 삶을 선택하고
싶습니다. 선한 영향력을 가진 리더라는 것은 결과도 챙기
지만, 과정을 중시하는 리더이군요. 저의 리더십에서 달라
져야 하는 점은 바로 과정을 놓치지 않는 것입니다.

코치: 결과도 챙기지만, 과정을 놓치지 않는 리더십 행동은 구체
적으로 무엇일까요? 달라져야 하는 리더십 행동은 무엇입
니까?

팀장: 달라져야 하는 것은 리더십에서도 봉사와 기여를 실천하
는 것입니다. 팀원들이 자신의 삶을 주도적으로 살도록 저
의 성찰과 경험을 공유하고, 그들이 일터에서 성과를 내도
록 업무환경을 만들어 주고 그들의 일하는 과정에 대해 대
화를 나눠야겠습니다.

코치: 팀장님, 지금까지 말씀 나눈 것을 잠깐 정리해 볼까요? 봉
사와 기여하는 삶의 목적을 정하였고, 가정과 직장을 포함
한 다양한 삶의 환경에서 목적에 일치하고 일관성 있는 생
활을 하는 주인공으로 사는 것이 중요했습니다. 결과도 챙
기면서 과정을 중시하는 삶의 태도와 리더십 행동도 살펴
보았습니다. 지금까지의 대화에서 팀장님에게 가장 울림
있는 내용은 무엇이었습니까?

팀장: 저는 가정생활과 직장생활을 구분했는데 결국 일과 삶의

균형이라는 사고가 중요하지 않다는 것, 더 중요한 것은 결과도 챙기지만 과정이 삶의 가치와 부합되는 의미를 가져야 한다는 것입니다. 나는 누구인가? 어떤 삶을 살아야 하는가에 대한 답을 얻었습니다.

코치: 지금 느낌은 어떠세요?

팀장: 마음이 무척 홀가분합니다. 저의 삶이 눈앞에 있습니다. 삶의 목적도 분명하게 인식했고, 팀장으로서 달라져야 하는 리더십 행동도 살펴보았습니다. 이제 저는 삶의 목적과 일치하는 삶을 어떻게 살 수 있을지, 삶과 씨름하는 저의 진짜 모습에 대해 말씀 나누고 싶습니다. 그런데 코치님, 제가 철학자가 된 것 같습니다.

관점을 확대하면 생각이 깊어진다. 하나의 관점을 가지면, 그 관점에 대해 세밀한 느낌과 생각을 가질 수 있다. 그러나 다른 관점을 만나면, 부딪히고 깨어지기 쉽다. 관점을 확대하면, 그만큼 생각할 수 있는 다양성을 갖게 된다. 다양성은 생각이 풍부하고 유연해지도록 돕는다. 관점 확대는 인식능력을 향상시킨다. 팀장과 코칭 주제인 나는 누구인가에 대해 다양한 관점에서 탐구하면서, 자기인식 능력이 향상되는 것을 알아차렸다.

팀장은 자기의 관점에서 코칭 대화를 재빨리 정리하고 시사점을 찾아 요약하고 다음 대화를 준비하는 스킬도 키웠다. 그는 대화의 말미에 목적 있는 삶을 살기 위해서는 자기 수련과 관리가 꼭 필요하겠다고 생각했다. 팀장의 사례에서 보듯이 평소 자기인식을 하는 사람은 관점이 확대될 때, 순간의 통찰을 경험한다. 통찰은 학습과 성장의 씨앗이다.

● ● ●

다음 질문에 대한 생각을 정리한다.

1. 코칭은 상담과 심리치료와 어떤 차이점이 있습니까?

2. 해결 중심 코칭은 코칭과 심리치료/상담의 개념적 유사성을 어떻게 극복
   했습니까?

3. 해결 중심 코칭의 핵심 구성 요소는 무엇입니까?

4. 코칭에서 '해결 중심 코칭의 기여'는 무엇이라고 생각하십니까?

5. 해결 중심 코칭에 대한 이해는 현재 여러분의 활동에 어떤 시사점을 줍니까?

6. 여러분의 현장 활동에서 무엇을 달리 실행해 보겠습니까?

제**7**장

경험과 성찰로 삶을 주도한다

자기주도적 삶이 학습이다

맬컴 놀스(Malcolm Knowles)는 성인이 아동과 다르게 학습한다는 사실을 미국 사회에 처음 소개했고 성인교육학(andragogy)을 탄생시켰다. 그는 성인교육을 "성인의 학습을 돕는 과학이며 예술"이라고 정의했다. 그는 학습자 개인에 집중한 이론을 전개했다. 교사가 아닌 촉진자로서 학습자의 에너지를 끌어내는 접근은 고객의 잠재성을 끌어내어 원하는 결과를 얻도록 돕는 코칭과 유사한 심리기제와 접근 방식이다.

성인교육의 개념은 1833년 독일 교육자 알렉산더 캅(Alexander Kapp)이 처음 사용했다. 그러나 성인교육을 경험과학적으로 체계화시킨 인물은 놀스이다. 성인교육에서 학습자는 학습활동을 자기주

도적으로 이끌며 참여한다(Knowles, 1978). 일부 학자들은 당시 성
인교육학이 제도권에 의한 경험학습이 아니라 개인의 자율적이며
주도적 경험학습에 집중되었다고 비판했다.

성인학습의 특징

성인학습은 다음과 같이 4가지로 특징을 요약할 수 있다. 성인을
대상으로 교육이나 코칭 등의 활동을 하는 독자는 성인의 학습 특성
을 고려하여 학습 효과를 높일 수 있을 것이다.

- 실수를 포함해 경험은 학습활동의 기본이다.
- 성인은 자신의 일과 개인생활에 직접적인 연관성과 영향을 갖
  는 학습 주제에 관심이 가장 크다.
- 성인은 내용 보다 당면한 문제를 통해 학습한다.
- 성인학습을 위한 교육에 계획과 평가가 포함될 필요가 있다.

코칭 시각에서 본 성인학습

콕스(Cox, 2006)는 성인학습 원리(Knowles et al., 2012)와 개념적
연관성이 있는 코칭 원리를 비교분석하고, 두 전문 영역에 매우 유
사한 원리가 작동하고 있다고 결론을 내렸다. 두 영역 모두 목표 지
향적이다. 사람들의 심리적인 내적 자원을 끌어내어 원하는 결과를
주도적으로 이루도록 돕는다. 또 사람들이 삶에서 직면하는 문제와
주제를 바라보는 그들의 관점과 전문성을 존중하고 현실에서 갖는
경험학습을 중요하게 본다.

표 7-1	성인학습과 코칭의 원리	

성인학습 원리	코칭 원리
성인은 목표 지향적이다. 학습 전에 '왜, 무엇을 어떻게'를 알려고 한다 (1987).	• 코칭은 내적 목적과 일을 연결시킨다. • 고객은 자신의 관심을 실행한다.
성인은 자율적으로 자기 방향을 결정하는 존재로서 자기개념을 성숙시킨다.	• 코칭 주제는 고객으로부터 온다. • 고객은 코칭 안건을 정한다.
삶에서 성인이 갖는 선행 경험은 학습의 풍부한 원천이다.	• 고객은 자원이 많고 창의적이며 전체적이다. • 고객은 빈 단지가 아니다.
성인은 생활환경에 대처하고 현실 과제를 수행할 필요를 경험할 때 특히 학습하려고 한다.	• 코칭은 실행이며 학습이다. • 코칭은 협력 활동이며, 해결 중심, 결과 지향, 시스템적 과정이다.
성인 학습은 삶 중심이며, 교육은 그들의 잠재성을 충분히 이루도록 향상된 역량 수준을 개발하는 과정이다.	• 코칭은 개인의 삶, 전체를 다룬다. • 고객은 자신의 요구를 충족시키는 활동을 한다.
성인 학습자의 학습동기는 외적이기보다 내적이다(1984). 스펙보다 자기존중, 삶의 질 등을 중시한다.	• 코칭 목적과 결과를 연결시킨다. • 코칭은 잠재성을 끌어내 원하는 성과를 극대화하는 것이다.

경험학습 프레임워크의 코칭적 활용

허니와 멈포드(Honey & Mumford, 1992)는 콜브(Kolb)의 경험학습 모델(제6장 참고)을 채택하면서 경험학습을 구체적 경험과 추상적 개념화로 이분화시키지 않고 연속적인 과정으로 개념화했다. 코칭을 일정 기간 연속해서 진행하는 경우, 허니와 멈포드의 경험학습 모델은 고객의 학습 전이를 일어나게 하는 코칭 프레임워크가 될 수

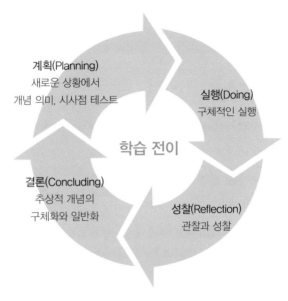

계획(Planning)
새로운 상황에서
개념 의미, 시사점 테스트

실행(Doing)
구체적인 실행

학습 전이

결론(Concluding)
추상적 개념의
구체화와 일반화

성찰(Reflection)
관찰과 성찰

[그림 7-1] 경험학습 모델(Honey & Mumford, 1992)

있다. 실행-성찰-결론-계획의 과정은 코칭의 전개 방식과 유사하
거나 동일하다. 따라서 경험학습 사이클을 코칭 세션을 관리하는 프
로세스 관리 도구로 활용할 수 있다.

성찰 연습으로 변혁적 학습하기

잭 매지로(Jack Mezirow, 1997)의 변혁적 학습이론(Transformative
Learning Theory)에서 성찰은 우리가 가지고 있는 신념의 토대인 가
정을 재평가하는 핵심 활동이다. 우리는 그 평가의 결과로부터 변형
된 의미를 내포한 새로운 관점을 갖는다. 이때 성찰은 새롭게 가진
관점으로부터 나온 통찰에 영향을 미친다.

성찰 연습

성찰 연습(reflective practice)은 근본적인 변혁적 학습을 하는 데 효과적이다. 성찰 연습을 위한 단순한 모델과 다소 복잡한 모델이 있다. 단순한 것으로는 ERA 순환이 있다(Jasper, 2013). 사람들이 긍정적이든 부정적이든 경험(Experience)을 하고, 경험의 내용이나 배경, 의미 등에 대해 성찰(Reflection)한다. 그리고 성찰한 내용을 토대로 행동(Action)한다.

또 다른 단순한 모델은 What 모델이다(Driscoll, 2006). 먼저 일어난 사건과 내용, 환경에 대해 무엇인지를 질문(What?)한다. 다음은 우리가 경험한 것에 대해서 성찰하는 질문(So What?)을 한다. 마지막 과정은 성찰한 내용을 토대로 어떤 행동을 할 것인지에 대해 질문(Now What?)한다.

◆ 단계 1: 뭐지?
- 무슨 일이 일어났습니까?
- 무엇을 했습니까?
- 당신은 어떻게 반응(또는 대응)했습니까?
- 다른 사람이 관여했습니까?
- 좋은 경험이었습니까? 나쁜 경험? 둘 다 입니까? 그리고 왜 일어난 것일까요?

◆ 단계 2: 그래서 뭐지?
- 그 순간에 무엇을 느꼈습니까?
- 왜 그런 반응을 보였습니까?

- 당시 상황에 대해 지금과 같은 감정을 느꼈습니까?
- 개인적인 가치관과 갈등을 경험했습니까?
- 과거 상황이 현재 경험에 영향을 미쳤다고 생각합니까?

◆ 단계 3: 이제 뭐지?
- 경험한 것을 성찰해서 무엇을 배웠습니까?
- 부정적인 결과를 막을 수 있었습니까?
- 어떻게 그렇게 할 수 있었습니까?
- 미래에 비슷한 상황이 발생한다면 어떻게 다르게 하겠습니까?
- 앞으로 더 잘 준비하기 위해 무엇을 하겠습니까?

이들 두 모델보다 다소 복잡한 것은 앞서 제6장에서 살펴본 콜브(Kolb)의 경험학습 모델이다. 구체적 경험–성찰적 관찰–추상적 개념화–능동적 실험의 4개 과정으로 이루어져 있다. 성찰을 연구하는 학자나 현장 전문가들은 다양한 모델을 제시했다. 이러한 모델들은 모두 효과적인 성찰 활동을 개념화한 프레임워크이다.

행동 중에 일어나는 성찰

교육학자 숀(Schön, 1987)은 성찰을 행동 중에 일어나는 성찰(reflection in action)과 일어난 일에 대한 소급적인 성찰(reflection on action)로 구분했다. 전자는 현재 하고 있는 행동에 대한 성찰로, 성찰을 통해 어떤 차이를 만들어 내고 결과적으로 그 행동의 중요성을 알아차리는 것이다. 한 예로 코치가 고객과 코칭 대화를 나누면서 자신의 대화에서 즉흥적인 성찰을 할 때 특정 알아차림 또는 강력한 질문이 저절로 떠오른다. 이것을 가능하게 하는 것이 행위 중에 일어나는 성찰이다. 이때 고객에게도 같은 심리기제가 작동할 가능성이 높다. 후자는 즉각적이든 지난 일이든, 이미 일어난 일에 대한 소급적인 성찰을 뜻한다.

내면과의 대화, 성찰질문 하기

사람들이 보이는 대표적인 자기방어행동은 내면의 소리를 들으려 하지 않는 것이다. 내면에 두려움이 있다면 방어적인 의사소통을 하게 되고 다른 사람과 열린 대화를 하기 어렵다. 자신을 이해하지 않고는 타인을 알지 못하고 진정한 경청과 갈등관리를 하기 어렵다. 나아가 건강한 삶의 환경을 만드는 데 실패한다.

목적 있는 삶을 살려는 비전과 열망을 실천하는 능력은 자신을 이해하고 관리하는 수준에 따라서 달라진다. 자신과 타인의 잠재성을 인정하고, 잠재성을 끌어내어 '변화요구-결정적 행동-원하는 결과'가 연계되도록 하기 위해서는 자신의 내면의 성숙을 키우는 노력이 필요하다(이석재, 2014). 이에 도움이 되는 다음의 질문을 일상에서 활용해 본다.

〈존재(being)의 성숙을 위한 성찰질문〉
- 나는 누구의 삶을 살고 있나? 내 삶을 주관하기 위해 지금 내게 필요한 것은 무엇인가? 나는 자기 자신을 위해 설정한 목표를 성취하고 있는가?
- 내 삶의 목적은 무엇인가? 오늘 하루의 일상에 삶의 목적이 담겨 있는가?

- 지금 이 순간 내게 질문을 한다면, 무엇인가? 그것을 통해 알게 된 것은 무엇인가? 그것을 통해 내가 느끼고 생각한 것은 무엇인가?
- 어떤 일을 해야 내 존재감을 충족시킬 수 있는가?
- 어떤 일을 하면, 사회에 공헌할 수 있을까?
- 나는 어떤 두려움을 갖고 있으며, 어떤 마음의 장벽을 갖고 있는가?
- 지금의 이 감정은 내게 어떤 말을 하는 것인가?
- 내가 원하는 이상적인 삶의 모습은 무엇인가? 그 삶을 사는 나는 어떤 모습인가?
- 나는 이 상황을 어떤 눈으로 보고 있나? 이 상황을 달리 볼 수 없을까? 달리 보려면, 내게 어떤 변화가 필요한가?
- 지금 이 순간 내가 회피하는 것은 무엇인가? 그것이 내게 의미하는 바는 무엇인가? 내가 지키고 싶은 것은 무엇인가? 나는 어떻게 하고 싶은가?
- 나는 어떤 선입견을 가지고 있는가? 나는 그것을 어떻게 하고 싶은가?
- 지금까지의 내 삶에 만족하는가? 만족감을 더 높이려면, 무엇을 하겠는가?
- 오늘 나의 강점 하나를 발휘한다면, 무엇인가? 그것은 나와 주위 사람에게 어떤 영향을 미칠 것인가?
- 나다움을 보인다면, 어떤 모습일까? 나는 내게 진실한 삶을 살고 있는가?
- 지금 기대하는 것은 무엇인가? 지금 어떤 느낌인가? 그 느낌이 내게 말하는 것은 무엇인가? 나는 어떻게 하고 싶은가?

〈실행(doing)의 성취를 위한 성찰질문〉

- 내가 오늘 원하는 결과는 무엇인가? 그 결과를 얻기 위해 내게 꼭 필요한 행동은 무엇인가?
- 지금 나에게 중요한 결정은 무엇인가? 나는 어떤 선택을 할 것 인가? 그 선택의 기준은 무엇인가? 그 기준은 내 삶의 가치와 어떤 관련성이 있는가?
- 지금 이 순간 가장 적절한 나의 행동은 무엇인가? 그렇게 생각 하는 까닭은 무엇인가? 그 행동을 통해 내가 충족시키려는 것 은 무엇인가?
- 이전과 다르게 행동한다면, 가능한 것은 무엇인가?
- 이 대화의 목적이 무엇인가? 무엇을 얻기 위한 것인가?
- 지금 내가 놓치고 있는 것은 무엇인가?
- 일터에서 나의 역량과 가치를 높이기 위해 어떤 노력을 해야 하는가?
- 일의 성과를 내기 위해 필요한 자원은 무엇인가?
- 내 삶의 에너지원은 무엇인가?
- 내가 오늘 책임져야 할 것은 무엇인가? 그것은 나에게 어떤 의 미인가? 그 책임감을 효과적으로 유지할 방법은 무엇인가?
- 나는 오늘 주위 사람에게 어떤 도움을 줄 수 있을까? 그렇게 하 기 위해 필요한 것은 무엇인가?
- 어떻게 하면 지금의 상황에서 서로 승승할 수 있을까? 이 과정 에서 새롭게 알게 된 것은 무엇인가?
- 이 삶을 떠나기 전에 내가 정말 성취하고 싶은 것은 무엇인가?
- 성공한 직장인의 모습은 무엇인가? 그 모습을 이루기 위해 어 떤 노력을 하였는가? 지금 어느 정도 원하는 모습을 이루었다

고 생각하는가?

• 지금 미루고 있는 것은 무엇인가? 그것을 속히 다시 시작하려
  한다면, 필요한 것은 무엇인가?

자기성찰을 통한 학습과 성장

자기성찰을 통해 인식변화가 행동으로 옮겨지는 과정과 결과를
검토한다. "지금 이슈가 무엇인가? 예상대로 진행되지 않는 것은 무
엇인가? 왜 그와 같은 이슈나 지연이 발생했는가? 왜 주저하는가?
근본적인 원인은 무엇인가?" 자기성찰은 자기주도적 학습과 같다.
자기 자신에 집중하고 자신을 깊게 들여다보면서, 자신의 본질에 대
해 진지하게 생각하는 것이다.

내면을 탐구할수록 자신의 잠재성을 효과적으로 발휘하지 못하
게 하는 걸림돌을 발견한다. 자기방어행동이 대표적이다. 타인을
비난하고 속임수를 쓰고 결정적인 순간에 수동적인 행동을 보이거
나 타인에게 지나치게 의존하는 것도 모두 자기방어행동이다. 자신
의 삶을 구상하고 만들어 가고 싶다면, 이러한 행동에 대응하기 전
에 자기방어행동에 숨겨진 동기나 요구를 읽어야 한다. 자기 자신과
타인에 대한 인식을 깊게 하고 폭을 넓힐수록 생각과 행동의 변화를
주도할 수 있다.

자기성찰의 주요 내용

진정한 변화가 일어나려면, 자신은 어떤 사람이어야 하는가를 생

각하고 학습한 것을 정리한다. 자기성찰이 갖는 힘은 자신의 실수를 인지하고 이를 바로잡아, 보다 긍정적인 자기를 만들고 자신의 삶을 충만하게 누리도록 한다. 명상이나 독서, 느리게 걸으면서 자신을 돌아본다. 오로지 자신의 감각에 충실하면서 느낌과 생각을 인식하고 자신에게 질문한다. "내가 염려하는 것은 무엇인가?", "나는 어디에 묶여 있는가?", "내가 주저하는 것은 무엇 때문인가?", "나는 진정 어떤 사람이고 싶은가?" 특히, 코치는 고객의 생각과 행동에 근본적인 변화가 필요할 때, 변화 노력을 한 이후 마무리할 때, 새로운 변화를 위한 다음 단계로 이끌 때 성찰질문을 한다. 자기성찰의 주요 내용은 다음 3가지이다.

목적 지향　삶의 목적을 가지고 있다는 것은 곧 자기의 존재 이유와 가치를 알고 있는 것이다. 삶의 목적을 가지고 있지 않다면, 먼저 "나는 왜 여기에 있는가?"에 대해 질문해 본다. 왜(why)를 질문하는 것은 곧 자신이 존재하는 목적을 묻는 것이다. 목적은 자신의 삶을 이끌어 가는 방향을 제시한다. 목적에 대한 진술은 개인이 추구하는 가치를 내포한다. 각자 자신이 추구하는 삶의 가치는 삶의 내용에 질적인 의미를 부여하는 기준이다. 이와 같이 가치는 목적의식을 구성하는 첫 번째 중요한 요소이다.

　사람들이 개인생활이나 직장생활에서 추구하는 가치가 그들의 삶에 깊숙이 자리 잡고 삶에 방향을 준다. 가치가 개인의 신념뿐 아니라, 실제 생활에 녹여져야 한다. 일상의 결과를 볼 때, 그 결과는 각자가 추구하는 삶의 가치와 부합해야 한다. 목적의식을 구성하는 두 번째 중요한 요소이다. "당신이 추구하는 삶의 가치는 일상에 담겨 있습니까?" 이 질문은 일상이 삶의 가치와 부합되도록 돕고, 가치와 행동 결과가 일치하는지를 확인해 보는 질문이다. 개인이 추구하는 가치는 그의 행동과 일치하고, 그에 걸맞은 결과가 나타나야 한다.

목적의식을 구성하는 마지막 요소는 선한 영향력이다. 개인이 만든 결과물이 자신의 삶과 주위 사람들, 나아가 그가 속한 사회와 국가에 긍정적인 영향을 미쳐야 한다. 이와 같이 개인이 추구하는 가치가 일상에서 부합하는 결과를 낳고, 그 삶의 전체적인 모습이 주위에 선한 영향력을 미치는 존재로서 인식하는 것이다.

격차 해소   원하는 결과를 얻기 위한 생각과 행동의 변화를 면밀히 검토한다. 이어서 현재 상태와 원하는 결과를 얻는 데 필요한 바람직한 상태 간의 차이를 줄이는 방법을 찾는다. 이를 위해서는 맥락을 고려하고 초점을 맞춘 자기성찰을 한다. 자신이 하고 있는 일에 대해 일반적으로 되돌아보는 것이 아니라, 변화가 요구되는 상황에서 원하는 결과를 얻을 가능성을 높이는 결정적 행동에 초점을 둔다. "지금 원하는 결과를 얻을 수 있는 가능성을 높이는 결정적 행동은 무엇인가?" 결정적 행동의 실천을 방해하는 요인과 촉진하는 요인에 대한 검토를 통해 변화의 가능성을 높이는 조건을 찾는 것이 중요하다. 격차 해소를 위해 다음과 같이 질문해 본다.

- 어떤 환경이 조성되면 실행력이 높아질 것인가?
- 이에 필요한 자원은 무엇인가?
- 어떻게 그 자원을 확보할 수 있겠는가?"

통합적 변화   코치는 고객으로 하여금 자신의 삶 전체를 조망하고, 통합적인 시각에서 현재의 모습에 변화를 주도하도록 돕는다. 자신의 삶을 적극적이며 주도적으로 구성해 가는 과정에서 개인적 자기인식과 사회적 자기인식에서 통제할 수 있는 것과 없는 것을 변별하고, 통제 가능한 것은 원하는 결과를 얻는 데 필요한 결정적 행동으로 드러날 수 있도록 돕는다. 이러한 과정에서 변화는 결정적 행동뿐 아니라 관련된 느낌과 감정 같은 정서, 태도와 행동의도 같은 인지를 포함한다. 통합적 변화를 성공적으로 끌어가는 새로운 관점을 찾고 수용할 수 있다.

자기성찰은 자신의 내면을 들여다보는 능력이며, 존재의 근원과 목적, 본질에 대해 질문하고 학습할 수 있는 방법이다. 협의적으로 보면, 거울에 비쳐진 자신을 보고 그것에 대해 탐구하는 것이다. 광의적으로 보면, "어떤 삶을 살고 싶은가?"에 대한 답을 찾는 것이다. 이 질문은 존재 이유를 묻는 근본적인 질문이며, 삶의 목적을 정의해 보도록 요청한다. 삶에서 추구하는 가치, 그 가치에 따라 일상에서 실행하는 모습, 실행의 결과와 그 결과가 의미 있게 되는 전 과정을 돌아보고 평가해 보는 것이다. 자기성찰은 통합적인 변화를 만들어 가는 과정에서 자기 자신을 생각하고 학습하고 평가하는 효과적인 방법이다.

자기성찰의 힘, 답은 내면에 있다

"저는 코칭을 통해 변할 것이 없습니다."

사장은 접견실 소파에 앉으면서 다소 퉁명스러운 어투로 말했다. 첫 인사로는 전혀 예상하지 못한 말이라서 당황스럽고 놀라웠다. 나의 기대와는 달리 사장의 첫마디는 코칭을 통해 변할 것이 없다는 것이다. 다만, 같이 일하는 임원들에 대한 코칭에 주력해 줄 것을 요청했다.

본사 경영진의 생각은 달랐다. 본사는 사장이 임원의 역할에서 벗어나 사장의 역할을 조속히 인지하고 성공적으로 수행하기를 기대했다. 나는 신임 사장의 활동을 지원하고 돕겠다고 약속했다. 코칭은 계획된 일정에 따라서 순조롭게 진행되었고, 임원 코칭 프로그램이 성공적으로 종료되었다.

사장과의 코칭 면담이 종료되고 1년이 지난 어느 날, 인사부서로부터 긴급한 전화가 왔다. 사장이 자신만 코칭을 한 번 더 받기를 원한다는 것이다. 코칭을 추가로 받겠다는 배경과 그동안 어떤 변화가 실제로 있었는지 무척이나 궁금했다. 며칠 후 만난 사장의 첫마디는 나를 다시 한번 놀라게 했다.

사장: 코치님, 저 많이 변했습니다.

코치: 반가운 소식입니다. 축하드립니다. 좀 더 구체적으로 말씀해 주시겠습니까?

사장: 사장으로 취임하고 회사의 경영실적을 높이기 위해 필요하다고 생각하는 것들을 월간 회의나 임원 미팅에서 여러 차례 이야기했습니다. 그리고 임직원들이 지시한 대로 실천하고 있는지를 체크했습니다. 저는 그동안 직원들과 열심히 대화를 한다고 노력했는데, 내 생각과는 다르다는 것을 느꼈습니다.

코치: 언제 그렇게 느끼셨습니까?

사장: 임원들 간의 대화가 이전보다 활발하지 않은 것을 알았습니다. 영업과 마케팅, 연구소의 임원과 그룹장들이 대화에

덜 참여하는 것을 보게 되었습니다.

코치: 그러한 느낌을 가지신 후, 사장님께서 다르게 행동한 것이
있다면 무엇입니까?

사장: 이전에 코치님이 역지사지하는 대화를 할수록 대화의 효
과성이 높아진다는 말씀이 생각났습니다. 리더 간의 대화,
부서 간의 대화가 활성화되지 않은 이유를 생각했습니다.
결과는, 원인이 저에게 있었습니다. 회사 성과를 높이기 위
해 사장이 주로 말을 했습니다. 임직원에게 회사가 나아갈
방향과 과제를 명확히 말해 주면, 잘 돌아갈 줄 알았는데
그게 아니었습니다. 그래서 임원과 그룹장이 대화할 때, 관
찰자의 입장에서 그들의 대화를 듣고 내 생각과 비교해 보
고, 방향을 제시하는 형태의 대화를 했습니다.

코치: 그것을 통해 학습한 것이 있다면, 무엇입니까?

사장: 회사를 경영하는 데 의사소통 방식이 중요하다는 것입니
다. 임직원에게 사장의 생각을 관철시키는 것이 아니라, 임
직원들이 사장의 생각을 이해하고 자발적으로 의사소통하
는 문화를 만드는 것이 경영이라는 것입니다. 사장이 코치
가 되는 것이지요.

코치: 정말 대단하십니다. 자신의 모습을 객관적으로 관찰하고
변화를 끌어내시는 실행력이 대단하십니다. 제가 없는 동
안에도 셀프 코칭을 하셨군요.

사장: 사장되고 지난 1년 동안 배운 것입니다. 코칭이 스스로 문
제의 답을 찾도록 한다고 했는데, 정말 그렇다는 것을 느꼈
습니다.

코칭의 효과는 고객의 변화를 성공적으로 끌어내겠다는 코치의 집착에서 오지 않는다. 코치는 변화를 의도하기보다 상대방이 중심이 되는 대화 공간을 조성한다. 고객은 안전한 대화 공간에서 변화의 필요성을 자각하고 성찰하면서 스스로 해답을 찾는다. 코치의 눈에 쉽게 관찰되지 않는 활동이다.

자기성찰을 생산적으로 하는 방법

자기성찰은 원하는 결과를 얻기 위한 목표 지향적인 방법이다. 목표와 방향에 맞는 결과를 만들지 못하면, 다음 단계의 변화로 나아갈 수 없다. 자기성찰을 생산적으로 하는 단계적 접근은 다음과 같다. 각 단계별로 고객이 스스로 활용하면 유용한 질문을 제시했다.

◆ 단계 1: 성찰할 변화 주제를 선정한다

변화의 시작과 종료까지 전체 과정에 적용한다. 성찰에 집중할 수 있는 공간을 확보한다. 지금 경험한 느낌과 생각, 행동을 되돌아보고 환경이 변화 노력에 미치는 영향과 추가적인 변화가 필요한 사항을 찾는다. 추가 사항을 변화 주제로 선정한다. 변화 주제는 변화의 목적에 적합한 것으로 제한한다. 변화 주제를 부정적인 것으로 정하면, 정신적으로 압도당할 수 있음으로 주의한다. 자신에게 다음의 질문을 순차적으로 하고 변화 주제를 찾아본다. 변화 주제는 현재 상태에 만족할 수 없다고 판단되어, 지속적인 변화 노력이 필요한 것이다.

• 지금까지 변화 활동에 어떤 일이 일어나고 있는가?
• 지금 불편하게 느끼는 것, 개선되어야 할 것은 무엇인가?

• 달라져야 한다면, 그 변화의 근원은 어디에 있는가?

[적용 예] 일이 잘 풀리지 않는 상황에서 부원과 대화할 때, 짜증이나 신경질적인 감정을 섞은 대화를 하지 않으려고 했는데 잘 안 된다. 어떻게 하면 감정을 효과적으로 관리할 수 있을까? 감정 관리를 잘하고 싶다. 무엇을 달리하면, 감정 관리에 성공할까? 감정이 드러나는 경우를 보면, 특히 내가 원하는 결과를 얻지 못했을 때이다. 부원이 보고한 결과물을 어떻게 볼 것인지에 대한 답을 찾아야 한다.

◆ 단계 2: 변화 주제에 대한 답을 찾는다
변화 주제에 대해 탐구할 질문을 생각하고 답을 찾는다. 원하는 결과를 얻는 데 중요한 느낌과 생각을 적어 본다. 이 과정에서 중요한 점은 변화 주제의 핵심을 다룰 때, 자기 자신에게 진실해야 한다는 것이다. 통찰이 일어나면, 새로운 관점을 가질 수 있다. 새로운 관점과 통찰의 의미를 깊게 탐구한다. 변화 주제에 대해 탐구할 질문을 할 때, 다음의 질문을 추가로 한다.
• 이 질문은 변화 주제에 대한 답을 찾는 데 초점이 맞혀져 있는가?
• 이 질문에 대한 답은 내면을 충분히 탐색한 결과인가?
• 내가 지금 놓치고 있는 것은 무엇인가?

[적용 예] 부원과 신뢰관계를 만들지 못하고 대화가 일방적인 이유는 부정적 감정이 섞인 대화를 하기 때문이다. 부원과의 관계 개선을 하려면, 내가 먼저 감정 관리를 해야 한다. 문제의 핵심이다. 왜 나는 욱하는가? (가능한 원인들을 탐색) 나의 문제는 기대와 다른 점에 대해 너무 빠르게 반응하는 것이다. 기대 차이를 이성적으로

대할 수도 있는데 감정적으로 대하는 것이 문제이다. 반응의 속도를 늦추기만 해도, 감정을 통제할 수 있을 것이다. 반응 속도를 늦추자. 이것보다 더 결정적인 것이 있을까?

◆ 단계 3: 통합적인 시각에서 개선점을 확정한다

변화가 요청되는 맥락과 원하는 결과와 연결성을 갖고 있는 범위에서 개선점을 명확하게 서술한다. 개선점의 대상은 정서, 인지, 행동에 속한 것이다. 개선점의 내용은 지금보다 더 발전적인 방향으로 나아가는 데 필요한 것으로 한다. 다음 질문을 통해 성찰한 내용을 정리한다.

- 성찰을 통해 학습한 것은 무엇인가?
- 원하는 결과를 얻을 가능성을 높이는가?
- 다음 단계를 진행한 후에 결과를 확인할 수 있는가?

[적용 예] 기대와 다른 점에 대해 나의 반응 속도를 늦추면, 부원뿐만 아니라 다른 부서의 리더들과 더 생산적인 대화를 할 수 있다. 부서 간의 협조도 훨씬 개선될 것이다. 내가 바뀌면 되고, 이 문제가 지속되면 나의 성장도 어려워질 것이다. 내 감정의 흐름을 읽고 통제할 수 있도록 3개월 명상 프로그램에 참가해 보자. 그 이후 부원과의 소통에 대해 피드백을 받아 보겠다.

코칭 **사례** >>>
성찰질문을 통해 상자 밖으로 끌어내기

　한국기술대학교 교수회관 1층 식당 이름이 수박여(誰縛汝)이다. '누가 너를 묶었느냐?'라는 뜻이다. 식당 이름으로 그 뜻이 심오하다. 수박여는 승찬조사가 도신사에게 설파한 법문이다. 그는 이 법문을 통해 자기 마음이 곧 부처이며, 평상심이 도(道)임을 깨닫도록 가르쳤다.

　박종규 부장은 성과 지향적인 리더이다. 그는 성과가 모든 것을 말한다고 생각한다. 성과의 눈으로 직원을 보니, 성과가 낮은 직원은 능력이 부족하고 자기계발을 하지 않으며 게으른 사람으로 보았다. 상대방의 의견을 묻기 전에 먼저 지시하고, 지시한 것을 이행했는지를 꼼꼼히 확인했다. 박 부장의 눈에는 여전히 부족한 사람이다.

　다른 사람들은 박 부장을 어떻게 볼까? 고집 세고, 자기중심적이고, 다른 사람의 말에 귀를 기울이지 않는 관리자, 대화스킬이 부족하고, 차갑고 타인을 이해할 줄 모르는 철면피 같은 사람, 일밖에 모르는 사람으로 보았다. 박 부장은 여러 차례 동일한 피드백을 받았다. 그러나 그는 자신에게 문제가 있기보다 능력이 부족한 사람들의 방어적인 행동으로 간주했다.

　그의 생각을 바꾸는 데 결정적으로 영향을 준 질문은 간단하다. "나는 어디에 묶여 있는가?" 이 짧은 성찰질문이다. 코치는 코칭 과제로 그 질문에 대한 답을 찾아보도록 요청했다. 이 질문을 받고 그는 깊은 생각에 빠졌다. 그가 통찰한 것은 자신의 생각에 묶였다는 것이다.

코치: 지난 2주간 달라진 점이 있다면, 무엇입니까?

부장: '나는 어디에 묶여 있었는가?'에 대해서 많은 생각을 했습니다. 정말 많은 생각들이 떠 올랐습니다.

코치: 구체적으로 말씀해 주시겠습니까?

부장: 저는 그동안 리더는 성과로 모든 것을 말한다고 생각했습니다. 리더로서 명확하게 일의 추진 방향을 제시하고 목표를 달성할 수 있는 과제를 엄격히 관리하고, 직원들을 호되게 질책하며 이끄는 것이 그들에게도 도움이 된다고 생각했습니다. 한 마디로 성과에 묶여 있었던 것입니다.

코치: 성과를 중시하는 생각은 부장님의 다른 생활에 어떤 영향을 주었을까요?

부장: 집에서도 자식을 대할 때 똑같이 대했습니다. 엄하게 다스리고 대화하기보다 야단치기가 일쑤였습니다. 제 아내에게도 냉랭하게 대했습니다. 집에서 도대체 무엇을 하는지 평가하는 듯한 대화를 한 것 같습니다. 그때마다 제 아내가 질색을 합니다. 그런데 저는 아내가 왜 그러는지 몰랐습니다.

코치: 성과 위주로 다른 사람을 대한 것을 후회하는 것으로 들립니다. 그렇습니까?

부장: 참 어리석었습니다. 지난 2주간 자신을 많이 돌아봤습니다.

코치: 부장님, 성과위주의 생각에 묶임으로 인해 잃은 것은 무엇입니까?

부장: 많은 것을 잃었지요. 너무 많은 것을 잃었습니다.

코치: 잃어버린 것 중에 가장 소중한 것은 무엇입니까?

부장: 가장 소중한 것은…… (잠시 말을 멈추고) 상대방에 대한

배려입니다.

코치: 상대방에 대한 배려는 부장님에게 어떤 의미입니까?

부장: 상대방을 존중하고 함께 살아간다는 것입니다. 저는 열심히 일하는 것이 함께 살기 위한 것이라고 생각하였는데, 알고 보니 다른 사람에게 상처를 주는 것이었습니다.

코치: 구체적으로 어떤 상처를 주었다는 것이지요?

부장: 상대방을 무시했습니다. 직원에게 윽박지르고 욕설하면서 나 자신의 존재감은 느꼈지만, 상대방의 인격을 전혀 고려하질 못했습니다. 나로 인해 상처받은 사람들에게 미안한 마음뿐입니다.

코치: 부장님, 주위 사람에게 상처 주는 말씀을 하셨지만, 상대방을 아끼고 염려하는 부장님의 따뜻한 정이 느껴집니다. 부장님은 정이 있으신 분입니다. 저는 코치로서 이 말씀을 꼭 드리고 싶습니다.

부장: 코치님이 그렇게 말씀해 주시니 감사합니다.

코치: 부장님, 직원에 대한 배려를 진심으로 보이기 위해 오늘 할 수 있는 것이 있다면, 무엇이라고 생각하십니까?

부장: 직원들의 노력에 대해 감사하고 인정하고 칭찬해 주고 싶습니다. 말씀하신 저의 정을 나누어 주고 싶습니다.

성찰질문은 고객이 자신을 돌아보는 계기를 제공한다. 박 부장은 코칭 이후에도 '역지사지(易地思之)'를 생활화했다. 그동안 주위 사람들에게 불편함을 준 것에 대해 무한한 미안함을 느꼈다. 자신의 관점에 묶이지 않고, 타인의 입장과 처지를 먼저 생각하게 되었다. 이러한 변화로부터 얻은 것은 배우자와 부드러운 대화, 자식과 친구 같은 관계, 직원들의 지지와 응원이었다. 물론 회사 내에서 더 중요한 역할을 맡게 된 것도 아마 그의 관점 변화에 따른 결과일 것이다. 1년이 지난 후 그는 상무로 승진했다.

COACHING PSYCHOLOGY

제3부

결과 지향적 행동변화

결과 지향적 행동변화는 원하는 결과를 얻는 코칭 프레임워크의 세 번째 요소이다. 행동주의 학습이론, 사회학습이론, 조직학습론과 조직행동론, 범이론적 행동변화 모델의 이론적 프레임워크가 갖는 공통점은 원하는 결과를 얻는 데 행동변화를 중요한 개념으로 본다는 것이다. 우리가 원하는 삶을 구상하고 성취를 이루려면 행동변화에 대한 다짐을 실행으로 옮겨야 한다.

개인과 조직이 담대한 목표를 달성하려면 기존과는 다른 담대한 행동을 보여야 한다. 생활방식, 일하는 방식, 리더십 행동, 리더와 구성원이 소통하는 방식 등을 개선하는 도전적인 목표는 그 목표에 맞는 행동변화를 요구한다.

리더를 코칭하는 경우 결과를 만드는 행동을 바라보는 리더의 개인적인 시각이 있고, 그 행동에 대한 조직의 시각이 있다. 두 시각은 각자의 요구를 반영한 것이기 때문에 반드시 일치하는 것은 아니다. 개인 요구와 조직 요구가 균형 있게 반영된 행동변화와 목표를 설정하기 위해서는 개인과 조직의 학습원리를 이해해야 한다. 개인의 학습원리는 제7장에서 살펴보았다. 조직의 학습원리는 제8장에서 살펴본다. 아울러 학습심리의 기본 원리를 소개한다.

행동변화에 실패하는 주된 이유는 개인과 조직의 요구가 상충하기 때문이다. 또 다짐과 실행을 동일 연속선상에서 보기 때문이다. 다짐은 인지이고 실행은 행동이다. 질적 속성이 서로 다르다. 다짐을 실행으로 연결시키려면 다짐대로 실행할 의도가 있어야 한다. 의도는 원하는 것이 있을 때 생겨나는 심리이다. 따라서 요구에 대한 인식과 그 요구를 충족시키는 결과를 명료하게 정의하고 자기효능감(그 결과를 이룰 수 있는 능력과 확신)이 의도와 실행의지를 강화시켜야 한다(Bandura, 1997).

변혁적 코칭은 결정적인 순간에 적합한 경험을 할 경우 급격하고 극적인 변화를 이끌 수 있다. 예를 들면, 팀장이 바람직하지 않은 행동을 하는 팀원에게 단호한 교정적 피드백을 하지 못하고 주저할 때가 있다. 이때 코치는 바로 단호한 피드백을 하도록 팀장에게 요청한다. 아울러 팀장이 피드백을 했을 때의 느낌과 영향, 그리고 결과를 코치와 공유하도록 요청한다. 코치는 단호함을 보인 팀장의 실행력을 인정한다. 인정은 유사한 상황이 반복될 때 팀장이 단호한 피드백을 신속히 실행하도록 변화시킨다.

심리학자들은 행동변화를 지속할 동기로 당근과 채찍보다 자기 자신의 필요를 충족시키는 내적 동기에 있음을 밝혔다(Rogers & Loitz, 2008). 대니얼 핑크(Daniel Pink, 2011)는 내적 동기를 구성하는 요소로 의미 있는 삶을 살려고 하는 목적, 중요한 일을 더 잘하려는 숙련, 자신의 삶을 주도하겠다는 자율성을 들었다. 또 변화과정을 관찰하고 목표에 도달하는 데 필요한 피드백을 하는 것(Berry et al., 1995)과 변화에 대한 내적 저항을 해소시키는 것이 효과적이다(Gallwey, 2000).

이와 같이 결과 지향적 행동변화 프레임워크는 개인과 조직이 원하는 결과를 얻을 수 있는 가능성을 높이는 논리적 틀과 행동변화를 촉진시키는 영향 요인들에 대한 정보를 제공한다.

제8장

존재방식을 근본적으로 개선한다

행동은 길들여진다

행동주의에서 학습은 자극과 반응의 연합이다. 자극과 반응이 연합하는 원리를 탐구하는 고전적 조건형성에서 동물의 행동을 원하는 방향으로 조성하는 조작적 조건형성으로 발전하면서 학습원리의 교육적 활용성이 커졌다. 이후 자극과 반응을 연계하는 인지과정의 개입을 밝힘으로써 통합적인 학습이론으로 발전했다.

효과의 법칙

북미 지역에서 활동하는 행동주의자들은 학습의 기본 원리를 찾고자 개, 쥐, 비둘기 등을 대상으로 자극에 따른 반응의 관계를 연구했다. 손다이크(Thorndike, 1931)는 자극과 반응의 관계를 결정짓는 효과의 법칙(law of effect)을 발견했다. 자극에 따른 반응이 만족한 결과를 초래할 때 해당 자극에 따라 반응하는 학습이 일어나고, 불만족한 결과를 초래한 반응은 점차 소멸하여 학습이 일어나지 않는다는 것이다. '자극-반응-결과의 효과성'이 학습 프레임워크이다.

우리의 일상에서 경험적으로 상벌의 효과를 보면 상은 자극-행동의 연합을 강화시키고 벌은 그 관계를 약화시킨다. 그러나 이후 연구에서 불만족한 경험은 자극과 반응 관계를 변화시켜 만족한 결과를 경험하도록 한다는 사실을 밝혔다. 사람들의 행동변화는 만족한 경험과 불만족한 경험 모두에 의해 이루어질 수 있다.

통찰의 역할

쾰러(Köhler, 1917)는 원숭이를 대상으로 흥미로운 실험을 했다. 연구자는 실험실 방바닥에 짧은 나무 막대기와 긴 막대기, 사과상자를 두었다. 천장에 바나나를 매달았다. 그리고 원숭이 한 마리를 방에 넣었다. 연구자는 원숭이가 천장에 매달린 바나나를 먹는 과정과 결과를 관찰했다. 원숭이는 처음에 천장의 바나나를 먹기 위해 여러 시도를 한다. 막대기를 이용하거나 상자 위에 올라가 바나나를 따 먹으려고 하지만 모두 실패한다.

여러 시도를 하던 원숭이는 긴 막대기를 들고 상자 위에 올라가 바나나를 쳐서 떨어뜨린다. 원숭이가 방바닥에 있는 도구와 바나나를 따는 행동, 그리고 바나나를 먹는 결과를 연결시키려면 자극과 반응의 학습만으로 해결할 수 없다. 원숭이는 자극과 반응의 학습과는 다른 인지적 능력을 추가로 사용했을 것이다. 쾰러는 원숭이가 통찰을 사용했다고 결론을 내렸다. 원숭이의 학습은 자극-통찰-반응의 관계로 이루어진 것이다. 새로운 학습 프레임워크이다.

초기 행동주의자들은 자극과 반응 관계로 학습을 연구하면서 자극과 반응 사이에 작용할 수 있는 인지활동을 배제시켰다. 인지활동 영역을 블랙박스로 간주했다. 쾰러의 통찰학습이나 톨먼(Tolman)의 미로학습 연구 결과는 '자극-인지-반응'의 학습 프레임워크를 지지했다.

행동 조성

자극에 따른 반응의 연합을 통한 학습을 연구한 초기 접근을 고전적 조건형성이라고 한다. 이후 연구는 반응의 결과에 따라 행위자를 보상 또는 처벌하여 원하는 행동이 나타나도록 만드는 데 집중했다. 행위자가 보이는 반응에 대해 보상 또는 처벌을 조작적으로 했을 때 행동형성과 변화를 보는 것이다. 행위자의 행동을 보상하면 행동이 지속될 가능성이 높고 처벌하면 행동이 일어나지 않을 가능성이 높다. 이와 같이 행동의 조성 원리를 연구하는 접근을 조작적 조건형성이라고 한다.

대표적인 학자는 스키너(Skinner)로 행동조성을 위한 실험장치를 그의 이름을 따서 스키너 박스(Skinner Box)라고 부른다. 긍정심리학자로 잘 알려진 셀리그먼(Seligman)은 동료와 스키너 박스를 이용해 흥미로운 연구를 진행했다. 그림에서 보듯이 스키너 박스에 2개의 방이 있고, 칸막이에는 실험용 개가 이동할 수 있는 작은 창이 있다. 바닥에는 개에게 전기충격을 줄 수 있는 전기선이 깔려 있다.

연구자는 왼쪽 방에 개를 넣어 두고 일정한 시간이 흐른 후 전기

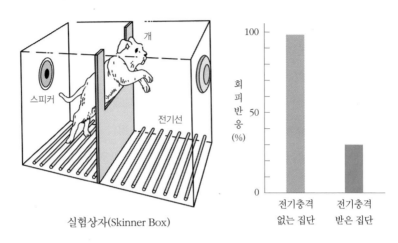

실험상자(Skinner Box)

[그림 8-1] 학습된 무력감(Seligman & Maier, 1967)

자극을 준다. 개는 당황해서 이리저리 움직이다가 작은 문을 통해
오른편 방으로 간다. 연구자는 다시 개를 왼편 방에 옮겨 놓는다. 그
리고 전기충격을 준다. 개가 왼편 방에서 오른편 방으로 이동하는
회피반응의 속도는 점점 빨라진다. 전기자극을 조작해 개의 회피반
응을 조성했다.

　회피반응이 학습된 후 연구자는 칸막이에 있는 문을 닫아 둔다.
그리고 전기자극을 준다. 개는 학습한 대로 칸막이의 문을 통해 오
른편 방으로 회피하려고 한다. 그러나 문이 닫혀 있기 때문에 이동
할 수 없다. 연구자가 일정한 간격으로 반복해서 전기자극을 줄 때
개는 어떤 반응을 보일까? 만일 문을 열어 놓는다면 개는 어떤 반응
을 보일까? 회피반응을 학습하지 않은 개는 거의 100% 왼편 방에서
오른편 방으로 회피한다. 그러나 회피반응을 학습했지만 문이 닫혀
있던 경험을 한 개는 문을 열어 두었을 때 30% 정도만 회피반응을
보였다. 이러한 반응은 학습된 무력감(learned helplessness)을 행동

으로 드러낸 것이다.

학습된 무력감의 코칭적 활용

학습된 무력감은 혐오자극에 대해 회피학습을 한 이후 혐오자극으로부터 회피할 수 없는 상황이 되면, 회피하지 못하고 혐오자극을 받아들이는 무기력한 상태가 되는 현상을 말한다. 개를 무기력하게 만든 것은 혐오자극이 아니라 개가 실험 상황에서 학습한 '회피할 수 없다는 사실'이다(Seligman & Maier, 1967).

아동 학대, 학교 폭력, 배우자 학대, 직장 내 폭력 등의 피해자 심리를 학습된 무력감으로 설명할 수 있다. 시민단체 직장갑질119는 2022년 10월 14~21일 직장인 1,000명을 대상으로 젠더 폭력을 묻는 온라인 설문조사를 했다. 결과를 보면, 여성 노동자 25.8%가 직장에서 성추행이나 성폭행을 경험한 적이 있다고 답했다. 특히, 비정규직인 여성 노동자의 경우엔 29.5%로 그 비율이 커졌다. 고용 형태가 젠더 폭력에 끼치는 영향이 작지 않은 셈이다. 또 성추행·성폭력 경험이 있는 여성의 63.1%는 참거나 모르는 척(중복응답)하거나 회사를 그만둔 것(37.8%)으로 나타났다. 그 이유로는 '대응을 해도 상황이 나아질 것 같지 않거나 되레 불이익을 당할 것 같아서'라는 응답이 많았다(한겨레, 2022). 학습된 무력감을 느끼는 비율이 심각한 수준으로 나타났다.

일반인이나 조직 리더를 코칭할 때 셀리그먼의 실험을 소개한다. 그리고 다음과 같은 질문을 한다.

• 직장 내에서 왼편 방과 오른편 방 같은 공간은 어디입니까?

- 전기충격은 당신의 리더십에서 어떤 의미를 갖습니까?
- 구성원과의 관계에서 학습된 무력감은 무엇을 연상시킵니까?
- (폭언이나 욱하는 리더에게) 셀리그먼의 실험 환경과 연구 결과가 주는 시사점은 무엇입니까?

직장생활뿐만 아니라 가정생활, 사회생활 등에 대한 코칭 대화를 나눌 때에도 셀리그먼의 실험과 결과를 비유적으로 사용한다.

모방과 모델링의 효과

자극과 반응의 연합에 의한 학습 이외에 관찰만으로도 학습이 이루어진다는 연구는 기존의 학습이론을 확장시켰다. 사회학습의 원리를 코칭 고객의 행동변화에 창의적으로 적용해 본다.

대리학습의 원리

전통적인 학습원리는 학습자의 직접적인 경험을 통해 학습이 이루어진다. 그러나 밴듀라 등(Bandura et al., 1961)은 Bobo 인형실험을 통해 타인의 활동을 관찰하는 것만으로도 학습할 수 있다는 사실을 증명해 보였다. 그들의 실험에 참가한 남녀 아동은 모니터를 통해 성인이 Bobo 인형을 가지고 노는 모습을 관찰했다. 이후 아동들은 성인이 없는 공간에서 인형을 가지고 놀 수 있는 기회를 가졌다. 이때 아동들은 성인의 공격적 행동을 그대로 모방했다.

이러한 학습을 관찰학습, 대리학습(vicarious learning) 또는 모방학

[그림 8-2] 대리학습의 효과

습이라고 한다. 실험에 참여한 남녀 어린이들의 모방학습에 있어 성별 차이는 없다. 성인이 보인 행동은 아동의 학습에 역할 모델로 영향을 미쳤다. 이 현상이 모델링(modeling)이다. 밴듀라(1977)는 이와 같은 연구 결과를 토대로 사회학습이론을 주창했다.

대리학습의 코칭적 활용

성과 압박을 받는 리더가 코칭에 참여했다. 그가 심각하게 고민하는 문제는 욱하는 감정을 효과적으로 관리하는 것이다. 긴장되고 스트레스가 과중한 상황에서 의견충돌이 있거나 의도한 대로 상황을 끌고 가지 못하는 경우 쉽게 감정이 폭발했다. 평소 상대방의 입장을 헤아리고 직무전문성을 바탕으로 성과 리더십도 잘 발휘했다. 그러나 상황이 긴박한 경우 평소 지킬 박사와 같은 모습은 사라지고 하이드로 돌변하는 것이다. 나는 그에게 몇 가지 질문을 던졌다.

"팀장님, 회사 내에서 감정 관리의 달인이라고 부를 만한 능력을 가진 리더가 주위에 있습니까? 우리 사업부나 타 사업부의 팀장이라도 좋습니다."

"네, 3~4명 정도가 있습니다. 평소에도 대단한 팀장들이라고 생각하고 있습니다."

"팀장님. 그럼 2주 후에 있을 다음 코칭 세션 전까지 그들과 개인적인 미팅을 갖고 감정 관리 노하우를 알아보시겠습니까?"

"알겠습니다. 코치님. 그렇게 하겠습니다."

"미팅을 통해 그들만의 비법을 상세하게 파악해 보시기 바랍니다. 미팅에서 만난 분들이 갖는 비법의 공통점도 찾아보시기 바랍니다. 그리고 바로 실천이 가능하다고 생각하는 비법이 있으면, 다음 미팅 전에 미리 실천해 보시기 바랍니다."

대리학습의 소재는 TV 드라마, 온라인 영상물, 책 등을 참고할 수도 있다. 가능하면 소재의 주인공이 고객과 같거나 유사한 역할을 맡고 있으면 더 좋다. 인물의 역할과 상황이 고객의 것과 유사하고 구체적일수록 감정 관리와 연관된 행동변화가 일어날 가능성이 높다.

결과를 만드는 프레임워크의 코칭적 활용

조직학습은 오류를 탐지하고 바로잡는 과정이다. 오류는 지식이 갖는 한 특징이며 학습을 방해한다. 조직학습은 오류와 같은 문제를 발견하고 해결하는 과정에서 일원과 이원학습으로 이루어진다 (Argyris & Schön, 1978). 삼원학습은 존재방식을 바꾸는 것으로 개인의 태도와 습관, 가치를 포함해 존재 자체를 변혁하는 학습과정이다.

일원학습(Single-loop learning)

개인이나 조직이 원하는 결과와 그 결과를 이루기 위한 행동이 불일치하거나 오류가 있을 때 상황을 개선시키기 위해 행동변화를 조절하거나 수정해 가는 학습과정이다. 일원학습이 갖는 주된 특징은 다음과 같다.

개인과 조직이 원하는 결과를 얻을 수 있는 논리에 맞는 행동에 집중하고 학습한다. 결과를 만드는 스킬과 테크닉을 주로 학습한다. 고객이 만족할 수 있는 코칭 스킬이나 테크닉을 숙련되게 사용할 수 있는 데 관심을 기울인다. 원하는 결과를 얻지 못한 문제를 해결하는 방법에 집중한다. 개인은 결과 중심으로만 행동한다. 일원학습의 함정에서 벗어날 수 있는 멘털 모델(mental model)이 형성되지 못하거나 조직의 관심 밖에 있는 경우이다.

이원학습(Double-loop learning)

조직구성원들은 기존의 법칙에 예외적인 상황에 접하면 그 결과를 초래한 원인에 대해 성찰한다. 기존의 법칙, 가정 등을 돌아보고 필요한 수정과 보완을 통해 재구성한다. 이원학습이 갖는 주된 특징은 다음과 같다.

학습자의 멘털 모델에 변화가 일어난다. 상황이 다변하고 급변하는 상황에서 당면한 문제해결이나 목표 달성을 위해 해법을 찾는 창의적 사고, 상자 밖 사고를 할 필요가 있다. 원하는 결과를 얻는 과정에 오류가 있는 경우 멘털 모델에 있는 기존 가정을 수정하거나 보완한다.

귀납적 방법으로 학습이 이루어진다. 현실에서 직면한 현상에 대해 왜(why)를 깊게 탐구한다. 이를 통해 무엇을 달리할 것인가에 대한 답을 찾는다. 이에 따라 생각을 바꿈으로써 행동과 결과를 연결하는 게임의 법칙을 바꾼다.

코치는 고객과의 협력관계를 통해 고객이 원하는 결과를 이루도록 돕는다. 다양한 고객과 그들이 갖고 있는 코칭 이슈를 경험한 코치는 코칭 현상을 설명하는 논리를 알아차릴 수 있다. 특히, 자신의 코칭이 성공적으로 진행되었다고 고객과 이해 관계자가 피드백을 했을 때 이 현상이 일어난 원리를 탐구할 수 있다. 성공적인 코칭 현상을 설명하는 데 사용되는 주요 개념들의 논리적 관계가 프레임워크이다. 그러나 이원학습의 기회가 있지만 '왜'를 질문하지 않는다면 깊은 수준의 이원학습이 이루어진 것은 아니다.

자기만의 코칭 체험에서 얻는 멘털 모델이 내면에 형성되지 못하는 이유는 성공적인 코칭에 작동하는 원리를 찾지 않고 기존 이론이나 프레임워크를 사용하기 때문이다. 반복 사용하지만 '왜'를 질문하지 않으면 기존 프레임워크에 의존적이 된다. 이원학습의 환경에서 일원학습을 반복하고 있을 가능성이 높다.

전문코치로 활동한 지 10년 이상의 경험을 가진 K 코치는 자신의 고민을 털어놓았다. 그는 다양한 코칭주제와 계층을 대상으로 수많은 코칭 경험을 했다. 코칭교육을 포함하면 쉴 틈이 없을 정도로 바빴다. 그는 어느 날 문득 "나는 어떤 코치라고 말할 수 있나?"라고 자문했다. 그리고 순간적으로 당황했던 경험을 털어놓았다. 코칭 비즈니스는 활발했지만 그 활동을 하는 코치로서의 자기 정체성은 명확하지 못하다는 것을 알아차렸다. 고객으로부터 코칭 과정이나 결과에 대해 긍정적인 피드백을 받았지만 그 결과를 만들어 내는 이유를 자기 자신으로부터 찾기 어려웠다. 특히, 내가 "당신의 성공적인 코칭 활동에 담긴 논리는 무엇입니까?"라고 질문했을 때 그는 멈칫했다. 그는 텅 빈 느낌을 가졌다고 고백했다.

지난 10년 이상의 코칭 경험이 본인의 멘털 모델에 어떤 영향을 미쳤는지 탐구하지 못했다. 코칭 경험을 내재화시키는 노력이 없었다. 따라서 본인의 멘털 모델을 토대로 학습하고 성장할 기회를 놓쳤다. 결국 시선을 밖에 두는 삶을 살다가 그 시선을 내면으로 향할 때 텅 빈 느낌을 갖게 된 것이다. 나는 K 코치에게 '나만의 코칭 프레임워크'를 만들어 볼 것을 조언했다. 이 주제에 관심 있는 독자는 이 책의 〈부록〉을 참고하기 바란다.

코치는 고객과 코칭 대화를 통해 성공적인 코칭을 구성하는 많은 행동과 결과에 대한 자료를 수집할 수 있다. 팀코칭이나 그룹코칭에서도 마찬가지이다. 이러한 자료들은 성공적인 코칭을 만드는 법칙

또는 원리를 귀납적으로 탐구할 수 있는 기본적인 자원이다.

삼원학습(Triple-loop learning)

삼원학습은 일원학습과 이원학습의 과정과 차별적으로 존재방식(a way of being)을 바꾸는 것이다. 개인의 태도와 습관, 가치를 포함해 존재를 변혁하는 학습과정이다. 삼원학습이 갖는 주된 특징은 다음과 같다.

첫째, 생각과 행동, 결과를 연결하는 법칙을 넘어 개인의 자기변화를 통해 원하는 결과를 이루는 과정을 설명한다. 따라서 개인의 자기변화를 이끄는 삶의 가치와 목적, 사명을 명확하게 인식하고 설정하는 것이 중요하다. 일원학습은 개인의 행동이 원하는 결과를 얻도록 숙련되는 실행(doing)에 중점을 둔다. 반면 삼원학습은 존재(being)에 중점을 둔다.

둘째, 이원학습에서 삼원학습으로 진전할 수 있는 중요한 활동은 성찰이다. 이원학습의 내용을 삶에서 활용하면서 계획하고 실행하고 체험한 것을 돌아보는 것이다. 이때 사람들은 본인의 멘털 모델에 반영된 자신의 활동을 본다. 삼원학습을 하면 본인의 멘털 모델과 객관적인 삶을 만난다. 멘털 모델은 인식이고 삶은 행동이다. 인식과 행동은 반드시 일치하지 않는다. 둘 간의 격차를 좁혀 가는 과정이 성찰이다.

셋째, 성찰 과정에서 개인의 변화와 성장을 만드는 자발적이며 내적인 동기가 발현된다. 자기 자신이 가지고 있는 긍정적인 심리적 자원을 끌어내서 원하는 결과를 만드는 존재방식의 변화 노력이 주도적으로 일어난다.

넷째, 코치는 존재방식의 변화를 통해 고객이 원하는 결과를 얻도록 하는 코칭 전략을 전개할 수 있다. 고객이 인식과 행동의 격차를 좁히는 해법을 알아차릴 때 통찰이 일어난다. 이때의 내적 울림은 변화된 삶을 만드는 에너지 자원이 된다. "그 사람은 예전의 그가 아니야. 사람 자체가 달라졌어."라고 말한다면 삼원학습이 일어났다는 것을 의미한다.

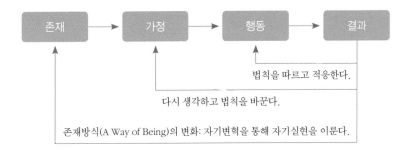

삼원학습을 활용한 코칭으로 사람들의 존재방식을 바꾸고, 이를 통해 사람뿐 아니라 결과에 있어서도 획기적인 성취를 이룰 수 있다. 코칭을 통한 삼원학습은 사고와 태도에서 근본적인 변화를 만들고, 기존의 행동을 바꿔 불가능한 목표를 달성하는 변혁을 이룬다(Hargrove, 2006).

개인과 조직은 이루고 싶은 높은 수준의 목표와 열망을 갖고 있다. 존재방식의 변화를 통한 목표 달성을 위해서는 삼원학습을 통해 조직을 변혁시키기 전에 먼저 자기 자신의 존재방식을 변화시켜야 한다. 하그로브는 존재방식의 변화를 통해 불가능한 목표를 성취하는 데 필요한 3가지 활동을 제안했다.

- 불가능한 미래를 창조하는 선언을 한다.
- 새로운 삶의 이야기를 만든다.
- 과거의 성공 전략을 점검하고 수정한다.

U이론과 존재방식 코칭

글로벌 차원에서 심화되는 식량부족, 자원고갈, 이상기후, 절대빈곤, 빈부격차 등 기존의 문제를 어떻게 해결할 것인가? 피터 생게(Peter Senge), 오토 샤머(Otto Scharmer) 등은 과거로부터 예측하는 것이 아니라 새로운 관점과 사고방식으로 돌파구를 찾아야 한다고 주장한다. 이를 위해서는 근본적으로 존재방식의 변화가 필요하다고 지적한다. 그들이 제시한 U이론에 따르면 존재 차원의 심오한 변화는 감각, 현존, 실현의 과정을 거친다(Senge et al., 2004).

U이론은 존재방식의 변화를 돕는 삼원학습과 존재방식 코칭에 논리적 프레임워크를 제공한다. 변혁적으로 만들어지는 개인의 내면 변화는 U형의 인식변화를 통한 학습으로 이루어진다. 인식의 시작은 U자의 왼쪽으로부터 아래로 내려가서 맨 밑바닥에 머문다. 그리고 다시 오른쪽 위로 올라가는 과정으로 종결된다. 과거-현재-미래 시각에서 인식의 멈춤, 심화, 확장과 실현을 보여 준다. U 이론은 조직변화에도 적용된다.

감각(Sensing)

변혁적 인식변화를 만들려면 기존의 사고 패러다임을 버리고 현존의 관점에서 미래를 보아야 한다. 미래는 인간과 조직, 자연이 공존하는 살아 있는 시스템이다. 미래는 우리의 열린 마음을 필요로 한다. 따라서 새로운 시각을 가져 보자. 기존의 관점과 습관적인 사고방식에 따른 추측과 판단을 멈춘다. 부분이 아닌 전체에서 보는 관점을 취한다. 그리고 한 발 물러나 습관적인 사고를 흘려 보내고 (letting go) 내적인 깨달음이 의식의 표면 위로 부상하도록 허용한다. 과거와 철저히 결별함으로써 생겨난 인지적 빈 공간을 내적 통찰과 깨달음이 채우도록 둔다.

　감각의 마지막 과정에서 우리의 인식은 순수해지고 자연환경과 미래가 우리에게 기대하는 것을 알아차리는 길로 들어선다. 이때 자기 존재에 대한 붙음이 생겨난다. 과거의 자기와 결별하고 현재와 만나는 초입에 성찰질문은 "나는 누구인가?"이다.

감각

기존과 달리 보기
판단 중지
관점 바꾸기
전체로 보기
물러나기
흘러 보내고
드러나게 두기

실현

변혁적으로
행동 바꾸기
새롭게 조직화
행동 견본 만들기
비전 그리기
새롭게 떠오르기

현존

지금 여기에 머무르기, 현재 존재하는 순간에 초점 두기

[그림 8-3] U이론(Senge et al., 2004)

현존(Presencing)

감각 과정을 거쳐 U형의 밑바닥에 이른다. 과거의 나는 가고 미래가 품은 최고의 가능성과 미래 자기가 오는 교차점에 있다. 이제 나와 자연환경이 깊이 연결되고 하나가 된다. 기존 시스템에서 변화는 의사결정을 필요로 한다. 권위 있는 사람이 그 결정을 수행한다. 그러나 현존에서는 결정이 필요하지 않다. 현 상태에서 의식의 표면위로 떠오르는 것에 주의를 기울이면 된다. 현재에서 개방적이고 유연한 마음으로 호기심을 가져보자. 이때 내면에서 부상하는 깨달음, 알아차림, 성찰을 통해 현재의 자기와 의지에 변화가 일어난다. 과거와 연결되어 습관화된 감각과 사고를 하는 내가 아니라 미래와 연결된 나를 만난다. 이전보다 더 확장된 자기이다. 현존에서 이 점을 새롭게 자각한다.

현존에서 3가지를 볼 수 있다. 외부적 실체를 보는 것, 나와 연결된 전체로부터 보는 것, 미래의 관점에서 보는 것이다. 미래 관점을 택할 때 가능성을 품은 미래와 운명을 만난다. 이때 다음과 같이 자문해 보자. 미래가 필요로 하는 것을 고려할 때 나는 누구이고 싶은가? 내게 필요한 것은 무엇인가? 내가 자발적으로 할 것은 무엇인가?

전체로부터 나를 보고 미래와 연결된 나의 내면에서 작동하는 마음 상태에 대한 묘사가 현존이다. 현존 과정에서 성찰질문은 "현존하는 것은 무엇인가?"이다.

실현(Realizing)

변화는 자기와 의지에 따라 상황에 강요하거나 밀어붙여서 일어나는 것이 아니다. 사전계획을 통해 이루는 것도 아니다. 새롭게 떠오른 것(letting come)을 토대로 미래에 대한 비전을 그린다. 이를 구체화시키고 현실에 적용할 행동 견본을 만든다. 또 기존 정부, 교육, 비즈니스 등을 새롭게 조직화하고 세계의 자연스러운 흐름과 함께 신속하게 행동으로 옮긴다. 통찰과 지혜, 깨달음을 실현한다.

이제 마음의 변환을 성공적으로 경험한 사람이 시스템과 제도를 긍정적인 방식과 방향으로 변환시킨다. 마치 우리의 선각자나 훌륭한 리더, 지혜로운 인물들이 보여 준 것과 같다. 이 과정에서 중요한 것은 나와 연결되고 내가 포함되어 있다는 점이다. 미래는 확장된 자기가 생각하는 것보다 더 큰 목적을 실현시킬 수 있는 가능성을 품고 있는 살아 있는 시스템이다. 실현 과정에서 성찰질문은 "삶의 목적은 무엇인가? 그 목적을 실현하기 위해 무엇을 하겠는가?"이다.

현존과 존재방식의 실현

국제코칭연맹(ICF)은 다섯 번째 코칭 역량인 현존 유지를 "개방적이고 유연하며 중심이 잡힌 자신감 있는 태도로 온전히 깨어 있는 상태에서 고객과 함께하는 능력"이라고 정의했다. 이를 위한 세부 실천행동은 U이론에서 내면의 변혁을 이루는 과정과 유사하다.

코칭에서 현존은 코치와 고객이 지금 여기에 존재하는 방식과 코칭을 전개할 때 코치와 고객의 관계 속성을 규정한다. U이론이 보편적인 현존을 말한다면 코칭에서 현존은 코칭 맥락에 특화되어 있다. 그러나 고객의 존재방식을 코칭할 때 U이론을 코칭 논리로 활용할 수 있다. 현존 유지를 위한 6가지 세부 실천 사항은 다음과 같다.

① 고객에게 집중하고 관찰과 공감하고 반응하는 자세를 유지한다.
② 코칭 과정에서 호기심을 보인다.
③ 고객과 함께 머물기 위해 자신의 감정을 관리한다.
④ 코칭 과정에서 고객의 강한 감정을 가지고 일하는 것에 대한 자신감을 보여 준다.
⑤ 모르는 공간(a space of not knowing)에서 일하는 것이 편하다.
⑥ 침묵, 일시정지 또는 성찰을 위한 공간을 만들거나 허용한다.

U이론을 구성하는 프레임워크의 근간은 불교, 유교, 선(禪), 도교 등 동양 사상이다(Peschl, 2007). 동양 사상은 부분과 전체를 나누지 않는다. 우리가 하나로 뒤섞이지도 않은 조화의 힘(전체 안에 내가 있고 내 안에 전체가 있다)을 깨달을 때 자연의 힘이 작동하는 원리에 따라 존재하게 된다. 그렇게 될 때 우리는 단순히 부분이 아닌 구체화된 전체로서 움직이게 되고 개개인은 전체를 실현하는 존재가 된다. 이로서 내면의 변화가 완전하게 성공적으로 일어난다. 삼중고리학습에서 새로운 존재방식이 실현되었다고 말할 수 있다.

코칭 사례 >>>
지금의 나를 받아들이기

급변하고 불확실한 환경에서 자기 수용(self-acceptance)은 건강한 삶을 사는 인지 전략이며 존재방식이다. 자기 수용은 조건 없이 있는 그대로의 나를 받아들이는 것이다(Ellis, 1994). 주어진 삶의 맥락에서 자기인식과 자존감을 포함해 사회적 관계를 유지하면서 체험하는 모든 것을 있는 그대로 받아들이는 것이다. 자신의 긍정적인 것과 부정적인 것, 강점과 약점, 가지고 있는 것과 가지고 있지 않은 것 등에 따라 흔들리지 않고 현재의 자기 자신을 온전한 존재로 받아들이는 것이다. 자기 수용을 통해 인간은 지속적으로 성장하고 진화하면서 변화를 만들어 낼 수 있다.

　그의 상사는 성과 지향적이며 조급하고 욱하는 성격의 소유자이다. 프로젝트의 진행 현황과 관련 이슈를 토의하는 회의가 있을 때 그는 늘 고함을 질렀다. 고함은 단순히 욱하는 감정의 표현이 아니라 거친 언사가 포함되었다. 어느 날 코칭 미팅을 하기 위해 그의 집무실로 갔다. 집무실 옆에 있는 회의실에서 미팅이 진행되고 있었다. 회의실 밖에서 듣기 거북한 대화를 쉽게 들을 수 있었다. 예정된 미팅 시간을 몇 분 지났을 즈음 회의가 종료되고 상기된 얼굴을 하고 나오는 상사를 힐끗 볼 수 있었다. 그 회의실은 바로 코칭 미팅이 진행되는 곳이다.
　잠시 후 고객인 임원과의 미팅을 시작했다. 나는 그의 얼굴을 보고 깜짝 놀랐다. 그의 표정이 아주 평온했기 때문이다. 보통 이런 상황이라면 불편함이 어떤 형태로든 감지되는 데 전혀 그런 기색을 찾을 수 없었다. 지난 코칭 미팅에서 다룬 주제에 대한 후속 대화를 마치고 조심스럽게 그의 심정을 물어보았다.

　　코치: 좀 전에 상사의 고함 소리가 회의실 밖에서도 들리던데, 불
　　　　편하지 않으세요?
　　임원: 늘 있는 일인데요. 요즘 프로젝트가 더디게 진행되고 있습

니다. 예상하는 결과가 나와야 하는데, 전혀 진척이 없습니다. 원래 이 프로젝트의 성공률은 매우 낮기 때문에 상사는 독촉하고 부원들은 스트레스를 겪고 있습니다. 이해합니다.

나는 그의 말을 듣고 직관적으로 자신의 안전지대를 벗어나 본 경험을 가지고 있을 것으로 생각했다. 그는 지난 미팅에서 자신의 성격을 소개할 때 다른 사람은 자신을 차분하고 온화한 사람으로 보지만 자신은 다른 사람들이 생각하는 것보다 깐깐하고 소신이 있다고 말했다. 겉보기에는 부드럽지만, 내면은 강건한 리더로 느껴졌다. 오늘도 그의 대화에서 그만의 독특한 경험과 생활 철학이 있을 것으로 여겼다. 이에 대한 그의 생각을 들어보면 지금 보인 그의 말을 이해할 수 있을 것이다.

코치: "지금 상황을 이해한다." 상황을 긍정적으로 해석하십니다. 상황은 긴장되고 불편하지만, 긍정적으로 볼 수 있는 힘은 어디에서 오는 것일까요? 코칭에서는 자신이 안주하고 도전하지 않는 경계까지의 영역을 안전지대라고 표현합니다. 상무님의 삶을 돌아볼 때 안전지대를 벗어나 본 경험이 있으십니까?

그는 어려운 상황에 직면했을 때 그 상황을 바라보는 자신만의 방식이 있다고 소개했다. 그 방식을 우연한 기회에 학습했다. 평소 다니던 직장을 그만두고 유학을 떠났다. 급여나 근무환경은 좋았지만 공부를 더 하고 싶은 마음을 지울 수 없었다. 젊은 시절에 스스로 안전지대를 벗어나기로 한 첫 번째 선택이었다. 박사과정을 시작한 지 2년 정도가 지났을 때였다. 이미 국내에서 석사학위를 취득하고 유학을 떠났기 때문에 박사과정의 내용이 생소하지는 않았다. 그러나 박사과정이 생각만큼 쉽게 진행되지 않았다. 과정을 이수하기가 점점 벅차고 무력감에 빠졌다. 좋은 직장을 그만두고 고생을 사서 한다고 생각했다. 학업을 포기하고 귀국을 생각하기도 했다.

임원: 어느 날 문득 이런 생각이 들었습니다. 자문자답을 했습니다. "내가 극한 상황까지 가 본 적이 있나? 지금이 극한 상황이고 지금의 내 모습이 나의 한계일까? 아니면, 지금의 어려움을 극복할 수 있는 내가 알지 못하는 능력이 있나? 지금의 어려움은 앞으로 겪을 것들에 비교할 때, 과연 어느 수준일까?" 지금 상황이 어려운 것은 사실이지만, 포기하는 자신의 모습을 인정하기 어려웠습니다. 자신의 한계라고 생각하지 않았습니다. 그때 저에게 안전지대는 자신의 한계였습니다.

코치: 그 한계를 벗어나 학위를 성공적으로 마쳤을 때, 알게 된 것은 무엇입니까? 학위는 어떤 의미입니까?

임원: 학위를 마치면서 저의 또 다른 모습, 이전에는 몰랐던 모습을 보았습니다. 저도 이점을 참 값진 경험으로 생각합니다. 어려운 상황을 헤쳐 나가는 자신에 대해 자긍심이 생기고 믿음이 생겼습니다. 저는 그때 어려운 상황을 보지 않고 그 상황을 풀어가는 저의 성장 과정을 보았습니다. 그때 깨달은 것은 나의 능력은 나도 모른다. 상황이 어려울수록 그 상황을 극복하면 그만큼 내가 누구인지를 더 알게 된다. 저

의 학위는 자기 발견의 결과물입니다. 박사학위를 하는 정
도의 어려움을 극복할 수 있는 사람이라는 것을 인증해 준
증표, 학위증은 인증서입니다.

코치: 상무님, 참 대단하십니다. 자신의 한계에 도전하면서 자기
를 알아갑니다. 그러한 노력을 하는 모습에 자긍심을 갖고
자기 확신을 한다는 말씀에 울림이 있습니다. 자기성찰과
통찰이 뛰어나십니다. 지금 자신의 한계에 도전하는 모습
을 보인다면 무엇입니까?

임원: 감사합니다. 저는 지금도 저를 알아 가는 과정에 있습니
다. 함께 일하는 부원이나 상사를 볼 때도 같은 눈으로 봅
니다. 저는 부원들을 질책하거나 화를 내지 않습니다. 프
로젝트의 진행과 결과를 철저히 챙기지만 그들에게는 자
신의 한계에 도전하라고 말합니다. 그 길을 가도록 도와주
려고 합니다. 우리 회사의 조직문화로 보면 저의 행동은
아주 온건합니다. 그런 면에서 도전적인 역할로 제가 선택
한 것입니다. 상사의 독려와 질책, 거친 언사는 그분의 것
이고 저에게는 감당하고 극복해야 할 환경 같은 것입니다.
상사의 언행에 의해 상처받지 않습니다. 다만, 부원을 대할
때는 상사의 언행이 부원까지 가지 않도록 우산 역할을 합
니다. 이 또한 저의 선택입니다.

그는 자신의 한계를 스스로 극복하는 성공 체험을 통해 사신이 직
면한 현실을 부정적으로 보지 않고 있는 그대로 받아들이는 자기 수
용을 학습했다. 자신이 겪는 현실적 어려움은 장애물이기보다 자기
를 발견하는 과정에서 풀어야 하는 과제로 인식했다. 그 과제를 풀

어 가는 자기 자신에 대한 믿음과 더 나은 자기를 경험하고 싶은 동기, 주도적이며 도전적인 선택, 자기 발견과 성장의 탐구 활동이 자신의 중심에 확실히 자리 잡고 있었다.

　그의 자기관리 능력은 탁월했다. 지난 코칭 경험을 돌아볼 때, 이처럼 자기인식과 자존감, 자기 수용이 긍정적인 사례는 드물다. 자기관리 능력이 뛰어난 리더는 조직 내에서 성공 가능성이 높다. 과연 그는 자기관리 능력을 성과와 어떻게 연계시키고 있을지 궁금했다. 그의 코칭 주제도 상사의 기대를 충족시키기, 부원의 몰입을 끌어내기, 자기 존재감을 반영한 임원 리더십 만들기, 부원에 대한 차별적인 동기부여 방안 개발이었다.

코칭심리 탐구질문 ● ● ●

다음 질문에 대한 생각을 정리한다.

1. 일원학습. 이원학습. 삼원학습의 원리는 무엇입니까?

2. 삼원학습과 코칭의 연관성은 무엇이라고 생각하십니까?

3. U이론과 코칭에서 현존(presence)은 무슨 뜻입니까?

4. 코칭에서 '삼원학습의 기여'는 무엇이라고 생각하십니까?

5. 삼원학습에 토대를 둔 코칭 이해는 현재 여러분의 활동에 어떤 시사점을 줍니까?

6. 여러분의 현장 활동에서 무엇을 달리 실행해 보겠습니까?

칼 로저스에 대한 단상

인간 냄새와 사람 냄새, 어느 표현이 자기 존재(being)에 대한 정감과 의미를 담고 있는가? 로저스(Carl Rogers)는 출판사의 요청에 따라 『진정한 사람 되기(On Becoming a Person)』(2009, 학지사, 발행)라는 제목으로 책을 출간했지만, 책의 내용은 자신과 같은 심리상담사와 심리치료사들에게 하고 싶은 말을 담고 있었다. 그는 자신의 뜻이 반영되지 않아 아쉬웠다. 그러나 그 이후 자신의 역할과 철학, 존재 의미를 진지하게 돌아본다. 그가 40세에서 70세까지는 내담자 중심의 상담을 진행했다. 로저스는 60세 이후 전 세계를 돌아다니며 집단상담(encounter group)을 진행하면서, 자신이 만나는 사람들이 내담자가 아니라 인간이라는 것을 자각했다. 그는 이제 내담자가 아니라 세상을 향해 외치고 싶은 것이다.

당시 남성 중심의 사회구조에서 쉽게 관찰되는 성차별, 개인의 잠재성을 끌어내지 못하는 학교 시스템, 그 시스템에 갇혀 학생들의 성장을 도와주지 못하는 교사와 교수, 정신분석학이나 행동주의 틀에 갇혀 있는 상담사와 심리치료사들, 사회 각 분야의 리더 등을 대상으로 자신의 인간관을 말하고 싶었다. 그들에게 타인의 존재를 수용적으로 대하고(unconditional positive regard), 그들의 진정한 모습을 보고(genuineness, authenticity), 공감적 이해(empathic understanding)를 할 것을 말하고 싶었다. 로저스는 인생 후반에 내담자 중심 심리치료(client-centered therapy)를 인간 중심 심리치료(people-centered therapy)로 발전시킨다. 1978년경에 소개된 워크숍이 대표적이다.

그는 자신의 삶과 철학을 총망라하는 책을 쓰고 싶어 했다. 자신이 대화를 나누는 수많은 사람을 위한 책이 아니라 바로 자기 자신은 어떤 존재로 어떤 철학과 삶의 이야기를 가지고 있는지를 담고 싶어 했다. 그래서 1980년, 그의 나이 78세에 새 책을 냈다. 바로 『사람 중심 상담(A Way of Being)』(2007, 학지사, 발행)이다. 특히, 이 책의 제10장에 그가 정말 쓰고 싶어 했던 삶의 이야기를 담았다. 당시 77세경으로 보인다. 총 3부로 구성된 이 책의 핵심은 2부에 있다. 기존에 발행한 글과 저술의 내용들을 발췌하고 보완해서 수록한 글들도 있다. 이 책의 제목이 시사하듯이, 사람들의 성장 추구 활동을 돕고 스스로도 실천한 한 상담전문가의 삶에 대한 진솔한 이야기를 담고 있다.

제**9**장

변화의도를 키워 변화를 주도한다

범이론적 행동변화

우리의 경험으로 보면 신년 다짐은 작심삼일 되기 쉽다. 다짐하는 의도는 좋지만 의도가 실행을 보장한 것은 아니다. 행동변화 연구에 따르면 행동변화를 이루겠다는 목표의도보다 언제 어디서 어떻게 행동하겠다는 실행의도가 행동변화를 만든다(Gollwitzer, 1999). 의도라도 인지적으로 명료화와 구체화 과정을 거쳐야 행동변화를 만드는 영향력을 갖는다. 개인이 주도하든 심리치료사의 도움을 받든지 간에 모든 행동변화는 단계적으로 이루어진다.

행동변화 단계는 범이론적 모델(Transtheoretical Model)의 핵심 구성 요소이다(Prochaska et al., 1994). 각 단계는 1980년 초에 실험적으로 검증되었다. 이 모델은 개인의 건강행동에 대한 준비 상태를 평가하고 성공적인 행동변화를 이루도록 변화과정을 돕는 통합적인 행동변화이론이다. 약물중독치료, 금연 등 건강심리학 분야에서 폭넓게 지지를 받고 있다. 그리고 목표 지향적이며 효과적인 행동변화 모델이라는 점에서 결과 지향적 행동변화를 위한 코칭에 이론적 기반을 제공한다.

행동변화의 5단계

행동변화는 고려 전 단계(precontemplation), 고려 단계(contemplation), 준비 단계(preparation), 행동 단계(action), 유지 단계(maintenance)의 순환으로 이루어진다. 이 모델에서 변화는 직선형이 아니라 나선형의 학습을 통한 개선으로 이루어진다. 변화가 성공적으로 이루어지지 못할 때 원래 모습으로 돌아가는 재발 단계에 진입한다. 각 변화 단계별 특징은 다음과 같다.

- 고려 전 단계: 행동변화의 의도가 없다.
- 고려 단계: 문제를 인지하지만 행동을 취하지 않는다.
- 준비 단계: 문제를 언급하며 행동의도를 보인다.
- 행동 단계: 행동변화 목표와 계획을 수립하고 실행한다.
- 유지 단계: 이전의 행동을 새로운 행동으로 바꾼다.

행동변화의 시간적 차원

행동변화는 행동을 변화시키려는 의도와 이에 따른 실행에 의해 이루어진다. 의도와 실행을 결정하고 이행하는 데 시간이 필요하고,

그 시간에서 일어나는 생각과 느낌을 수반한 행동이 변화 단계를 구성한다.

범이론적 행동변화는 사람들이 당면한 문제행동을 수정하고 긍정적인 행동을 취하도록 하는 데 초점을 둔다. 금연은 하나의 사건이 아니다. 금연은 과정이며 변화 단계로 달성된다. 변화가 일어나려면 변화에 대한 당사자의 의견이 반대보다 찬성이 많은 변곡점을 통과해야 한다. 이때 흡연하고 싶은 유혹의 강도가 급격히 떨어진다.

프로채스카의 행동변화 모델은 개인의 의사결정을 중시한다. 또 타인이나 지인의 사회적 영향과 니코틴 등 생물학적인 영향은 금연에 영향을 주는 것으로 고려한다. 따라서 행동변화 과정에서 행동변화 대상자의 자기 보고를 토대로 문제행동에 대한 진전 상황을 파악한다.

변화 프로그램에 참여하기 전에 어느 변화 단계에 있었는지가 변화 성공에 중요하다. 변화 고려 단계보다 앞의 두 단계를 거친 후 준비 단계에 있는 것이 효과적이다. 변화 고려 전 단계와 고려 단계에 있는 경우 고려한다는 생각은 구체적인 실천 행동과 거리가 있다. 그 거리를 좁히는 것은 변화에 대한 의지이다.

변화에 성공하는 시간 차원의 모습

행동변화는 5단계를 거쳐 순차적으로 일어난다. 변화에 성공하려면 변화가 각 단계별로 전개될 수 있는 특징들이 일어나야 한다.

- 행동변화는 변화 고려 전 단계와 변화 고려 단계에서 일어나는 심리를 다루고 변화 준비를 할 때가 전혀 다루지 않을 때보다

더 효과적이다.

- 행동변화에 대한 찬성과 반대의 균형적 관리는 변화를 완성하는 데 중요하다. 행동변화의 단계적 전개는 찬성과 반대라는 생각에 의해 결정적인 영향을 받는다. 특히, 고려 단계에서 찬성 비율이 반대 비율보다 높을 때 행동변화에 성공할 가능성이 크다.
- 행동변화는 충동의 억제와 충동을 잘 통제하고 극복할 수 있다는 자기효능감의 관계에 의해 영향을 받는다.
- 자기효능감은 충동에 따른 행동을 잘 억제할 수 있는 능력과 자기 확신에 대한 자기평가이다. 행동변화 과정에서 자기효능감과 충동 수준은 서로 대칭된다.
- 준비 단계와 행동 단계의 사이에 자기효능감이 유혹의 영향을 뛰어넘어야 한다. 이때 행동변화가 일어나기 시작한다.

행동변화 프레임워크의 코칭적 활용

행동변화의 단계별로 고유한 심리 현상이 있다. 범이론 행동변화 모델은 각 단계에서 일어나는 현상을 객관적으로 판단하는 지표를 통해 확인한다. 지표는 정서, 인지, 행동으로 구성된다. 행동변화 단계를 거치는 과정에서 고유한 과제를 만나게 된다. 각 단계별 행동변화가 성공적으로 이루어지기 위해서는 해당 과제를 해결히도록 돕고, 필요한 코칭 스킬을 사용한다.

변화 고려 전 단계

변화 단계의 초입으로 고객이 행동변화에 대한 가능성을 고려하지 않으며 필요성도 느끼지 않는다. 흔히 주변 사람이 먼저 문제를 지각한다. 당사자는 변화를 요청하거나 문제 제기하는 사람에게 호의적이지 않다.

- 주요 지표: 고객이 무엇인가를 한다는 것에 대해 전반적으로 거부하고 저항한다. 전문가와의 미팅, 대화를 거부하고 진단받기를 거부한다. 문제가 있다고 말하는 사람에게 화를 낸다. 특별한 문제가 없다고 주장하며 문제 인식이 부족하다.
- 주요 과제: 당면 문제가 갖는 잠재적 위험 요인에 대한 피드백과 정보를 고객에게 제공하여 행동변화에 대한 인식을 갖도록 여건을 조성한다. 이 단계에서 드물지만 고객이 변화를 원할 때 변화 능력과 강점을 갖고 있음을 진단하고 확인하도록 돕는다.
- 코칭 스킬: 고객과 친밀하고 신뢰를 갖는 관계를 형성한다. 고객의 입장을 공감하고 그에게 세심한 관심을 갖는다.

변화 고려 단계

고객이 어느 정도 문제를 인식하면서 변화를 고려하는 단계에 진입한다. 변화도 생각하고 거부도 생각하는 양가적 감정을 갖는다. 변화와 관련한 대화를 허용하지만 변화에 대한 정당성을 갖고 있지 않은 상태이다.

- 주요 지표: 고객이 행동변화 관련 주제를 말하면서도 다른 행동
  을 한다. 주위가 분산되고 논리적으로 자기 입장을 옹호한다.
  문제를 최소화하며 일이 잘 풀리지 않을 때 불안이 높아진다.
  고객이 변화에 대해 말하면서도 변화에 대한 분노를 드러낸다.
- 주요 과제: 변화에 도움 되는 정보, 변화할 이유와 현상 유지의
  경우 위험성에 대한 정보를 고객에게 제공한다. 또 당면한 문제
  점, 변화에 대한 관심과 의도를 고객이 스스로 말하도록 한다.
  자기 자신의 가치, 강점, 요구를 스스로 진단하도록 한다.
- 코칭 스킬: 고객의 자기효능감을 높여 주고 전략적으로 열린 질
  문을 한다. 변화 고려에 찬성과 동의를 하고, 대화를 요약해 들
  려준다. 또 행동변화의 가치를 명확하게 알려 주고 이해하도록
  돕는다.

준비 단계

고객이 변화를 시도할 준비가 되었다. 변화하는 방향을 취할 만큼
양가적인 감정을 해결할 때 변화의 기회가 있다.

- 주요 지표: 고객이 변화 필요성을 받아들인다. 본인의 행동에서
  부정적인 측면을 수용하고 도움을 청한다. 현재의 행동에 대한
  대안을 모색한다.
- 주요 과제: 고객에게 가능한 선택에 대한 정보를 제공한다. 모
  든 가능한 선택을 찾고, 각각의 이점과 결과를 탐구하도록 한
  다. 계획에 포함될 전략, 필요한 자원, 계획에 대한 잠재적 장애
  요인을 파악하도록 한다.

- 코칭 스킬: 행동변화에 대한 비전과 계획을 수립하고 이를 촉진 시킨다. 고객의 의사결정과 실행다짐을 돕는다.

행동 단계

고객이 변화의도를 보이는 구체적인 행동에 몰입한다.

- 주요 지표: 고객이 계획을 수립하는 일에 착수하고 행동변화를 보이고자 노력한다. 전문가의 도움을 받고자 하며 전문가의 도 움을 통해 실행계획을 성공적으로 실천하고자 한다.
- 주요 과제: 고객이 당면하는 문제행동에 대응하는 전략을 세운 다. 또 충동을 자극하는 조건이나 자극에 대응하는 연습을 훈련 한다. 고객이 행동변화에 도움 되는 자원에 접근하도록 돕고 진 전도에 따라 필요한 계획을 수립한다.
- 코칭 스킬: 행동변화 단계를 간결화 한다. 지속적인 변화 향상 을 유지하고 필요한 스킬을 지도한다. 작은 진전도 평가하고 보 상하고 사회적 지지를 한다.

유지 단계

고객이 행동변화에서 진전을 보이고 이전 행동으로 복귀하지 못 하도록 하는 전략을 찾고 실행한다.

- 주요 지표: 행동 단계에서 이룬 변화를 실현하는 데 필요한 장 기적인 변화를 만든다. 변화의 대상인 과거 행동을 억제하는 것

을 줄이고 바람직한 라이프스타일(예: 존재방식)을 회복시키는
데 보다 초점을 둔다.

- 주요 과제: 행동변화에 따른 새로운 생활을 하도록 돕는다. 과
  거 행동이 일어나지 않도록 관리하고(예: 관리 로드맵 작성), 이
  전 행동으로 원위치되는 신호를 적시에 감지한다.
- 코칭 스킬: 고객이 건강한 생활을 할 수 있는 네트워크를 구축한
  다. 주위에 도움을 줄 수 있는 인적 네트워크를 마련한다. 변화
  를 스스로 유지하도록 역량을 키우고 변화유지에 대한 자신감
  과 책임감을 갖도록 고객의 내적 동기를 지속적으로 자극한다.

행동변화를 만드는 코칭 전략

심리학에서 변화는 세 가지 요소의 상호작용이다. 바로 인지, 정
서, 행동이다. 행동변화 전문가는 행동변화를 도울 수 있지만, 행동
변화를 만들지 못한다. 행동변화를 만드는 주체는 변화를 원하는 사
람, 그 자신이다. 그 자신이 변화를 선택하고 원하는 변화 모습을 만
들기 위해 실천하고, 그 변화를 끌고 가는 것이다. 그런데 변화에 신
비가 있다. 많이 안다고 변화가 이루어지는 것은 아니라는 것이다.
많이 알도록 교육한다고 변화에 성공하는 것이 아니다. 그렇다면
"변화는 어떻게 만들어지는가?"

코치는 변화를 촉진시키는 전략을 구사할 수 있다. 이때 고객도
함께 변화를 만드는 노력을 기울여야 한다. 마치 의사는 치료를 하
고 환자는 치유를 책임 맡아야 하는 것과 같다. 그래야 건강을 되찾
을 수 있다. 효과성 코칭(이석재, 2014)에서 코치는 '피드백-기회 발

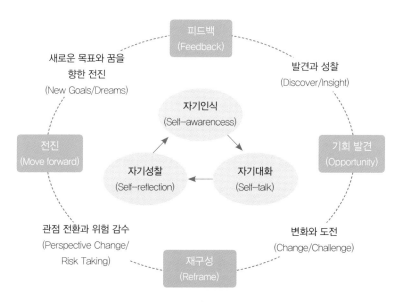

[그림 9-1] 변화를 만드는 3S-FORM 코칭 모델(이석재, 2014)

견-재구성-전진'(FORM) 프로세스를 전략적으로 작동시킨다. 동시에 고객으로 하여금 '자기인식-자기대화-자기성찰'(3S)을 실천하도록 코칭한다. 코치가 효과성 코칭 모델을 기초로 고객의 행동변화를 돕고자 할 때 3S-FORM 행동변화 모델을 적용한다. 변화의 책임은 코치가 아니라 고객의 것이다.

　행동변화를 끌어내기 위해서는 코치가 먼저 높은 수준의 자기 확신을 가져야 한다. 변화에 부정적인 사람을 보면, 변화 대상으로 자신의 인성이나 성격, 사고 스타일, 고착화된 습관과 버릇 등을 생각한다. 리더를 대상으로 행동변화를 설계할 때, 변화의 우선 대상은 리더의 역할을 성공적으로 수행하는 데 맞지 않는 행동이다. 리더를 변화시키는 것이 아니라, 맡은 역할을 성공적으로 수행하는 데 필요한 행동을 보이도록 하는 것이다.

다음은 이 책에서 소개한 여러 코칭심리 이론에서 행동에 영향을 미치는 선행요인, 행동 그 자체, 행동의 결과를 관리하는 효과적인 방법에 대해 알아본다. 또 고객의 행동변화를 성공적으로 끌어내도록 돕는 코칭 사례를 소개한다.

행동에 영향을 미치는 선행요인 관리하기

행동변화를 성공적으로 만드는 데 효과적인 영향 요인을 행동변화 계획을 실천하는 초반에 전략적으로 작동시키는 것이다. 범이론적 행동 모델에서 고려 전 단계와 고려 단계에 행동변화를 지지하는 찬성 정보를 반대 정보보다 더 많이 경험하도록 하는 것이다. 또 행동변화에 대한 양가감정을 극복하고 변화를 위한 준비를 하도록 코칭 환경을 조성하는 것이다.

모델링(Modeling)　　영화 속의 주인공이 폭력적이라면, 그 영화를 관람한 사람은 폭력적인 행동을 보일까? 자동차 운전을 하다 길에서 고장 난 차에 도움을 주는 다른 운전자를 보았다면, 한참 길을 가다 고장 난 다른 차를 만났을 때 차를 멈추고 도와줄 것인가? 밴듀라(Bandura)는 사회학습이론을 통해 유명인, 연예인, 좋아하고 존경하는 인물 등의 언행을 학습하고 따라 한다고 주장했다.

이 이론에 따르면 학습자가 직접 경험하지 않아도 역할 모델의 행동을 관찰하는 것만으로도 학습이 일어날 수 있다. 모방범죄, 타인의 선행을 따라 하는 심리기제는 대리학습이다(Bandura, 1977). 관찰을 통한 대리학습으로도 기존의 행동을 바람직한 방향으로 변화시킬 수 있다. 조직에서 리더십 역할 모델이 필요한 이유이다.

고객의 행동변화를 돕기 위해 가까이에 있는 역할 모델을 찾아보
도록 코칭 과제를 부여한다. 김 팀장의 리더십 행동이 보다 주도적
이기를 바란다면, 다음과 같이 요청한다. "김 팀장님, 회사 내에 주
도적으로 행동하는 대표적인 인물 5명을 찾아 인터뷰해 보십시오.
그들이 주도적으로 행동하게 된 배경, 마음의 자세, 그 인물의 5가지
강점을 찾아보십시오."

행동변화를 자극하는 장치 활용   김철훈 상무는 사업부 직원들
에게 불같이 성을 내는 것으로 유명하다. 그의 공격적인 언행을 어
떻게 바꿀 것인가? 행동주의 이론에서 행동은 특정 자극과의 반복된
연합에 의해 이루어진다(Skinner, 1959). 한 자극이 있으면, 그와 연
합된 행동이 일어난다. 맛있는 음식을 보면, 입안에 침이 고이는 것
과 같다. 타인에게 쉽게 화를 낸다면, 그 행동을 촉발시키는 자극은
무엇인가? "김 상무님, 불같이 화를 내게 되는 원인을 생각해 보십시
오. 원인이라고 생각하는 목록을 작성합니다. 목록을 보고 가장 영
향력이 큰 것으로부터 작은 것 순으로 재배열해 보십시오."

가장 영향력이 작은 원인이 보고서의 오탈자라고 하자. 이것을 대
상으로 다음과 같이 대화를 나눈다.

"김 상무님, 불같이 화를 내거나 내지 않는 것은 당신의 선택입니
다. 어떤 선택을 원하십니까? 화를 자극하는 오탈자의 영향력을 약
화시킬 수 있는 가능한 방법은 무엇입니까?"

"보고서에 대한 검토는 대개 집무실에서 합니다. 집무실 화이트보
드와 책상 위에 붉은색으로 STOP이라고 적어 놓겠습니다. 욱하려
는 징후가 느껴질 때, STOP을 보면 감정을 쉽게 통제할 수 있겠는데
요. 욱하는 감정을 다스리는 데 효과가 있을 것으로 기대합니다."

이 방법을 적용하여 오탈자에 더 이상 화를 내지 않으면, 그다음으로 약한 원인에 대한 대응책을 마련한다. 같은 요령으로 욱하는 감정에 미치는 영향 요인들을 무력화시킨다.

자기 진술서를 작성하기　자기 자신을 진술한 내용(self-statement)은 사고와 행동, 성과에 영향을 미친다. 박일수 팀장은 타인과의 대화에서 이해관계가 첨예하게 대립하거나 격한 감정이 일어나면, 갑자기 대화를 포기하고 침묵으로 일관한다. 평소엔 부드럽고 매너 있는 리더로 정평이 좋지만, 대화할 때면 쉽게 다른 사람의 모습으로 돌변한다. 그의 감정처리와 대화 스타일이 대인관계를 최악의 방향으로 이끈다.

상사는 이에 대한 행동변화가 없으면, 리더 역할을 더 이상 맡기기 어렵다고 피드백했다. 이 절박한 상황에서 박 팀장은 어떤 노력을 하면 행동변화에 성공할 것인가? 대화가 벽에 부딪히거나 부정적인 피드백을 들으면 박 팀장은 "나는 대화 스킬도 부족하고 리더로서 역량이 부족하다."라고 부정적으로 생각했다. 행동변화 노력을 하기 전에 자신에 대해 긍정적인 생각보다 부정적인 생각을 많이 가지고 있다.

범이론 행동변화 모델(Prochaska et al., 1994)에 따르면 준비 단계 전에 변화를 지지하는 긍정적 정보를 많이 갖는 것이 중요하다. 이를 통해 행동변화에 대한 양가감정을 극복할 필요가 있다.

코치는 박 팀장에게 긍정적인 진술을 하도록 요청했다. 박 팀장은 "내 생각을 상대방에게 명확하게 전달하고 싶다. 내 생각을 이해시키려 하지 말고, 먼저 상대방에게 내 생각을 정확하게 표현하는 데 집중하자. 나는 잘 준비되어 있고 그렇게 할 수 있다." 이와 같이 본인에게 했던 부정적인 자기 진술을 긍정적인 자기 진술로 바꾸었다. 이를 통해 행동변화에 성공했다.

문제 상황을 인지적으로 재구성하기   당면한 문제 상황을 인지적으로 재구성(Beck, 1997)했을 때 달리 지각하고 해석한 내용은 대응 행동을 결정하는 데 긍정적인 영향을 미친다. 당면한 상황을 다른 관점에서 보고 재해석하도록 이끌면 문제 상황을 해결하는 새로운 방법을 발견한다. 새롭게 해석한 상황에서 보이는 행동은 이전의 행동과 다르게 된다.

인지적 재구성(cognitive reframing)과 유사한 인지적 재구조화(cognitive restructuring)는 인지행동치료 치료기법으로서 사람의 마음상태를 바꿔 자기 존재를 긍정적으로 강화시킨다. 인지적 재구성은 긍정적이든 부정적이든 마음상태를 변화시키는 일반적인 기법으로 행동을 바꾸는 코칭에 효과적이다.

송진호 팀장은 성과 지향 리더십을 잘 발휘하지만, 인재관리 리더십에 어려움을 겪었다. 특히, 그는 팀원들의 업무 결과물에 대해 명확하게 피드백하지 않았다. 팀원들이 한 사무공간에 모여 일을 하다 보니, 전체 팀원을 대상으로 하지 않는 대화는 가급적 피했다. 예를 들어 특정인에 대해 인정하는 말을 한다면, 그를 편애한다고 오해를 받을 수도 있다. 이런 이유로 송 팀장은 말하기 전에 먼저 속으로 할 말을 걸러냈다. 이런 팀장의 모습에 대해 팀원들은 성과는 챙기고 동기부여는 하지 않는 냉혹한 팀장이라고 부정적으로 평가했다.

팀원들은 팀장과의 대화시간을 통해 그의 속마음을 이해하게 되었다. 팀장이 인정할 줄을 모르거나 동기부여 스킬이 부족해서가 아니라, 팀의 사기를 고려했다는 것을 알게 되었다. 이와 같이 당면한 문제 상황을 인지적으로 재구성하여 팀장에 대한 팀원들의 불만을 해소시켰다. 코치는 팀장에게 인정과 피드백이 필요할 때, 효과적으로 인정과 피드백하는 스킬을 학습하도록 도와주었다. 또 코치는 팀원들에게 인정과 피드백을 팀장에게 요청하는 대화스킬을 알려 주었다.

행동 자체를 관리하기

범이론 행동변화 모델의 관점에서 보면 행동 자체를 관리하는 것은 행동 단계에 속하는 활동이다. 준비 단계를 걸쳐 행동 단계에 오면 행동변화에 대한 생각이 본격적으로 행동으로 전환된다. 이때 긴장하기 쉽다. 변화의도를 보이는 구체적 행동에 몰입하도록 도움을 주면서 계획한 것을 착수한다.

긴장 이완　　마음을 차분하게 하고 몸이 긴장하지 않도록 하는 것은 신체 감각적인 각성을 낮추는 효과가 있다. 복식호흡, 명상, 요가, 가벼운 산책이나 호흡을 하면서 숨이 몸에 들어왔다 나가면서 일어나는 신체적 반응에 집중하기, 의자에서 가장 편안한 자세를 취하기 등은 모두 긴장 이완에 도움을 준다.

숨을 쉬면서 숫자를 센다. 숨을 들이쉴 때, 하나 둘 셋을 세고 내쉴 때는 하나부터 다섯을 센다. 다음엔 다섯을 셀 때까지 들숨을 하고 일곱을 셀 때까지 날숨을 한다. 같은 요령으로 열까지 숨을 들이쉬어 본다. 호흡을 하면서 공기가 신체의 중심에서 신체의 말단까지 골고루 전달된다고 생각한다. 눈을 감고 공기가 전달되는 느낌을 즐겨 본다.

대안행동 개발   이강훈 팀장은 인정과 격려보다 무시와 질책을 더 자주 사용했다. 다수의 사람들은 리더십 다면 피드백에서 그가 포용력이 부족하고 동기부여 스킬을 향상시켜야 한다고 지적했다. 코치는 팀장이 무시와 질책하는 구체적인 상황을 찾았다.

대표적인 상황은 팀장의 기대에 부응하지 못하는 팀원의 결과물을 접했을 때이다. 팀장의 대안행동은 결과물에 대해 평가하지 않고, 결과물이 나오는 과정에 대해 질문하는 것이다. 질문을 통해 팀원이 보인 바람직한 모습과 성취에 대해 인정하고 격려하는 말을 한다. "김인수 님, 어제 밤늦게까지 일하면서 보고서를 작성하는 것을 보았습니다. 책임감이 대단합니다. 김인수 님과 함께 일하니 든든합니다. 보고서를 작성하면서 가장 어려웠던 점은 무엇입니까?"

팀장은 긍정적 피드백을 담은 말을 하면서 얼굴을 찡그리기보다 미소를 짓고, 언성을 높이기보다는 일상적인 대화의 톤으로 말했다. 동일한 결과물에 대해 이전에 보인 부정적인 행동(평가, 무시와 질책)을 긍정적인 행동(과정에 대한 질문)으로 대체하고 긍정적 행동을 지원하는 행동(미소, 평상시 대화 톤, 격려)을 함께 보이면, 대안행동의 영향력이 커진다. 이 과정을 통해 대안행동이 기존 행동을 대체하게 된다.

표 9-1 ▌ 대안행동 개발을 위한 분석

변화가 필요한 상황	개선이 필요한 문제 행동	대안행동
	구체적 개선 포인트	

결정적 행동의 반복 실천　코칭을 통해 행동변화를 이끌어 내려고 할 때, 직무 현장에서 결정적 행동(원하는 결과를 얻을 가능성을 높이는 행동)을 반복적으로 실천하고 그 과정을 코치와 공유하는 것이 중요하다. 특히, 행동변화를 약속한 코칭 미팅에서 다음 미팅까지의 사이에 그 행동을 실천하는 것은 고객이 책임감을 갖고 주도해야한다. 이 과정에서 고객이 성찰하고 느낀 것, 학습한 것, 지속적으로 개선시켜야 할 것을 코치와 공유하면서 행동변화를 전개시키는 것이 중요하다.

효과성 코칭은 결정적 행동을 실천하는 과정에서 고객이 '피드백-기회 발견-재구성-전진'(FORM) 과정을 따르고 '자기인식-자기대화-자기성찰'(3S)을 주도하도록 한다. 이와 같이 관찰되는 행동의 변화뿐만 아니라 내면적으로 그 행동의 변화를 가능하게 하는 심리적 틀도 갖추도록 돕는다.

행동결과를 관리하기

범이론 행동변화 모델의 관점에서 보면 행동결과를 관리하는 것은 유지 단계에 속하는 활동이다. 이 단계에서는 변화의 진전을 보이고 이전 행동으로 복귀하지 못하도록 하는 전략이 필요하다. 따라서 단기적인 접근보다 장기적인 접근으로 지속 가능한 변화를 만들어야 한다.

결정적 행동의 강화　작은 변화가 큰 변화를 만든다. 고객이 스스로 행동의 결과가 바람직하다는 경험을 할 때 결정적 행동을 유지한다. 강화로써 긍정적인 경험은 자기평가와 타인평가 및 행동변화로 예상되는 결과에 의해 영향을 받는다.

자기평가는 스스로 실천한 행동에 자신의 판단 기준을 적용했을 때 드러난 결과이다. 긍정적인 자기평가는 자기만족도를 높인다. 타인평가는 다면 피드백에 의해 확인할 수 있다. 기업에서는 정기적 또는 비정적으로 리더십 다면진단이나 조직 역량 진단, 업적평가를 한다. 이러한 평가 자료를 통해 실천행동의 지속성에 대한 주위 사람들의 피드백을 추론할 수 있고, 타인의 구두 피드백으로도 변화 노력을 확인할 수 있다.

김기찬 팀장은 핵심 인재를 대상으로 한 코칭 프로그램에 참여했다. 그는 성과 지향 리더십을 발휘하고 팀관리도 성공적으로 하고 있다. 팀장의 사내 평판이 좋았다. 코칭 프로그램에 참여하면서 기존의 성과관리와 팀관리 방식에 코칭 접근을 추가했다(결정적 행동). 기존 리더십이 성과 중심, 일 중심이었다면 성과를 내는 방식에 변화를 주었다. 코칭을 통해 팀원의 잠재성을 끌어내고 직무에 몰입하도록 하는 방식을 학습했다. 기존에는 팀장의 관심 주제 중심으로 팀원과 대화했다. 이제는 팀원들의 개인적 관심 주제인 경력 방향과 개발 등에 대해서도 열린 마음으로 소통했다. 팀원을 대상으로 존재 방식에 대한 코칭을 한 것이다.

팀장은 자신의 성공 체험을 성과향상 주제로 고민하는 다른 팀장들에게도 공유했다. 공유 방식은 성과향상 코칭이 아니라 존재방식에 대한 코칭에 초점을 맞췄다. 미진한 성과나 리더십의 약점에 대한 대화가 아니라 그들이 원하는 팀장의 모습, 바람직한 팀장의 역할과 그 역할을 수행하는 언행, 팀장으로서 갖는 삶의 가치 등을 주된 대화 주제로 다루었다. 코치와의 코칭 세션에서 자신의 코칭 경험을 공유하고 피드백을 받았다. 그가 진행한 다른 팀장들의 변화는 성공적이었다(강화).

긍정적 자기 이미지 유지하기   자신의 피드백을 포함한 모든 긍정적인 피드백 정보는 고객이 긍정적인 자기 이미지를 갖는 데 유용하다. 긍정적 자기 이미지를 갖게 되면, 자존감과 자기만족도가 높아지고 현재의 행동과 미래 행동에 대한 자기 확신이 높아진다. 이러한 정서적이며 인지적인 체험은 자기효능감을 높여 내부와 외부 환경을 통제하여 원하는 결과를 만들 수 있다는 믿음을 키운다. 이러한 믿음은 과감하게 미래 과제에 도전하는 에너지원이 된다.

코치는 고객의 변화된 행동을 보고 바람직한 방향으로 가는지, 그 행동을 가능하게 하는 내적 특성이 무엇인지를 함께 알려 주어야 한다. "김 팀장님, 코칭 시간을 철저하게 지키려고 챙기시더니 지난 한 달 동안 늦은 적이 없군요. 한번 약속한 것을 지키려는 책임감, 자기 통제력이 훌륭합니다. 감사합니다." 인정의 말에 고객의 내적 특성을 포함시키면, 그 특성은 변화된 행동을 강화시키고 지속시키는 강력한 힘을 갖는다. 행동주의 이론에 따르면, 변화된 행동이 관찰되었을 때, 매번 칭찬하고 인정하기보다 간헐적으로 하는 것이 더 효과적이다.

자기관찰 일기 쓰기   행동변화는 일회적으로 완성되지 않고, 반복된 노력을 통해서 이루어진다. 따라서 자신의 변화과정을 관찰하고 일기를 쓰는 것이 효과적이다. 반복성에는 단조로움과 지루함이 있다. 이러한 부정적 감정에 묶이면 자기관찰과 관찰일기를 지속적으로 쓰지 못한다. 그러나 반복성을 극복하면 오히려 실행력이 커지기 때문이다. 흔히 '반복이 완성을 만든다'는 경구에 담긴 심리기제이다.

　윤지홍 상무는 감정 관리에 어려움을 겪고 있다. 순간적으로 욱하는 감정을 통제하기 어려워 조직구성원과 신뢰관계를 형성하지 못했다. 그는 코칭에 참여하는 동안 감정을 조절하고 통제하는 코칭 과제를 수행했다. 그는 코치의 제안에 따라 한 주 단위로 감정이 폭발했던 빈도, 그때의 상황, 대상 인물, 감정의 촉발 원인, 자신의 대응 행동, 개선 방안 등을 기록했다. 코치는 코칭 시간에 그의 감정일기를 듣고, 감정 폭발이 발생하는 심리기제, 자기 자신에게 미치는 영향과 타인에게 미치는 영향에 대해 분석했다. 그는 이러한 노력을 통해 감정이 폭발하는 빈도와 표현의 강도를 단계적으로 줄었다.

코칭 사례 >>>
자기 확신을 높여 변화의도 강화하기

　모든 것은 마음먹기에 달렸다고 말하지만, 그 마음은 사흘을 넘기지 못한다. 병이 있으면 치료약도 있는 법이다. 한번 먹은 마음을 지속시키는 데 결정적인 영향을 미치는 것은 스스로 생각하고 행동하려는 것에 대해 느끼는 자기 확신이다. 자기 확신이 커지면 변화의도가 실제 행동으로 옮겨 갈 가능성이 크다.

　사회심리학자들은 자기 확신이 높은 사람일수록 현재와 미래의 일에 대해 긍정적인 시각을 갖고, 가능성에 대한 믿음이 높아진다는 연구 결과를 보고했다. 자기 확신이 낮으면 업무목표와 꿈의 수준을 스스로 낮추고, 낮아진 그 수준에 자신을 맞춤으로써 잠재능력을 충분히 발휘하지 못하는 결과를 낳는다.

한 대기업의 마케팅 기획을 담당하고 있는 팀장을 코칭에서 만났다. 그는 국내에서 명문대학을 나왔고 현재의 직장에 다니던 중 미국 MBA 과정을 연수하고 학위도 취득했다. 주위 사람으로부터 부러움을 받고 있으며 사내에서도 핵심 인재로 관리되고 있다. 주위 사람들은 그가 비교적 조용하고 겸손하며 타인을 잘 배려하여 함께 일하는 데 문제는 없다고 생각한다. 코칭의 필요성에 대해 팀장으로서 치고 나갈 필요가 있을 때는 과감하게 선봉 역할을 하고 강력한 리더십과 추진력을 보이길 기대하고 있다. 그러나 그는 지금 말할 수 없는 고민이 있다.

코치: 말씀하신 내용에 공감합니다. 요즘 자신에 대해 가장 만족하지 못하는 점이 있다면, 무엇입니까?

팀장: 제가 원하는 삶과 회사 일간의 균형을 유지하지 못하는 생활을 하고 있다는 것입니다.

코치: 팀장님이 생각하시는 균형 잡힌 삶이란 어떤 모습입니까?

팀장: 경제적으로는 어느 정도 안정되어 있으면서 제가 중요하다고 생각하는 것을 즐길 수 있는 생활을 하는 것입니다.

코치: 중요하다고 생각하는 것은 무엇인가요?

팀장: 완전한 귀농은 아니지만, 전원생활을 하는 것이죠. 그러나 현실적으로 불가능한 일입니다. 그 생활을 하려면, 경제적으로 독립할 수 있어야 하는데 아직 여유가 없고. 회사 업무는 폭주해서 매일 늦은 저녁시간에 퇴근하니까. 불가능하죠.

코치: 그럼, 균형 있는 삶을 얻기 위해 지금 무엇을 하시겠습니까?

팀장: 글쎄요. 마땅히 없는데요. 맡은 일을 해서 돈을 버는 것 빼

놓고는 없습니다.

코치: 균형 잡힌 삶은 원하지만, 회사 일 이외에 할 수 있는 것은 없다. 이 생각이 현재 회사 일에 어떤 영향을 미치고 있습니까?

팀장: 한마디로 말한다면, 재미가 없지요. 회사 일이라는 것이 돌발 사건은 가끔 있지만, 대개 비슷한 일이 반복적으로 돌아가는 것입니다. 제 나름대로 획기적인 마케팅 기획안을 만들 수 있는 것도 아니죠. 제가 하는 일은 여러 관련 부서에서 오는 자료를 취합하여 종합 보고서를 만드는 것이기 때문에 특별히 어떻게 달리할 것이 없습니다.

팀장의 말을 들으면서 직관적으로, 팀장이 과감하고 도전적인 목표를 설정하지 못하고 일상적인 업무를 처리하는 수준에 업무목표를 잡고 일을 하면서 자신의 능력을 저평가한다는 것을 느꼈다. 할 수 있다는 자기 확신이 낮다 보니, 현재 하는 일의 기대 수준도 점차 낮아지고 있다.

코치: 팀장님 말씀을 들으면서 '내가 할 수 있는 것은 거의 없다.' 고 생각한다는 느낌을 받았습니다. 어떻게 생각하십니까?

팀장: 사실이 그렇습니다. 지금으로서는 할 수 있는 것이 없습니다.

코치: 제가 질문을 하나 하겠습니다. 잘 생각해 보고 말씀하십시오. '내 자신의 능력에 대해 나는 어느 정도 확신하고 있나?' 0점에서 100점 만점 척도로 해서, 0점은 전혀 확신이 없다. 점수가 커질수록 확신도가 높은 것입니다. 현재 자신에 대해 몇 점을 주시겠습니까?

팀장: 글쎄요. 한 40점.

코치: 균형 있는 삶을 만들어 가지 위해서는 어느 정도의 확신이
　　　필요하다고 생각하십니까?

팀장: 못해도 90점 이상이어야겠지요.

코치: 자기 확신을 점수로 표현해 보니 어떤 느낌이 드십니까?

팀장: 분명한데요. 창피하고 한심하다는 생각도 들고, 갈 길이 멀
　　　다는 생각도 들고.

코치: 갈 길이 멀다는 표현이 지금 무엇인가를 해야겠다는 생각
　　　으로 들립니다. 현재 40점에서 50점으로 10점을 올리기 위
　　　해 무엇을 하시겠습니까?

팀장: 어떻게 하면 될까요? 제가 원하는 것을 얻기 위해서는 뭔
　　　가 하긴 해야죠. 그런데 뭘 해야 될지.

코치: 팀장님, 코치로서 이 말씀을 피드백으로 꼭 드리고 싶습니
　　　다. 지금이 팀장님에게 용기를 필요로 하는 때입니다. '내
　　　가 할 수 있는 것이 뭘까?'라고 생각하는 모습은 그동안 제
　　　가 팀장님에 대해 느낀 것과는 전혀 다른 모습입니다. 팀
　　　장의 지위에 오른 것은 우연이 아니라 팀장님의 능력과 노
　　　력의 결과입니다. 앞으로 '나는 능력 있는 사람이다'라는
　　　것을 입증할 수 있는 일이 무엇이라고 생각하십니까?

팀장: 아무래도 찾으면 있겠지요? 그런데…….

코치: 아니요. 팀장님은 지금 알고 있습니다. 생각해 보세요. 무
　　　엇이라고 생각하십니까?

　마침내 팀장은 도전적인 목표이며 열정과 노력이 필요한 일을 찾
아냈다. 팀장회의나 상사와의 업무보고 자리에서 지금은 못하고 있

지만, 분명히 해야 할 일이라고 논의한 것들이 있었다. 그동안 자신이 해야 할 일이라고 생각도 하였지만, '누군가 하겠지'라고 그냥 흘러 보낸 일들이다. 그동안 논의된 것들의 목록을 작성하고 자신에게 가장 중요하다고 판단되는 주제를 선정했다.

그 팀장도 자신의 생활태도에 근본적인 변화가 있어야겠다고 생각했다. 지금이 그때인 게 분명했다. 코칭이 진행되는 동안 몇 차례 시행착오는 있었지만, 그 과제를 성공적으로 추진함으로써 팀장 스스로 자신의 능력에 대한 확신을 회복하고, 더 원하는 삶의 방향으로 더 나아갈 수 있었다.

자기 확신이 낮은 사람은 목표달성의 기대 수준을 능력에 비해 낮게 설정한다. 그리고 '나는 이 정도의 성과를 내는 것이 적정하다'는 자성예언을 한다. 일에 대한 적극성도 부족하고 달성하기 쉬운 업무 목표를 설정하고 만족해한다. 자성예언의 사고에 묶이는 것이다. 주위 사람들의 피드백도 점차 부정적일 가능성이 높고, 결국 '나는 이 정도의 사람이다'는 생각을 더욱더 강화하게 된다. 이로 인해 조직에서 탁월한 성과를 내기 어렵다.

자기 확신은 변화를 촉진시킨다. 그렇다면 어떻게 자기 확신을 높일 것인가? 자기 확신을 높이는 것도 전략적이며 스킬을 필요로 한다. 다음 10가지를 시도해 본다.

1. 아침에 샤워 후 밝은 모습을 하고, 거울에 비친 자신에게 말을 걸어 본다. "길동아, 야 너 멋있는 놈이네. 오늘 고객과 중요한 계약을 상담하는 미팅이 있지. 너 잘할 수 있어. 나는 믿어." 이렇게 이야기를 해 보자. 자신을 격려하고 지지하는 말을 한다.
2. 다른 사람과 대화할 때, 낙관적인 시각을 가지고 말한다. "저는

이번 일이 기대 이상으로 잘 될 것이라고 믿습니다.", "멋진 결
과가 기대됩니다."

3. 다른 사람의 말을 경청한다. 상대방의 말을 잘 들을 때, 좋은 질
문을 할 수 있다. 경청과 질문은 대화를 활기 띠게 하고, 상대방
을 대화에 유인함으로써 자신에게 긍정적 피드백을 줄 수 있다.
경청을 방해하는 습관을 찾아 고쳐 본다. "말이 정말 많네. 끝내
기만 해 봐라.", "이젠 내가 말할 차례인데." 등과 같이 머릿속으
로 딴생각을 하는 것은 경청을 방해하는 주된 요인이다.

4. 타인에게 의기소침한 모습을 보이기보다 열정적인 모습을 보
이도록 한다. "같이 도전해 봅시다.", "함께 멋지게 만들어 봅시
다."라는 말을 자주 한다.

5. 신뢰할 수 있는 사람이라는 모습을 보인다. 시간 약속 등 약속
은 꼭 지킨다. 언행일치는 신뢰의 기초이다.

6. 타인과 논쟁을 하기보다 같이 토의하는 습관을 기른다. 타인과
의 대화를 통해 자신의 잠재된 능력과 스킬을 확인할 수 있다.

7. 타인을 인정하고, 칭찬하고, 지지한다. 타인도 당신을 그렇게
대할 것이다. 긍정적이고 열린 마음을 소유하고 자기 확신이
높은 사람일수록 타인의 긍정적인 모습을 인정하고 끌어내는
말을 할 수 있다.

8. 당면한 문제의 장애요인을 지적하고 강조하기보다, 어떻게 하
면 해당 요인들을 극복하고 문제를 해결할 수 있는지 해법에
중점을 두고 긍정적인 방향으로 대화한다.

9. 자신과 타인을 비교하지 말고, 자신의 강점을 존중하고 끌어내
려고 노력한다. "나는 역시 부족한 사람이야." 자신을 부정적
으로 보면, 자신은 그 덫에 걸리게 된다. 그와 같은 사고의 포

로가 되기 쉽다.

10. 자신의 모습을 있는 그대로 드러낸다. 스스로 부족한 부분(약점)이라고 생각하는 것도 타인에게는 강점으로 보일 수 있다. 자신의 약점이라고 생각하는 것을 모두 적어 보자. 그리고 주위 사람에게 자신의 강점이 무엇이라고 생각하는지 물어보자. 자신은 약점으로 보지만, 타인은 강점으로 보는 것을 확인해 보자.

코칭심리 탐구질문　● ● ●

다음 질문에 대한 생각을 정리한다.

1. 범이론 모델(transtheoretical model)의 주요 특징은 무엇입니까?

2. 범이론 모델에서 양가감정과 찬반정보의 균형관리가 중요한 이유는 무엇입니까?

3. 자기효능감이 행동변화에 미치는 심리기제는 무엇입니까?

4. 범이론 모델과 행동변화 코칭의 연관성은 무엇이라고 생각하십니까?

5. 범이론 모델에 토대를 둔 행동변화코칭에 대한 이해는 현재 여러분의 활동에 어떤 시사점을 줍니까?

6. 여러분의 현장 활동에서 무엇을 달리 실행해 보겠습니까?

제10장

변화저항을 변화동기로 바꾼다

작심삼일을 경험해 보았는가? 실패한 이유는 무엇인가? 사람들이 행동변화에 실패하는 심리기제를 이해하면 효과적으로 변화를 만들 수 있다. 흔히 마부가 말을 물가로 데려갈 수 있지만 물을 마실지 여부는 말에게 달렸다고 말한다. 코치는 고객의 행동변화를 돕지만 그 행동변화를 완성시키는 주인공은 고객이다. 행동변화의 답은 외부에 있지 않고, 우리 내부에 있기 때문이다. 행동변화의 시작은 자기 자신의 한계를 넘어서는 데 있다.

이 장에서는 자기한계를 극복하는 데 필요한 5가지 방해 요인을 다룬다. 독자는 이 장의 내용을 통해 고객의 내면에서 작동하는 다양한 방어기제와 심리체계를 학습하고 자기한계를 극복하는 해법을 알게 된다. 흔히 '문제에 대한 답은 자기 자신에게 있다'고 말한다. 자기 자신의 자기한계를 극복하는 답을 내면의 통제력에서 찾는 것을 두고 한 말이다.

코칭에서 만난 리더들은 코칭을 통해 어떤 도움을 얻느냐고 흔히 묻는다. 이에 대해 나는 리더가 원하는 성과를 내지 못하고 리더십의 효과성이 낮은 이유를 처음에는 밖에서 찾으나, 코칭을 통해 자기 자신에게 있다는 것을 알게 된다고 답한다. 그 자각으로 리더십의 효과성이 높아지고 원하는 성과를 얻는 성공 경험을 했다고 대답한다. 일부 리더들은 시큰둥하다. 그러나 나중에 그 자각도 쉽지 않다는 것을 알고 놀란다.

다짐과 경쟁다짐 간의 갈등

김용익 상무는 권한위임을 하겠다고 다짐했지만 막상 새로운 프로젝트를 시작하면서 전혀 위임을 하지 않았다. 그는 프로젝트를 수행할 만큼 부원들의 역량이 높지 않아 믿고 맡기기엔 불안했다. 이와 같이 사람들은 자신의 특정 행동을 반드시 바꿔 보겠다고 다짐하지만 흔히 실패한다. 변화에 실패하는 주된 원인은 무엇인가?

변화의도와 실행은 서로 다르기 때문이다. 의도는 인지이고 실행은 행동이다. 인지와 행동은 질적 속성이 다르다. 따라서 인지와 행동을 연결시키는 것은 마치 행동주의자들이 자극과 반응의 결합을 학습으로 보고, 학습을 강화시키려는 노력과 같다. 흔히 실행에 실패했을 때 실행력을 높이려고 한다. '일을 통해 배운다', '실행이 답이다'라고 생각한다.

실행력을 높이는 방안에 대해 좀 다르게 접근한 연구자들이 있다. 로버트 키겐(Robert Kegan)과 리사 레헤이(Lisa Lahey)는 행동변화를 다짐하는 마음(commitment)보다 다른 마음의 영향력이 더 크기 때문이라고 주장한다. 다른 마음은 경쟁다짐(competing commitment)이다. 실행력은 내면에서 경쟁하는 두 가지 다짐의 싸움 결과와 관련이 있다. 행동변화에 성공하고자 한다면, 다짐에 도전하는 경쟁다짐이 작동하는 심리적 원리를 이해하고 이를 극복하는 방법을 찾아야 한다. 경쟁다짐은 변화에 대한 면역체계가 드러낸 마음이다. 변화에 대한 시도와 실패를 반복하면서 견고하게 조성된 습관이며 신념이다(Kegan & Lahey, 2001).

행동변화의 방향과 반대되는 행동을 하는 경쟁다짐은 변화를 선언하기 전의 모습으로 되돌아가게 하는 강력한 힘을 갖는다. 행동변화가 필요한 상황에서 경쟁다짐을 강화시키는 대표적인 생각은 다음과 같다.

- 이전보다 더 완벽을 추구한다.
- '나 밖에 없다'고 생각한다.
- 타인이나 상황을 부정적으로 보고 해석한다.
- 자신의 생각과 행동에 더 집착한다.
- 변화 시도에서 느끼는 불편한 감정을 피하기 위해 엉뚱한 언행을 한다(예: 적극적으로 자기표현을 하며 느끼는 불안을 해소하기 위해 상황에 맞지 않는 유머를 말한다.).
- 자기합리화를 빨리 한다.

이러한 경쟁다짐의 저변에 기본 가정(big assumption)이 있다. 경쟁다짐은 약점이 아니다. 자신을 지키고 보호하려는 인간의 기본 심리이다.

다짐과 경쟁다짐 분석

행동변화에 대한 면역체계를 분석할 때, 다음 단계에 따라 대화하면서 주요 내용을 순서대로 기록한다.

◆ 단계 1: 변화 목표와 실천행동에 대해 다짐한다

행동변화를 위해 설정한 목표와 이를 달성하기 위한 구체적인 행동을 작성한다. 그리고 성공적으로 변화 목표를 이룰 것을 다짐한다.

◆ 단계 2: 지금까지 실제 한 행동을 묻는다

첫 다짐을 하고 일정기간이 지난 다음(예: 2~3개월) 지금까지 보인 변화 목표와 관련된 실천 행동을 모두 작성한다. 그리고 작성한 행동 중에 변화 목표를 달성하기 위해 실천행동으로 다짐한 것과 반대되는 행동, 실천이 미흡한 행동, 실천이 전혀 이루어지지 않은 행동을 찾는다. 해당 행동에 밑줄을 친다.

◆ 단계 3: 경쟁다짐을 찾는다

단계 2에서 밑줄 친 행동을 할 때, 어떤 감정을 느꼈는지를 적는다. 특히, 염려한 내용을 걱정 상자(worry box)에 적는다. 그리고 오른편에 염려했을 때 그 감정에 따라서 보인 행동을 작성한다. 작성한 내용이 경쟁다짐을 반영한 행동이다.

◆ 단계 4: 경쟁다짐의 근거가 되는 기본 가정을 규명한다

경쟁다짐에 내포된 기본 가정(basic assumption)을 탐색하고 명확하게 정의한다. 기본 가정이란 단계 3에서 걱정 상자에 작성한 감정

표 10-1	나의 경쟁다짐 분석

1. 다짐 선언	
변화목표	구체적인 실천 행동
2. 실제 실천한 행동(다짐한 이후 현재까지)	
3. 경쟁다짐의 규명	
Worry Box	감정에 따라 보인 행동
4. 경쟁다짐에 내포된 기본 가정	

에 따라서 드러낸 행동의 기저에 깔린 속마음이다.

다짐과 경쟁다짐의 분석 사례

　임원 코칭 프로그램에 참여한 한 임원이 상반기에 진행되었던 '임원 리더십 워크숍'에서 작성한 리더십 개발 계획서의 내용을 재검토했다. 다짐과 경쟁다짐 분석을 통해 워크숍에서 세운 계획의 실천 현황을 점검하고, 리더십의 효과성을 향상시키는 데 필요한 후속 코칭 주제를 도출했다. 독자가 쉽게 알도록 실제 사례를 소개한다.

◆ 단계 1: 변화 목표와 실천행동에 대해 다짐한다

상반기 워크숍에서 리더십 변화 목표와 실천행동을 다음과 같이 작성했다. 리더십 변화 목표는 '부원에게 진정한 관심을 보이고, 열린 소통과 임파워먼트를 하겠다'이다. 이에 대한 구체적인 실천행동은 '즉각적인 대응보다 기다리겠다', '먼저 듣고 질문한 후 내 말을 하겠다', '권한위임을 하겠다' 등이다.

◆ 단계 2: 지금까지 실제 한 행동을 묻는다

"첫 다짐을 한 이후 일터에서 지금까지 실제로 한 행동은 무엇입니까?"라고 묻는다. 상반기 워크숍에서 다짐한 대로 회의를 할 때, 기대에 미치지 못해도 화를 내기보다 참았다. 그러나 상대방의 말을 듣지만 아직 말을 끊는 것과 같이 실천하지 못한 것도 있다.

◆ 단계 3: 경쟁다짐을 찾는다

자신의 행동을 깊이 탐구하는 단계이다. 단계 2에서 실천하지 못한 행동으로 나타난 것을 대상으로 다음과 같이 질문한다. "다짐과는 달리 행동할 때 느낌은 무엇입니까? 그 느낌에 따라 어떻게 행동했습니까?" 이에 대한 응답을 통해 현재 속마음에 있는 염려와 그 염려에 따른 행동을 찾는다.

임원은 부원이 하는 일에 불만이다. 기대에 미치지 못해도 참고, 부원이 말도 안 되는 이야기를 해도 끊지 않고 들어야 하는지 확신이 없다. 원하는 업무 결과에 대해 염려가 컸다. 임원은 불안한 마음에 일의 결과를 더 챙기게 되었다. 이전보다 더 평가적인 입장을 취했다. 이러한 행동이 경쟁다짐이다.

◆ 단계 4: 경쟁다짐의 근거가 되는 기본 가정을 규명한다

경쟁다짐의 근저에 기본 가정이 있다. "불안해하며 일의 결과를 더 챙기게 된 까닭은 무엇입니까?"라고 묻는다. 임원의 속마음에 있는 기본 가정은 다음과 같다. '부원의 능력을 믿지 못하겠다.'

다음 단계는 임원의 가정이 참인지를 검증하는 것이다. 부원의 능력이 믿지 못할 수준인지에 대한 사실을 검증한다. 임원의 기본 가정이 참이라면 임원이 실천해야 할 것은 부원의 직무역량을 신뢰할 수 있는 수준으로 육성시키는 것이다. 이 경우 부원 육성은 임원의 새로운 코칭 주제이다. 초기에 설정한 변화 목표는 임원과 협의하여 수정할 수 있다.

자기 제한적 신념 극복하기

각종 매체를 통해 자신의 삶에서 탁월한 성취를 이룬 사례가 소개되었을 때, 사람들은 그 사례를 보고 어떤 생각을 할까? "대단한 사람이네, 그런데 난 저렇게 못할 것 같다", "멋지다. 이왕 하려면 정말 저렇게 해야지. 그렇지만 난 저렇게는 정말 못해" 이렇게 생각할 수 있다. 타인의 성공에 공감하면서도 자신은 할 수 없다고 생각하고 시도조차 하지 않는다. 이렇게 생각하고 행동하는 데는 마음속에 자기 제한적 신념(self-limiting belief)을 가지고 있기 때문이다. 자기 제한적 신념은 행동을 하기에 앞서 작동하면서 의지력과 실행력을 떨어뜨린다.

경쟁이 치열할수록 이와 같은 신념을 가지고 있을 가능성이 높다.

사람들이 이루고 싶은 꿈이 있으면서도 주저하는 동안 자기 제한적 신념은 영향력을 키운다. 이러한 신념을 극복하지 못한다면 꿈을 향한 도전은 결코 성공하지 못한다. 탁월한 성과를 만드는 리더라 하더라도 특정 주제나 영역에 대해 이러한 신념을 가지고 있다.

대표적인 자기 제한적 신념은 다음과 같다.

- 나는 절대 성공하지 못한다.
- 나는 노력한다고 해도 큰일을 할 만한 사람이 아니다.
- 사람들은 일반적으로 나를 싫어한다.
- 아마 내가 해 보겠다고 해도, 상대방이 거절할 것이다.
- 난 정말 이런 문제는 해결하지 못한다.
- 이 문제를 푸는 방법은 단 한 가지이다.
- 나는 충분히 부유하지도 않고 지위도 약하다.
- 이제 새롭게 시작하기에는 너무 늦었다.
- 나는 정말 운이 없는 사람이다.

이러한 신념을 가지고 있으면, 무력해지고 용기를 쉽게 잃는다. 스스로 꿈과 희망, 달성 가능한 목표를 미리 포기하게 된다. 조직의 리더나 구성원이 각자 가지고 있는 자기 제한적 신념을 극복하지 못하면, 조직은 더 나은 성과를 만들어 내기 어렵다. 다행스럽게 이러한 신념을 극복하는 해법이 있다. 다음과 같은 단계를 따라가면 된다.

◆ 단계 1: 먼저 아래의 양식을 작성한다

자기 제한적 신념을 떠올리게 한 사건이나 상황은 무엇입니까?	어떤 신념이 떠올랐습니까? 그때 어떻게 행동했습니까?	그때 느낀 감정이나 기분은 무엇입니까?

◆ 단계 2: 자기 제한적 신념을 반박한다

해당 신념에 대해 논쟁하는 대화를 갖는다. "그 신념이 논리적인가요? 그 신념을 지지하는 증거는 무엇입니까? 그 신념을 갖는 것이 당신에게 어떤 도움이 됩니까? 그 신념이 떠오르지 않았던 때는 언제입니까?" 이러한 질문을 통해 신념의 비논리성, 비현실성, 허구성을 확인한다.

◆ 단계 3: 자기 제한적 신념을 대체하는 보다 효과적인 신념을 찾는다

"내가 이것도 못한다고 하면, 주위 사람이 뭐라고 할까? 어리석다고 할 것이다." 이 신념을 가지고 있다면, 다른 사람들 앞에 나서는 것을 주저한다. 그것을 하지 못한다면, 정말 다른 사람들은 어리석다고 평할 것인가? 기존의 신념에 대한 새로운 신념은 "내가 이것을 하지 못한다고 해서 내가 어리석다는 것을 의미하는 것은 아니다." 새로운 신념을 찾기 위해서는 기존의 신념을 다른 관점에서 살핀다.

◆ 단계 4: 새로운 신념으로 갖게 된 새로운 감정과 느낌을 밝힌다

　자기 제한적 신념이 새로운 신념으로 대체되면, 그 신념에 의해 새롭게 체험하는 감정과 느낌이 지속적이며 안정적으로 유지되도록 한다. 주위 사람들과 새로운 감정과 느낌을 공유한다. 처음 자기 제한적 신념에 의해 가졌던 느낌과 감정을 새로운 신념에 의해 경험하는 것과 비교해 본다.

코칭 사례 >>>

안전지대에서 벗어나기

　코칭을 하다 보면, 적극적으로 참여하기보다 마치 연극을 보는 관객이나 평론가처럼 관찰자의 입장에서 대화를 하는 경우가 있다. 대기업의 한 연구개발 부서를 맡고 있는 박진호 상무가 그랬다. 그는 임원코칭에 참여하게 된 것이 맘에 내키지 않는 눈치였다. 국내 명문대를 졸업하고 지금의 회사에 입사한 이후 거의 25년 정도 같은 영역의 업무만 담당했고, 최근 임원으로 승진했다.

　인사부서는 그가 여러 연구개발 프로젝트를 독립적으로 했지만, 이전보다 큰 규모의 인력관리와 경영적인 시각에서 조직관리 경험이 없기 때문에 코칭이 도움 된다고 판단했다. 회사의 입장에서는 그가 중요한 기능의 책임을 맡았고, 사업이 더 확장되기를 바라고 있어 그의 역할에 큰 기대를 하고 있다. 코치는 코칭의 목적을 설명하고 코칭에 참여한다는 연락을 받았을 때 느낀 첫 소감이 무엇인지를 물어보았다. 그의 대답은 처음부터 코칭에 대해 부정적이었다.

"코치님, 지금까지 많은 교육을 받았고 사실 몰라서 못하는
것은 아니지요. 실천을 안 할 뿐이지……."
"저에게 어떤 점이 문제라고 말씀하시는 것 같습니다."
"알면서도 안 하다는 것이지요."

이 대답은 임원코칭을 하는 경우 가장 많이 듣는 말이다. 임원의
지위에 오를 때까지 많은 교육을 받았을 것이다. 사내 교육이 많으
면 교육에 대해 거부감이 생긴다. 표정이나 말투에서 그의 속내를
읽을 수 있었다.

"그렇군요, 알면서도 안 한다. 그럼 자신에 대해 정말 알고 있
는 것은 무엇입니까?"
"무슨 말씀이시죠?"

자신에 대해 정말 알고 있는 것은 무엇인가? 이 질문을 받으면, 답
을 하기 쉽지 않다. 그래서 많은 경우, 무슨 뜻인지 되묻는다. 자기
관찰과 성찰을 많이 하는 사람들은 쉽게 답을 한다. 심오한 내용이
아니더라도 고민했던 생각이 떠오른다. 자신을 돌아볼 기회를 갖지
못한 사람에게는 질문의 범위가 매우 크고 구체적이지 않기 때문에
질문의 방향을 쉽게 잡지 못한다. 특히, 일 중심으로 회사생활을 한
경우에는 더욱 어려운 질문으로 받아들인다. 이 질문을 하는 의도는
상대방으로 하여금 자신을 객관적으로 보도록 통로를 열어 주려는
것이다.

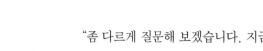

"좀 다르게 질문해 보겠습니다. 지금까지의 경험을 돌이켜 보면 도움이 됩니다. 상무님이 잘 알면서도 안 하는 경우가 있다면, 어떤 경우인지 말씀해 주시겠습니까?"

"가장 먼저 드는 생각은 경영진 회의를 할 때입니다. 상황이 어떻게 돌아가는지는 알지만, 많은 경우 말을 하지 않습니다. 사실 논의되고 있는 안건에 대해 명확한 의견을 가지고 있지 않거나 확신이 없을 땐 말할 수 없지 않습니까?"

코치는 그의 말에서 알면서도 말하지 않는 데 영향을 미치는 것들은 자신의 의견이 어느 정도 명확한지, 자기 확신의 정도, 말하기 전에 미리 판단하는 경향일 것이라 생각했다. 그러나 이를 확인해 보기보다 알면서도 말하지 않는 사례들을 더 끌어내기 위해 같은 질문을 이어 갔다.

"또 어떤 경우가 있으십니까?"

"상사의 지시에 대해 다른 의견이 있더라도 말하지 않고 따르는 편입니다. 지시할 때는 이미 생각들이 많이 정리된 것이고 설령 다른 의견을 낸다고 해서 달라질 것은 없습니다. 사실 많은 경우 그렇습니다."

"가정에서는 어떻습니까? 아내와 대화할 때, 자녀와 대화할 때는 어떻습니까?"

"코치님도 자녀 키우면서 아시지만, 어떻게 말하고 싶은 것을 다 말할 수 있습니까? 요즘 아이들 대화 코드를 맞추기도 쉽지 않아요."

나는 코치로서 이런 경우 가정에서는 어떤 모습인지 물어본다. 가정에서의 대화습관이 회사생활로 이어지기 때문이다. 또 다른 사회생활에서 사람들과 대화하는 습관도 물어본다. 대화를 할 때, 타인에게 보이는 행동에 어떤 일관성이 있는지를 주목한다. 삶의 여러 장면에서 자신은 알고 있으면서도 말로 표현하지 않는 행동이 일관되게 나타나는 것인지를 파악한다.

　"자세하게 말씀해 주셔서 감사합니다. 상무님, 자신의 모습에 대한 관찰력이 뛰어나시군요. 대단하십니다. 대표적인 사례를 소개하시면서, 자신에 대해 알게 된 것은 무엇입니까?"
　"재미있네요. 내 경험인데도 관련된 것들을 말하다 보니 내 모습이 보입니다. 스스로 내키지 않으면, 말을 안 하는군요. 내 스스로 말하려는 것이 있어도 확신이 있을 때 주로 말을 합니다."
　"확신이 없으면서 생각을 말해야 한다면, 염려하는 것은 무엇입니까?"
　"염려하는 것…… 평가죠. 나 자신이 스스로에게 하는 평가, 타인은 나를 어떻게 볼 것인지에 대한 염려, 평가하는 것 같은 타인의 시선 그런 것들입니다."
　"타인으로부터 어떤 평가를 받고 싶으십니까?"
　"한마디로 임원에 걸맞은 역량을 갖춘 인물이라는 평가죠."
　"다른 사람은 상무님을 어떻게 보고 있을까요? 주위로부터 받은 객관적인 피드백이 있습니까? 인사평가 관련해서 피드백을 받으신 것도 있으실 것 같은데요."
　"네, 많이 있습니다. 상사나 동료, 부하직원들 모두 생각보다 긍정적인 피드백을 합니다. 회사에서 상반기와 하반기, 두 번을 조사하는 데 지금까지 좋게 받고 있습니다."

이 시점에서 그가 자신에 대해 어떤 인식을 하고 있는지를 정리하
는 시간을 줄 필요가 있다. 자신이 코칭 프로그램에 참여하는 것을
단지 불편한 것으로 받아들일 것이 아니라, 코칭을 통해 자기인식의
기회를 갖고 이를 통해 코칭에 대한 참여를 달리 생각한다면 얼마나
멋진 의식 전환인가? 그를 대화의 첫 장면으로 데려갔다.

"처음 질문으로 돌아가 보겠습니다. 지금 자신에 대해 정말
알고 있는 것은 무엇입니까?"
"(잠시 생각하다가) 자기 확신이 부족하다는 것입니다. 다른
사람의 시선을 의식하고, 상황을 미리 판단하여 결정하고, 인정
받고 싶고…… 모두 자기 확신이 부족해서입니다."

자기 확신이 부족하면, 기존에 안정적이라고 느낀 사고와 행동의
범위에서만 적극성을 보일 가능성이 높다. 자신이 안전지대라고 판
단되는 선을 넘으려 하지 않고 안주한다. 그 경계의 선을 넘는 것은
일반적으로 엄청난 도전이 필요하다.

알고 있는 것을 실천하지 않는 습관이 문제 되는 때는 기존의 역
할보다 더 중요한 핵심 역할을 맡거나 승진하여 새로운 직무를 맡
는 경우, 또는 기존의 역할 범위가 늘어난 경우이다. 이러한 변화는
새로운 리더십을 필요로 한다. 대개 새로운 리더십에 대해 교육이
나 관찰을 통해 인식을 하고 있지만 당면 이슈가 아니기 때문에 깊
이 있게 고민하지 않는다. 기업 현장에서 승진이나 역할이 바뀌었을
때, 코칭이 필요한 이유이다.

"상무님, 지금 어떤 느낌이 드세요?"

"뭐라고 할까, 나 자신과 만나고 그래서 많은 것이 정리되고 편안합니다. 솔직히 뭔가 숨기고 있다가 들킨 것도 같고. 그러나 좋습니다."

"저에게는 자신을 객관적으로 보고 말씀하시는 것이 울림으로 다가옵니다. 지금 이 순간의 편안한 느낌을 더 느껴 보시기 바랍니다. 느낌이 오는 대로 자세를 취해 보십시오."

그는 의자에 앉아 별다른 자세를 취하지 않았지만, 그의 자세나 표정에서 편안함을 깊게 느끼고 있음을 알 수 있었다.

"지금 어떤 생각하십니까?"

"뭐랄까…… 지금 많은 일이 일어나고 있는데, 지금과 같은 편안함이 평소 도움이 되겠다고 생각했습니다."

"그러니까, 지금의 편안함이 중요한 에너지 자원이 되었군요. 상무님, 상무로 승진하면서 어떤 변화를 느끼셨습니까? 그 변화는 자기 확신과 어떤 관련이 있습니까?"

"승진하면서 가장 크게 느낀 점은 경영에 대한 책임감이 커졌죠. 회사가 변화하고 있는 모습이 이전보다 더 느껴지고, 이러한 변화를 조직구성원들에게 어떻게 전달할지 고민합니다. 이전에 직원들과 소통하는 방식이 과연 효과적일까 의문이 들지요. 과연 나에게 필요한 리더십이 무엇인가에 대해 고민을 하게 되고. 오늘 대화를 나누면서 내가 먼저 확신하는 것이 필요하다는 생각을 새롭게 했습니다."

최근 신임 사장이 부임하면서 연구개발비를 대폭 절감할 것을 지시했다. 이전 같았으면 불합리한 지시라고 여기저기에 불만을 쏟아냈을 것이다. 그러나 지금은 임원으로서 직원들에게 관련 정보를 공유하고, 동참하도록 이끌어야 한다. 역할이 바뀌면서 생각하고 의사결정하고 실행하는 것이 내용면에서 달라졌을 뿐만 아니라 근본적으로 일하는 자세가 달라졌다. 성공적으로 일을 추진해야 한다는 부담이 커지면서 직원들의 마음 자세를 보는 눈도 이전보다 부정적이되고 말투도 이전보다 거칠어졌다. 시간을 갖고 차근차근 대화를 하기보다 밀어붙이는 불도저형으로 바뀌었다. 스스로도 달라지고 있는 자신의 모습에 대해 이게 정말 나인가라고 자문할 정도였다. 이전에 경험해 보지 못한 많은 새로운 문제 상황에 직면하고 어떻게 생각하고 행동하는 것이 옳은 것인지를 심사숙고할수록 자기 확신이 중요하다는 점을 더 절실하게 느끼고 있었다.

"최근 자기 확신이 필요하다고 생각한 경우를 떠올려 본다면,
어떤 때입니까?"

그는 자기 확신이 필요로 하는 경우를 정리해 보았다. 어떻게 해야겠다고 생각은 했지만, 정작 그렇게 행동하지 못했던 때를 곰곰이 생각했다. 그는 그 상황이 다시 온다면, 자기 확신에 찬 모습을 보여야겠다고 다짐했다.

"정리하시면서 어떤 생각을 하셨습니까?"
"내 자신과의 약속이 필요하겠다 생각했습니다. 이런 생각을 했다고 해도 실천하지 않으면, 아무 소용이 없지 않겠습니까?

오늘 말씀을 나누면서 내 생각에서 벗어나 나를 객관적으로 볼 필요가 있고 지금이 바로 그때라고 생각했습니다."

AMP 기법을 통한 감정 관리하기

업무성과는 탁월하지만 화를 다스리지 못해 승진에서 누락되거나 더 큰 역할을 맡지 못하는 경우가 있다. 지나치게 흥분하거나 급격히 침울하게 보여 주위 사람들을 당황스럽게 만들기도 한다. 감정을 관리하는 효과적인 방법은 문제의 감정을 촉발시키는 근본 원인을 제거하거나 그 원인에 둔감해지는 것이다. 또 다른 효과적인 방법은 감정을 인지적인 관점에서 분석하고 관리하는 것이다. 나는 인지적인 관점에서 AMP 기법을 개발하여 감정 관리에 적용한다.

조직 리더들을 대상으로 한 워크숍에서 조별로 언제 부하 직원에게 화를 내는지 의견교환을 하도록 했다. 수집된 사례를 종합해 보면, '타인의 일 처리 방식이나 결과물이 기대에 못 미칠 때', '명확하게 지시를 했음에도 불구하고 엉뚱한 결과를 보고할 때', '긴박한 상황임을 인지하지 못할 때', '열정을 보이지 않을 때', '지시하고 채찍을 해야만 움직일 때' 등이 대표적이다. 사례를 놓고 보면, 부하 직원과 마주칠 수 있는 모든 상황이 포함되었다고 느낄 정도이다. 부하 직원에게 화를 내는 것은 그만큼 흔하다. 이러한 상황에서 리더는 어떤 생각을 하고 있을까? AMP 기법은 화가 치솟는 상황에서 리더의 생각을 분석한다.

- 단계 1: 화가 날 때, 당신이 가정(assumption)하고 있는 것은 무

엇입니까?

- 단계 2: 그 가정으로 인해 당신이 놓치고 있는 것(missing)은 무
엇입니까?
- 단계 3: 그 놓치고 있는 것을 지금 실천해 본다면, 가능한 것
(possible)은 무엇입니까?

팀원의 일 처리하는 모습이 기대에 미치지 못할 때 자주 화를 내
는 이강훈 팀장에게 AMP 기법을 적용하여 코칭 대화를 나누었다.

"김인수 팀원에게 화를 낼 때, 당신이 가정한 것은 무엇입니까?"

"기획 업무를 담당하고 있으면 다른 팀으로부터 자료가 오
기를 기대하지 말고 먼저 찾아가 필요한 자료를 받아 와서라도
일을 추진해야 하는데, 당시 그 사람이 소극적이라고 생각했습
니다."

"그럼 그 생각을 함으로써 팀장으로서 놓치고 있는 것은 무엇
입니까?"

"글쎄요. 좋은 질문입니다. 상대방의 입장을 고려하지 못했
습니다."

"또 다른 것은 무엇입니까?"

"겉으로 드러난 모습이나 결과가 아니라, 일이 추진되는 과정
을 생각하지 못했습니다."

"상대방의 입장을 고려한다면, 무엇이 가능하다고 생각합니까?"

"(잠시 생각한 후) 그 질문을 받고 보니, 많은 생각이 떠오릅
니다. 저도 기다리지 말고, 사실 먼저 다가가 도움이 필요한 것
이 있는지 물어볼 수 있겠네요. 경력직으로 우리 회사에 왔지

만, 아직 내부 인적 네트워크가 부족하니 업무 협조를 받기가
쉽지 않았겠지요."

"또 가능한 것은 무엇입니까?"

코치는 간단한 AMP 기법을 통해 고객이 감정을 관리하고 효과적
으로 의사소통하도록 돕는다. 리더가 관찰자보다 능동적인 실행자
역할을 할 때, 자기변화의 필요성을 자각할 가능성이 높다. 자기자
각이 있을 때, 행동변화는 쉽게 일어난다. 이강훈 팀장은 실행자의
입장에서 김인수 팀원을 배려하며 할 수 있는 구체적인 실천행동들
을 찾았다.

방어적 관행 없애기

사람들은 타인과 불편한 관계에 돌입하게 되면, 말수가 적어지거
나 공격적인 언행을 한다. 때로는 지금까지 대화한 내용을 마치 없
던 일인 것처럼 덮어 두거나 다른 주제를 꺼내는 우회 전략을 쓴다.
어떤 모습을 보이든 자신의 속마음은 드러내지 않고 상황에 부합하
게 처신만 한다. 속마음을 드러내며 말해 봐야 자신만 상처 입을 가
능성도 있고 달라지는 것은 없다고 생각한다. 서로 머리를 맞대고
토의해 봐야 모두 비생산적이고 무용하다고 치부한다. 이러한 속마
음은 대화 단절로 나타난다.

이 상황에 작동하는 기본적인 심리는 자신을 지키고 보호하는 것
이다. 크리스 아지리스(Chris Argyris, 1985; 1990)가 지적한 방어적 관
행(defensive routines)이다. 조직에서 흔히 관찰되고 조직효과성을

떨어뜨리는 영향 요인이지만, 구성원이 직접 다루기 어려운 주제이다. 그들이 방어적 관행의 주인공일 가능성이 높기 때문이다. 코치가 객관적인 입장에서 개입할 부분이다.

로버트 퍼트남(Robert Putnam, 1993)은 방어적 관행이 속히 제거되어야 하는 이유를 다음 세 가지로 들었다. 첫째, 사업환경이 급속도로 변화하여 조직의 학습능력이 중요해졌다. 방어적 관행은 조직의 학습을 방해한다. 둘째, 조직이 다양성 이슈를 통합적으로 관리하고 대응해야 한다. 이를 위해서는 서로 관점이나 맡은 직무기능이 달라도 서로 이해하고, 이해의 폭을 넓혀야 한다. 방어적 관행은 다양성으로부터 취할 수 있는 이점을 방해한다. 셋째, 위계조직이 수평조직이 되면서 같은 계층 간, 역할 간 장벽이 없어야 한다. 방어적 관행은 이러한 장벽을 견고하게 하고 상호 학습하고 서로 선한 영향을 미치는 활동을 막는다.

잘못된 결과를 외부 탓으로 돌리는 심리

방어적 관행에 작용하는 기본 심리는 잘못된 결과의 원인을 상대방에게 돌리는 것이다. 상황이 악화되었을 때, 상대방이 원인을 제공한다고 생각한다. 이러한 외적 귀인은 사람들로 하여금 자신의 사고와 행동이 조직에 어떠한 영향을 미치는지에 주의를 기울이지 못하게 한다. 오히려 자신의 생각과 행동이 합리적이라고 간주한다. 따라서 타인과 갈등이 생기면, 자신의 생각에 갇히고 속내를 드러내지 않는다. 말해 봐야 소용이 없다고 생각한다. 조직 내에서 개인 간, 단위 조직 간에 소통이 사라지는 현상을 설명하는 근본 원리이다.

영업부의 박인수 차장은 신규 고객을 확보하기 위해 고객이 매장을 개설할 수 있도록 회사 건물을 장기 임대하길 원한다. 재무부의 임홍범 차장은 낮은 건물임대비와 선투자 방식에 난색을 표한다.

> "박 차장님, 새로운 영업 전략이 필요합니다. 지금 부실채권
> 이 어느 정도인 줄 아시잖아요. 지금 회사 재무 상황이 좋지 않
> 은데, 지원은 불가능합니다."
> "임 차장님, 저희도 올해 부실채권을 해결하기 위해 노력하고
> 있습니다. 올 상반기에 가시적인 성과가 있을 것으로 예상하고
> 있습니다. 이번 신규 고객은 기존 고객과 사업규모와 재무 상황
> 이 다르다는 것을 아시잖아요. 이럴 때는 치고 나가야지요."

이와 같이 서로 상대방에서 잘못의 원인을 찾는다.

방어적 관행의 형성

서로 이해가 상충하면서 각자 소속 부서의 주장만 되풀이될 뿐 해결책이 보이지 않는다. 시간이 가면서 언성은 높아져도 서로 자신의 속내를 드러내지 않는다. 속내를 말로 표현할 때 추가적인 갈등이나 논쟁이 예상되면 침묵한다. 겉으로 보기에 회의가 진행되는 것 같지만, 회의는 비생산적이며 결국 회사에 손해를 끼치는 활동이다. 두 사람은 나중에 우회적으로 상대방이 속으로 어떤 생각을 하였는지를 듣게 된다.

> "영업부는 골칫거리만 만든다니까. 지금 재무 상황을 알기나
> 하나? 우리 회사 직원인가? 회사를 위해 일하는 거야, 아니면 자

신의 영업실적 올리려는 거야?"

"재무 사람들 정말 깐깐하고 비협조적이야. 영업 일을 해 보기나 했나? 영업은 선투자를 해야 하는 데 위험은 감수하지 않고 관리만 하려고 하니, 일을 하라는 거야 말라는 거야."

이러한 속마음이 상대방에 대한 인식으로 고착화되고, 불신의 골이 깊어진다. 각자 방어적인 입장을 취할 수 있는 명분을 확보했다. 이들 두 부서 간의 대화 빈도는 갈수록 적어지면서 업무실적의 부진을 상대방 탓으로 돌릴 가능성이 높다.

예기치 않은 결과

방어적 관행은 예기치 않은 결과를 초래하면서 조직문제로 발전한다. 박 차장과 임 차장은 문제를 해결하지 못하고 각자 상사에게 상황을 보고한다. 업무보고를 받은 임원들은 경영 상황을 고려하면서 심도 있게 논의하지만, 결론을 도출하지 못한다. 결국 그들의 상사인 최고경영자가 의사결정을 해야 한다. 이 경우 어떠한 형태의 의사결정이 이루어지든 두 임원의 리더십은 상처를 입는다. 최고경영자가 두 임원 중에 어느 한쪽을 지지할 때, 그 상처는 더 깊어진다. 결국 그 상처는 담당 실무자에게 돌아갈 가능성이 높다. 방어적 관행이 부서 간의 업무협력을 저해하고, 담당 실무자의 내면에 상대방에 대한 인식이 고착화된다. 부서 간 소통과 협력 부족이 조직문제로 확대된다. 이러한 결과는 예기치 않은 결과이다. 예상을 했어도 부정적인 영향이 기대 이상일 가능성이 크다.

방어적 관행의 해결방법

방어적 관행을 해결하려고 할 때, 처음부터 구성원들이 실제 사용하는 멘털 모델을 직접 다루는 것은 효과적인 방법이 아니다. 멘털 모델을 다루려면, 먼저 조직차원에서 당면한 문제의 중요성을 인식하고 책임을 명확히 정의해야 한다. 조직차원의 가이드라인이 있을 때, 구성원은 속마음을 열고 문제를 해결하는 방향성을 갖는다. 그 이후에 로버트 슈워츠(Robert Schwarz, 2002)가 제안하는 방법을 활용할 수 있다.

1. 먼저 방어적인 생각과 행동을 검토한다.
2. 그 생각과 행동의 근간인 가정을 드러나게 하고, 검증하도록 요청한다.
3. 방어적 관행으로 초래된 예기치 못했던 결과에 직면하게 한다.
4. 기존의 가정을 변화시키고 새로운 행동을 이끌어 내도록 돕는다.

코치가 방어적 관행을 해소하기 위해 위의 접근방법을 사용하면 효과적이다. 현장에서 상사와 구성원이 방어적 관행에 대해 직접 대화하기 쉽지 않다. 구성원은 자신의 생각과 감정을 모두 노출시키기 때문에 상사와 견고한 신뢰가 형성되지 않았다면 다른 형태의 자기 방어기제가 작동할 수 있다. 코치가 고객과 신뢰관계를 형성했다면 이 문제에 개입하여 도움을 줄 수 있다.

만일 고객이 방어적 행동으로 고민한다면 다음의 내용을 코칭 과제로 부여한다.

1. 평소 관찰되는 방어적 관행의 목록을 작성하고 작동하는 심리
   기제를 학습한다. 자기 자신도 방어적 관행을 보이고 있다는
   사실을 알고 있지만, 작동하는 심리기제를 모르는 경우가 있
   다. 속마음을 드러냈을 때 어떤 문제가 발생할지 불확실하고
   불안한 마음에 습관적으로 행동하지만, 자기방어기제가 무의
   식적으로 작동하기 때문에 인식하지 못한다. 심리기제에 대한
   학습을 통해 가능한 대응방안을 마련한다.

2. 객관적인 입장에서 상황을 보고 해결방안을 찾는 질문 연습을
   한다. 방어적 관행을 보이는 상황에 개입되어 있더라도 한발
   물러서서 의도적으로 자기에게 질문한다. "지금 어떤 일이 일
   어나고 있는가? 이 순간 가장 바람직한 결정은 무엇인가? 대화
   의 진정한 목적은 무엇인가? 방어적 관행에서 빠져나올 수 있
   는 효과적인 방법은 무엇인가?" 다른 사람이 방어적 관행을 보
   이면, 다음과 같이 자기에게 질문해 본다. "저 사람이 지금 회
   피하려고 하는 것은 무엇인가? 저 사람이 스스로 위협받고 있
   다고 생각하는 것은 무엇인가? 그 내면에서 생각하고 느끼는
   것은 무엇일까?"

3. 방어적 관행을 쉽게 작동시키는 '민감한 주제'를 찾는다. 민감
   한 주제는 방어적 관행에 영향을 미치는 유발 요인이다. 사람
   들은 어떤 상황, 주제, 대상 인물에 민감한지를 찾아 조직 내에
   서 관찰되는 방어적 관행의 패턴과 인과관계를 파악한다. 방어
   적 관행의 모습과 심리를 알수록 해결책도 명확해진다.

4. 방어적 관행을 목격했다면 개입하여 해결한다. 직접 개입하여
   도움을 주려면 먼저 상대방과 열린 대화를 나눌 수 있는 관계
   이며 방어적 관행에 대한 이해가 필요하다. 다음 질문을 통해

해결책을 찾아본다. "대화를 멈추는 까닭은 무엇인가? 민감한
주제는 무엇인가? 회피하려는 것은 무엇인가? 직면하지 않고
우회하게 하는 것은 무엇인가? 무엇을 덮어 두려고 하는가? 방
어적 관행의 수면 아래에 있는 가정을 검증해 보았는가? 최악
의 결과를 예상한다면, 무엇인가? 그 결과가 나타나지 않도록
지금 할 수 있는 것은 무엇인가?"

속마음 공유하기

　사람들이 겉으로 한 말과 속으로 생각한 말은 서로 다를 수 있다.
겉으로 드러내는 말을 지배하는 논리와 속마음을 지배하는 논리가
다르기 때문이다. 아지리스(Argyris, 1991)는 속마음을 지배하는 논
리를 멘털 모델이라고 명명했다. 사람들은 성장하면서 부딪히는 문
제들을 풀어 가면서 자신만의 마스터 프로그램을 개발한다. 자신을
둘러싸고 있는 상황을 해석하고 어떻게 대응할 것인지를 계획하고
그에 따라 행동한다.
　멘털 모델은 가정과 이론의 구성체로서 행동 규칙을 제공한다. 따
라서 한 개인의 멘털 모델을 보면, 앞으로 어떻게 행동할지를 예측
할 수 있다. 그러나 환경이나 상대방으로부터 위협을 받거나 당황스
러움을 느낄 때, 멘털 모델에 방어기제가 작동한다. 이때 자신이 생
각하는 것과 실행하는 것이 다르게 나타난다. 멘털 모델은 생각(속
마음), 감정, 현재 행동, 미래 행동을 논리적으로 연계하는 인식의 틀
이다.
　앞에서 소개한 박 차장과 임 차장의 대화를 상기해 보자. 박 차장

은 신규 고객을 확보하기 위해 임 차장에게 영업 전략을 소개하며, 임 차장이 재무적인 측면에서 검토하고 협조해 줄 것을 부탁한다(현재 행동). 이 제안에 임 차장이 회사의 재무사정과 영업부의 채권부실 문제를 들어 반대한다(현재 행동). 박 차장은 그가 지나칠 정도로 깐깐하고 비협조적이라고 생각(속마음)하지만 드러내지 않는다. 실제로 말했을 때 겪게 될 갈등이 염려되고 두렵다(감정). 이로 인해 속내를 드러내지 않았지만, 박 차장은 그 생각이 사실이라고 간주한다. 겉으로 드러낸 말을 사실로 보지 않고, 자신의 속마음을 사실로 본다. 후에 임 차장의 부정적인 속내를 듣고, 상대방이 비협조적이라는 속마음이 옳다고 확신한다. 속마음이 사실이라는 증거를 확보했다. 그와 대화할 때 조심하거나 대화를 피한다(미래 행동).

속마음을 파악하는 효과적인 방법

사업목표를 달성하기 위해서는 가치사슬에 연계된 부서들이 상호 협력하며 일해야 한다. 상하좌우 소통이 활발하지 않으면, 조직 효과성은 낮다. 신체에 피가 골고루 순환되어야 건강함이 유지되고 생산적인 활동을 할 수 있다. 조직도 하나의 생명체이다. 조직리더는 전체 조직을 조망하면서 대화가 막히는 곳을 찾아 뚫어 주어야 한다.

어떻게 사람들의 속마음을 파악하고 소통할 것인가? 소통되지 않는 속마음은 비용이지만, 소통되는 속마음은 이익이다. 아지리스와 그의 연구 동료들이 좌측 칼럼 기법(left-hand column)을 제안했다. 사람의 좌측에는 자신이 생각하였지만 드러내지 않은 속마음, 우측은 겉으로 드러낸 생각이다(Argyris & Schön, 1978). 대화의 초입이나 방어기제가 작동할 때에는 좌측의 것을 잘 드러내지 않는다.

좌측 칼럼 기법을 응용하여 다음과 같이 5단계의 안내에 따라서 T양식을 작성한다.

- 단계 1: 상대방과 대화가 (첨예하게) 대립해서 불편했던 상황은 무엇입니까?
- 단계 2: 실제 나눈 대화(표현, 감정)는 무엇입니까? B란에 사실 적이며 간결하게 작성한다.
- 단계 3: 말하지 않고 속으로 생각한 내용을 A란에 사실적이며 간결하게 작성한다.
- 단계 4: 코치와 고객이 A란에 작성한 내용을 중심으로 역할극 을 한다.
- 단계 5: 고객이 역할극을 통해 얻은 시사점과 통찰, 학습한 것 등을 질문한다.

생각은 했지만 말하지 않는 내용	상대방에게 말한 내용
A	B

리더들과 심층대화하기

국내 한 대기업은 경영의 신념과 철학을 담은 웨이(way)를 선포했다. 최고경영층은 계열사 모든 임직원들이 웨이를 직무행동의 기초로 사용하고 내재화를 기대했다. 웨이를 선언하고 1년이 경과할 즈음, 긍정적인 변화의 모습도 있지만 불평의 소리도 들렸다. 리더들은 불경기에 사업 실적을 올리기도 어려운데, 웨이를 확산시키고 그 실적도 보고해야 하는 부담에 힘들어했다.

경영층은 자연스러운 확산을 원하지만, 리더들은 직무성과와 직결되지 않는 새로운 일로 보았다. 또한 리더들이 지금까지 사용한 리더십과 웨이에 따른 리더십 관계가 불명확했다. 신세대들이 웨이를 긍정적인 측면으로만 해석하여 리더들이 질책하고 쓴소리하는데 어려움을 호소했다. 웨이 확산에 중심 역할을 하는 리더들의 고충을 어떻게 풀어 줄 것인가? 이에 대한 해결방안으로 수정된 좌측 칼럼 기법을 통해 속마음을 공유하는 대화시간을 마련했다.

행동변화의 에너지원 형성

코치는 리더들에게 당시 말하지 않은 자신의 생각과 느낌을 코치에게 직접 표현하도록 요청했다. "박 팀장님, 저를 그 신입직원이라고 생각하고 왼편에 적힌 것을 그대로 말해 보십시오. 감정을 사실적으로 표현하는 것이 중요합니다. 목소리 톤에 그 감정을 실어 보십시오." 리더는 억눌렀던 속마음을 드러내면서 힐링을 체험한다. 억눌렸던 걱정과 두려움, 불편함을 편안하게 드러내기 때문이다. 이 과정에서 생기는 긍정적 정서는 자신이 생각하는 미래행동을 실천하는 에너지원이 된다. 속마음이 공유되면서 행동변화가 이루어질 가능성이 높아진다.

공감은 속마음을 여는 열쇠이다. 서로 공감할 때, 속마음을 공유한다. 속마음을 공유하면서 긍정적 정서와 사고가 형성된다. 이러한 현상이 조직 차원에서 관찰될 때 웨이가 점진적으로 내재화될 가능성이 높다. 공감하지 못할 때, 속마음을 담아 두고 드러내지 않는다. 조직구성원들 간에 심리적 거리감을 느낀다. 조직에 영혼이 부재하고, 구성원들은 작은 외압과 긴장, 실패 경험에도 심리적 무력감을 느끼고 방어적이 된다. 구성원들은 자신과 타인을 떼어 놓게 되고 타인에게 일어난 일은 자신과 무관한 것으로 해석한다.

코칭 사례 >>>
자기 방어적이 된 근본 원인과 직면하기

코칭에서 만난 대기업의 한 임원 후보자는 승진 심사에서 두 번째 부적격 판정을 받았다. 업무성과는 탁월하지만 대인관계와 리더십을 평가하기 위한 다면인터뷰와 진단 결과에서 연속으로 부정적인 피드백을 받았기 때문이다. 무엇이 문제일까?

인사부서의 협조를 받아 임원 후보자에 대해 객관적인 피드백을 줄 수 있을 것으로 판단되는 직원들을 비공개로 인터뷰했다. 직원들이 보는 후보자의 강점은 업무추진력, 우수한 직무전문성, 폭넓은 외부 인맥관리 등이었다. 개선이 요구되는 점으로는 타인에 대한 배려 부족, 업무성과 독점, 인정과 칭찬 부족, 포용력 부족 등이다.

성과관리는 탁월하지만, 사람관리 역량은 부족했다. 일부 직원들은 회사를 위해 일하는 것이 아니라 그 후보자의 승진을 위해 일하는 느낌이 든다고 말했다. 어려운 과제를 성공적으로 마친 이후에 직원들이 그로부터 칭찬을 받은 적도 없고 인센티브도 기대 이하라는 것이다. 오히려 임원 후보자로부터 '나니까 그나마 이 일을 성공적으로 마무리할 수 있었다'고 자화자찬을 하는 말을 듣고, 점차 그에 대한 존경과 신뢰를 잃게 되었다.

특히, 후보자의 상사는 놀라운 피드백을 했다. 회사의 중차대한 일을 해결하기 위해 임원 후보자에게 일을 맡기면, 처음에는 현실적으로 거의 불가능하다는 의견을 냈다. 내부의 인력지원이나 경영진의 요청이 추가적으로 있을 때, 비로소 열심히 노력해 보겠다는 의지를 표현했다. 처음에는 업무추진 여건이 어려운 그런 것으로 이해했으나, 여러 차례 동일하게 대응하는 모습을 보면서 경영진과 게임을 하고 있다고 생각했다.

상사는 코칭을 통해 그를 변화시키고 싶었다.

코치: 누군가 당신의 강점 3가지를 묻는다면, 뭐라고 답을 하시겠습니까?

고객: 일에 대한 열정, 강한 추진력, 회계와 재무에 대한 직무 전문성입니다. 자신의 강점을 말하려고 하니 좀 쑥스럽네요.

코치: 그중에 가장 대표적인 강점은 무엇입니까?

고객: 다른 사람들도 그러는 데 추진력입니다.

코치: 현재 맡은 역할을 수행하는 데 추진력이 어떤 도움을 주고 있습니까?

고객: 저는 지금까지 회사에서 다른 사람들이 하기 힘든 일만 해

왔습니다. 입사해서부터 회계와 재무 업무를 해 왔고, 이 회사에 저의 수준에 있는 사람이 없습니다.

코치: 자신의 직무전문성에 대해 확신하시는군요. 대단하십니다. 직무전문성은 당신에게 어떤 의미를 가지고 있습니까?

고객: 지금까지 저를 버티게 한 힘입니다.

코치: 저한테는 그동안 여러 어려움이 있으셨다는 말씀으로 들립니다. 직무전문성에 대한 이야기는 잠시 뒤에 하고, 버티게 했다는 것이 무슨 말씀이시지요?

고객: 이 회사의 부장급 이상은 모두 명문대학 출신입니다. 저는 입사할 때, 고졸이었습니다. 상고를 나왔지요. 무슨 말씀인지 아시겠지요? 직무전문성이 없었다면, 이 자리에 없겠지요.

코치: 그럼 지금 자신을 버티게 하는 힘은 무엇입니까?

고객: 고졸이라는 것 때문에 마음고생을 많이 했습니다. 다른 사람 한 시간 일할 때, 저는 열 시간 일했습니다. 낮에는 일하고 야간 대학도 다녔고, 대학원도 마쳤습니다. 그래도 저를 아는 주위 사람들은 아직도 저를 고졸로 봅니다.

코치: 말씀을 들으니 마음고생을 많이 하셨다는 게 공감이 갑니다. 그 어려움을 이겨 내는 의지력과 보다 나은 나를 만들겠다는 열망과 노력이 대단하십니다. 제가 박수를 보냅니다.

고객: 감사합니다. 저한테 박수를 쳐 준 분은 코치님뿐입니다.

코치: 박수 받을 자격이 있으십니다. 좀 전에 질문한 것인데 다시 묻겠습니다. 지금 자신을 버티게 하는 힘은 무엇입니까?

고객: 남들에게 뒤지지 않는 성과입니다. 아니 남들이 못해내는 일을 해내는 것입니다. 전 그렇게 생각합니다.

코치: 그 일을 해냄으로써 얻는 것은 무엇입니까? 일을 성공적으로 해냈을 때, 가장 큰 보상은 무엇이라고 생각하십니까?

고객: '역시 자네밖에 없다'고 경영진이 저를 인정해 주는 것입니다. 코치님도 아시겠지만, 사실 이번 코칭을 받게 된 배경일 것 같기도 한데 임원 심사에서 두 번 실패했습니다. 그 나름대로 이유가 있겠지요. 그래도 저 없이는 회사의 중차대한 일이 돌아가지는 않는다는 것을 보이고 싶습니다. '나니까 그나마 이렇게 했다'는 것을 사람들이 알아주어야 합니다.

코치: 주위로부터 인정받는 것은 좋은 일입니다. '나니까 그나마 이렇게 했다'는 생각은 당신에게 어떤 느낌을 줍니까?

고객: 일을 마치고 나면, 순간 기분은 최고지요. 그러나 요즘은 한 건 더 했다는 생각이 듭니다. 집 지을 때, 벽돌 쌓는 기분입니다. 오히려 허전하고 허무한 것도 같고. 사실이 그렇습니다.

코치: '나니까 이렇게 했다'는 생각이 항상 만족감을 주는 것은 아니군요. 인정받으려고 생각하고 노력하는 동안, 잃고 있는 것은 무엇입니까?

고객: (한동안 생각하다가) 인정받으려고 하다 정작 나를 인정해 줄 사람들을 존중해 주지 못했습니다. 그들을 배려하지 못했습니다. 가끔 그런 생각이 들기도 했지요.

코치: 말씀하신 그들은 누구입니까?

고객: 상사와 저의 직원들입니다. 특히, 직원들입니다.

코치: 직원들을 위해 지금까지와는 다르게 대해 준다면, 뭘 다르게 해 보시겠습니까?

> 고객: 잘 대해 준다면, 직원들이 이상하다고 그럴 것 같은데요.
>
> 코치: 직원들에게 어떤 모습을 보일지는 당신의 선택에 달려 있습니다.

임원 후보자와는 5개월 정도 코칭 대화를 나누었다. 그가 가장 후회하는 것은 학력에 대한 열등감에 너무 오랫동안 묶여 있었다는 것이다. 학력 문제를 극복하는 방법은 자신보다 학력이 높은 사람들로부터 인정을 받는 것이라고 생각했다.

인정을 받을 수 있는 일을 지속적으로 만들어 내는 과정에서 자신 모르게 경영진과 게임을 하게 되었다. 그들이 풀지 못하는 사업과제를 풀어냄으로써 인정받고 자신의 조직 내 위치를 확보하려고 했다. 사업과제의 난이도를 높이는 것이 인정받을 가능성을 높인다고 생각했다. 승진심사 대상이 된 이후 이러한 사고는 더 강화되고 심사에서 탈락할수록 인정을 받기 위한 게임은 더 심화되었다.

이러한 자신의 생각에 갇혀 있는 동안, 주위 사람들이 주는 피드백은 무시되었다. 자신을 음해하거나 시샘하는 사람들의 생각이라고 간주했다. 그들의 신뢰와 존경을 잃고 있으면서도 그는 깨닫지 못했다. 이제 그는 코칭을 통해 자신의 눈으로만 세상을 보던 사고에서 벗어나 타인의 관점을 조금씩 받아들이기 시작했다. 그가 직면한 과제는 타인으로부터 진정으로 인정받고 존중받을 수 있는 방법을 찾는 것이다.

코칭심리 탐구질문 • • •

다음 질문에 대한 생각을 정리한다.

1. 최근 마음속의 말을 다하지 못한 사례의 내용을 Left-hand column 양식에
   작성해 본다. 다 말하지 못한 까닭은 무엇입니까?
2. 최근 경험한 작심삼일의 사례를 떠올려 보고, 다짐과 경쟁다짐을 찾아본
   다. 경쟁다짐의 기본 가정은 무엇입니까?
3. 최근 본인을 주저하게 하는 자기 제한적 신념은 무엇입니까?
4. 가까운 사람에게 욱했던 일을 떠올려 본다. AMP 기법을 활용해 감정을 읽
   어 본다. 당신이 알아차린 것은 무엇입니까?
5. 현재의 삶에서 자기방어적인 모습을 찾아보십시오. 이 모습에 대한 이해는
   당신의 활동에 어떤 시사점을 줍니까?
6. 여러분의 현장 활동에서 무엇을 달리 실행해 보겠습니까?

참고문헌

김은정(2016). 코칭의 심리학: 심리학 기반의 코칭 접근. 서울: 학지사.

서재진(2020). 아들러 리더십 코칭: 성숙한 리더를 위한 뇌과학과 심리학의 지혜. 서울: 박영스토리.

이석재(2014). 경영심리학자의 효과성 코칭. 서울: 김앤김북스.

이석재(2015). 효과성 코칭 워크숍: 워크북. 서울: 코치올.

이석재(2019). 내 삶을 바꾸는 생각혁명. 서울: 와일드북.

이석재(2020). 떠도는 마음 사용법. 서울: 플랜비디자인.

이석재(2021). 당신의 삶을 요리하라. 커리어코치협회, 3월 월례 세미나 특강 발표자료(3월 30일).

이석재(2022). 코칭심리학 워크북. 13쪽. 사례: 일과 삶의 균형, 목적 있는 삶에서 답을 찾기. 서울: 코치올.

탁진국(2019). 코칭심리학. 서울: 학지사.

한겨레(2022). 여성 노동자 넷 중 한 명은 직장 내 성추행~성폭행 경험. https://www.hani.co.kr/arti/society/labor/1067014.html

Alexander, G., & Renshaw, B. (2005). *Super coaching: The missing ingredient for high performance.* London: Random House Business Books.

Antin, L. (2018). *Solution-focused brief therapy (SFBT). Good Therapy.* Retrieved from https://www.goodtherapy.org/learn-about-therapy/types/solution-focused-therapy

Argyris, C., & Schön D. A. (1974). *Theory in Practice: Increasing Professional Effectiveness*. San Francisco, CA: Jossey-Bass.

Argyris, C., & Schön D. A. (1978). *Organizational Learning: A Theory of Action Perspective*. MA: Addison-Wesley.

Argyris, C. (1985). *Strategy, change, and defensive routines*. London: Pitman Publishing.

Argyris, C. (1990). *Overcoming organizational defenses*. MA: Allyn and Bacon.

Argyris, C. (1991). Teaching Smart People How to Learn. *Harvard Business Review, 69*(3), 99-109.

Bandura, A. (1977). *Social learning theory*. Englewood Cliffs, NJ: Prentice Hall.

Bandura, A., Ross, D., & Ross, S. A. (1961). Transmission of aggression through imitation of aggressive models. *The Journal of Abnormal and Social Psychology, 63*(3), 575-582.

Bannink, F. P. (2010). *1001 Solution-Focused Questions*. Norton, New York.

Barrett, F. (2004). Coaching for resilience. *Organizational Development Journal, 22*(1), 93-96.

Batson, C. D., Early, S., & Salvarani, G. (1997). Perspective taking: Imaging how another feels versus imaging how you feel. *Personality and Social Psychology Bulletin, 23*(7), 751-758.

Beck, A. T. (1967). *Depression: Causes and treatment*. Philadelphia: University of Pennsylvania Press.

Beck, A. T. (1970). Cognitive therapy: Nature and relation to behavior therapy. *Behavior Therapy, 1*(2), 184-200.

Beck, A. (1997). The past and the future of cognitive therapy. *Journal of Psychotherapy Practice and Research, 6*, 276-284.

Beecher, H. K. (1955). The powerful placebo. *The Journal of the*

American Medical Association, 159(17), 1602–1606.

Berg, I. K., & Miller, S. D. (1992). Working with the problem drinker: A solution-focused approach. W. W. Norton & Company.

Berry, D., Charles, C., & Joe, F. (1995). Coaching for results. HRDP, Inc.

Bezuijen, X., van den Berg, P., van Dam, K., & Thierry, H. (2009). Pygmalion and employee learning: The role of leader behaviors. Journal of Management, 35(5), 1248–1267.

Biesser, A. (1970). Paradoxical theory of change. In J. Fagan & I. L. Shepherd (Eds.), Gestalt therapy now (pp. 77–80). Palo Alto: Science and Behavior Books.

Biswas-Diener, R., & Dean, B. (2007). Positive Psychology Coaching: Putting the science of happiness to work for your clients. NJ: John Wiley & Sons, Inc.

Bluckert, P. (2014). The gestalt approach to coaching (Ch. 5). In E. Cox, T. Bachkirova, & D. A. Clutterbuck (Eds.), The complete handbook of coaching. NY: Sage.

Bluckert, P. (2015). Gestalt coaching: Right here, right now. Open University Press. 임기용, 이종광, 고나영 공역(2020). 게슈탈트 코칭: 바로 지금 여기. 서울: 한국코칭수퍼비전아카데미.

Boud, D., Cohen, R., & Walker, D. (1994). Using experience for learning. England: SHRE and Open University Press.

Cantor, N., & Mischell, W. (1979). Prototype in person perception. In L. Berkowitz (Ed.), Advances in experimental social psychology (Vol. 12, pp. 3–52). NY: Academic Press.

Carnevale, P., & Isen, A. (1986). The influence of positive affect and visual access on the discovery of integrative solutions in behavioral negotiation. Organizational Behaviour and Human Decision Process, 37(1), 1–13.

Carson, R. (2003). Taming your gremlin: A surprisingly simple method for *getting out of your own way*. NY: Quill.

Charmaz, K. (2006). *Constructing Grounded Theory: A Practical Guide through Qualitative Ground Theory*. Thousand Oaks, CA; SAGE.

Charmaz, K. (2014). *Constructing Grounded Theory* (2nd ed.). Thousand Oaks, CA: SAGE.

Clark, A. J. (2002). *Early recollections: Theory and Practice in Counseling and Psychotherapy*. 박예진, 박상규 공역(2017). 아들러심리학에 기반을 둔 초기 회상: 상담 이론 및 실제. 서울: 학지사.

Clark, D. A., Beck, A. T., & Alford, B. A. (1999). *Scientific foundations of cognitive theory and therapy of depression*. NJ: John Wiley & Sons Inc.

Cook, T. D., & Campbell, D. T. (1979). *Quasi-Experimentation: Design & Analysis Issues for Field Settings*. NJ: Houghton Mifflin Company.

Cox, E. (2006). An adult learning approach to coaching. In D. R. Stober & A. M. Grant (Eds.), *Evidence based coaching handbook*. NJ: John Wiley & Sons, Inc.

De Jong, P., & Berg, I. K. (1998). *Interviewing for solutions*. Pacific Grove, CA: Brooks/Cole.

de Shazer, S. (1982). *Patterns of Brief Family Therapy*. New York: Guilford.

de Shazer, S. (1984). The death of resistance. *Family Process, 23*(1), 11–17.

de Shazer, S. (1988). *Clues: Investigating solutions in brief therapy*. NY: Norton and Co.

Deweck, C. S. (2007). *Mindset: The New Psychology of Success*. NY: Ballantine Books.

Downey, M. (1999). *Effective Coaching*. London: Orion Business Books.

Dreikurs, R. (1982). *Psychodynamics, Psychotherapy and Counseling: Collected Papers*. Toronto: Adler School of Professional.

Driscoll, J. (2006). *Practicing Clinical Supervision: A Reflective Approach for Healthcare Professionals* (2nd ed.). London: Elsevier Health

Sciences.

Dryden, W., & Neenan, M. (2004). *Rational Emotive Behavioral Counselling in Action* (3rd ed.). London: SAGE.

Egan, O. (1986). The concept of belief in cognitive theory. In L. E. Mos (Ed.), *Annuals of theoretical psychology* (Vol. 4). New York: Plenum Press.

Ellis, A. (1955). New approaches to psychotherapy techniques. *Journal of Clinical Psychology, 11*, 207-260.

Ellis, A. (1957). Rational psychotherapy and individual psychology. *Journal of Individual psychology, 13*, 38-44.

Ellis, A. (1962). *Reason and Emotion in Psychotherapy*. New York: Stuart.

Ellis, A. (1994). *Reason and emotion in psychotherapy: Comprehensive method of treating human disturbances*. NY: Citadel Press.

Farnsworth, W. (2021). *The Socratic method: A practitioner's handbook*. MA: Godine.

Fine, A. (2010). *You already know how to be great: A simple way to remove interference and clock your greatest potential*. New York: Penguin Group.

Fine, A. (2018). *What is the grow model*. InsideOut Development. https://www.insideoutdev.com/solutions/grow-coaching

Franklin, C., Zhang, A., Froerer, A., & Johnson, S. (2017). Solution focused brief therapy: A systematic review and meta-summary of process research. *Journal of Marital and Family Therapy, 43*, 16-30. doi:10.1111/JMFT12193

Galinsky, A. D., Magee, J. C., Gruenfeld, D. H, Whitson, J. A., & Liljenquist, K. A. (2008). Power reduces the press of the situation: Implications for creativity, conformity, and dissonance. *Journal of Personality and Social Psychology, 95*(6), 1450-1466.

Gallwey, W. T. (2000). *The inner game of work*. NY: Random House.

Glasser, W. (1998). *Choice theory: A new psychology of personal freedom*. NY: Harper Perennial.

Goldsmith, E., Lyons, Laurence, L. S., & McArthur, S. (2006). *Coaching for Leadership*. CA: Pfeiffer.

Gollwitzer, P. M. (1999). Implementation Intentions: Strong Effects of Simple Plans. *American Psychologist, 54*(7), 493–503.

Grant, A. M., O'Connor, S. A., & Studholme, I. (2021). Solution–focused coaching. In J. Passmore (4th ed.). *Excellence in coaching*. NY: Kogan Page.

Hargrove, W. R. (2006). *Masterful Coaching Seminar*. Seoul.

Hayes, S. C. (1987). A contextual approach to therapeutic change. In N. Jacobson (Ed.), *Psychotherapists in clinical practice: Cognitive and behavioral perspectives* (pp. 327–387). New York: Guilford.

Honey, P., & Mumford, A. (1992). *The manual of learning styles*. Maidenhead, UK: Peter Honey.

Irving, Z. C., & Thompson, E. (2018). The Philosophy of Mind–Wandering. In K. Christoff & K. C. Fox (Eds.), In *The Oxford Handbook of Spontaneous Thought: Mind–Wandering, Creativity, and Dreaming*. Oxford University Press.

James, W. (1890). *The principles of psychology*. Dover Publications.

Jasper, M. (2013). *Beginning reflective practice*. Cengage Learning Australia.

Jenkins, S. (2009). The Impact of the Inner Game and Sir John Whitmore on Coaching. *Annual Review of High–Performance Coaching and Consulting. 1*, 1–22.

Jussim, L., & Harber, K. D. (2005). Teacher expectations and self–fulfilling prophecies: Knowns and unknowns, resolved and unresolved controversies. *Personality and Social Psychology Review, 9*(2), 131–155.

Kabat-Zinn, J. (1994). *Wherever You Go, There You Are: Mindfulness Meditation in Everyday Life*. New York: Hyperion.

Kegan, R., & Lahey, L. L. (2001). The real reason: People won't change. *Harvard Business Review, 11*, 85-92.

Kegan, R., & Lahey, L. L. (2009). *Immunity to change: How to overcome it and unlock the potential in yourself and your organization*. MA: Harvard Business School Press.

Kemp, T. J. (2005). Psychology's unique contribution to solution-focused coaching: Exploring client's past to inform their present and design their future. In Cavanagh et al. (Eds.), *Evidence-based coaching* (Vol. 1, pp. 37-47). NY: Australian Academic Press.

Kimsey-House, H., Kimsey-House, K., Sandahl, P., & Whitworth, L. (2011). *Co-active coaching: Changing business transforming lives* (3rd ed.). Boston: Nicholas Brealey Publishing.

Knowles, M. (1978). *The adult learner: A neglected species*. Houston: Gulf.

Knowles, M. (1984). *Andragogy in Action*. San Francisco: Jossey-Bass.

Knowles, M., Swanson, R. A., & Holton, E. F. (2012). *The Adult Learner* (7th ed.). NY: Routledge.

Köhler, W. (1917). *The mentality of apes*. London: Routledge & Kegan Paul.

Kolb, D. A. (1984). *Experiential learning: Experience as the source of learning and development*. NJ: Prentice Hall.

Kolb, D. A., & Fry, R. (1975). Toward an applied theory of experiential learning. In C. Cooper (Ed.), *Theories of group process* (pp. 33-57). London: Wiley.

Kunda, Z., Miller, D. T., & Claire, T. (1990). Combining social concepts: The role of causal reasoning. *Cognitive Science, 14*(4), 551-577.

Law, H. (2013). *The psychology of coaching, mentoring and Learning*

(2nd ed.). NY: John Wiley and Sons.

Liljenquist, K. A. (2008). Power reduces the press of the situation: Implications for creativity, conformity, and dissonance. *Journal of Personality and Social Psychology, 95*, 1450-1466.

Linehan, M. M. (2014). *DBT® Skills Training Handouts and Worksheets*, New York: Guilford Press.

Marcus, B., & Donald, O. C. (2001). *Now, discover your strengths*. NY: The Free Press. 박정숙 역(2002). 위대한 나의 발견 강점혁명. 서울: 청림출판.

Martin, L. L., & Tesser, A. (1996). Some ruminative thoughts. In R. S. Wyer, Jr. (Ed.), *Advances in Social Cognition* (Vol. 9, pp. 1-47). NY: Academic Press.

Maslow, A. H. (1954). *Motivation and Personality*. New York: Harper and Row.

Mezirow, J. (1997). Transformative learning: Theory to practice. *New Directions for adult and continuing education, 74*(Summer), 5-12.

Miller, W. R., & Rollnick, S. (2013). *Motivational interviewing: Helping people change* (3rd ed.). NY: Guilford Press.

Monroe, K. (2001). Paradigm shift: From rational choice to perspectives. *International Political Science Review, 22*(2), 151-172.

Morris, J., Marzano, M., Dandy, N., & O'Brien L. (2012). *Theories: Behaviour Change*. Forest Research.

Mura, A. (2003). Coaching for performance: A conversation with Sir John Whitmore. *International Journal of Coaching in Organizations, 1*(4), 107-116.

Neenan, M., & Palmer, S. (2001). Cognitive behavioral coaching. *Stress News, 13*(3), 15-18.

Neenan, M., & Willson, R. (2021). Cognitive behavioral coaching. In J. Passmore (Ed.), *Excellence in Coaching*. NY: Kogan Page.

Nicklaus, J. (1974). *Golf my way*. NY: Simon & Schuster.

Niedenthal, P. M., Setterlund, M. B., & Wherry, M. B. (1992). Possible self-complexity and affective reactions to goal-relevant evaluation. *Journal of Personality and Social Psychology, 63*, 5-16.

Niemiec, R. M. (2013). What is your best possible self? *Psychology Today, 3*, www.psychologytoday.com.

Ostrander, S. (1979). *Superlearning*. NY: Delacorte.

Palmer, S. (2007). *The psychology of coaching, mentoring and Learning*. NY: John Wiley and Sons.

Palmer, S. (2009). Rational Coaching: A cognitive behavioural approach. *The Coaching Psychologist, 5*(1), 12-17.

Palmer, S., & Whybrow, A. (2006). The coaching psychology movement and its development within the British Psychological Society. *International Coaching Psychology Review, 1*(1), 5-11.

Passmore, J., & Fillery-Travis, A. (2011). A critical review of executive coaching research: A decade of progress and what's to come. *Coaching: An International Journal of Theory, Practice & Research. 4*(2), 70-88.

Perls, F. S., Hefferline, R. F., & Goodman, P. (1951). *Gestalt Therapy: Excitement and Growth in the Human Personality*. NY: Julian Press.

Peschl, M. F. (2007). Triple-Loop Learning as Foundation for Profound Change, Individual Cultivation, and Radical Innovation. *Constructivist Foundations, 2*(2-3), 136-145.

Pink, D. H. (2011). *Drive: The surprising truth about what motivates us*. NY: Riverhead Book. 김주환 역(2012). 드라이브. 서울: 청림출판.

Prochaska, J. O., Norcross, J. C., & DiClemente, C. C. (1994). *Changing for good: A Revolutionary Six-Stage Program for Overcoming Bad Habits and moving Your Life Positively Forward*. NY: Harper Collins.

Putnam, R. (1993). Unlocking organizational routines that prevent learning. *The Systems Thinker, 4*(6), 1–4.

Rachman, S. (1993). Obsessions, responsibility and guilt. *Behavior and Therapy, 31*(2), 149–154.

Rogers, W. M., & Loitz, C. C. (2008). The role of motivation in behavior change: How do we encourage our clients to be active? *Health & Fitness Journal, 13*(1), 7–12.

Rolfe, G., Freshwater, D., & Jasper, M. (2001). *Critical reflection for nursing and the helping professions: a user's guide.* Basingstoke: Palgrave.

Rosenthal, R., & Jacobson, L. (1968). *Pygmalion in the classroom.* NY: Holt, Rinehart & Winston.

Rushall, B. (2013). https://coachsci.sdsu.edu/rushall/index.htm

Schön, D. (1987). *Educating the Reflective Practitioner.* San Francisco, CA: Jossey–Bass.

Schwarz, R. M. (2002). *The skilled facilitator.* SF: Jossey–Bass.

Seligman, M. E. P. (2000). Positive psychology: An introduction. *American Psychologist, 1,* 5–14.

Seligman, M. E. P., & Csikszentmihalyi, M. (2000). Positive psychology: An introduction. *American Psychologist, 1,* 5–14.

Seligman, M. E., & Maier, S. F. (1967). Failure to escape traumatic shock. *Journal of Experimental Psychology, 74*(1), 1–9.

Senge, P. (1994). *The fifth discipline fieldbook: Strategies and tools for building a learning organization.* NY: Currency.

Senge, P., Scharmer, C.O., Jaworski, J., & Flowers, B. S. (2004). *Presence: Human Purpose and the Field of the Purpose.* Cambridge, MA: The Society for Organizational Learning.

Sharp, T. J. (2002). *Examples of automatic negative thoughts (ANTs).* https://www.thehappinessinstitute.com.

Siminovitch, D. E., & Van Eron, A. M. (2006). The pragmatics of magic:

The work of gestalt coaching. *OD Practitioner, 38*(1), 50–55.

Skinner, B. F. (1959). *Cumulative record.* New York: Appleton Century Crofts.

Spence, G. B., & Grant, A. M. (2007). Professional and peer life coaching and the enhancement of goal striving and well-being: An exploratory study. *Journal of Positive Psychology, 2*(3), 185–194.

Stein, H. T., & Edwards, M. E. (2002). Adlerian psychotherapy. In M. Herson, & M. H. Sledge (Eds.), *Encyclopedia of psychotherapy* (Vol. 1, pp. 23–31). Netherlands: Elsevier Science.

Stevenson, H. (2005). Gestalt Coaching. *OD Practitioner, 37*(4), 35–40.

Tanguay, E., Hanratty, P., & Martin, B. (2020). *Reflective writing for nursing, health and social work.* London: Macmillan.

Thorndike, E. L. (1931). *Human learning.* The Century Co.

Thurman, M. P. (1991). *Strategic leadership.* The Strategic Leadership Conference. PA: US Army War College.

Turnell A., & Hopwood, L. (1994). Solution-focused brief therapy: An outline for second and subsequent sessions. *Case Studies in Brief and Family Therapy, 8*(2), 52–64.

Tversky, A., & Kahneman, D. (1974). Judgment under Uncertainty: Heuristics and Biases. *Science, 185*(4157), 1124–1131.

Velicer, W. F, Prochaska, J. O., Fava, J. L., Norman, G. J., & Redding, C. A. (1998). Smoking cessation and stress management: Applications of the Transtheoretical Model of behavior change. *Homeostasis, 38*(5–6), 216–233.

Whitmore, J. (1992). *Coaching for performance: GROWing people, performance, and purpose.* London: Nicholas Brealey Publishing.

Whitmore, J. (2009). The impact of the inner game and Sir John Whitmore on coaching: A commentary. In S. Jenkins (Ed.), *Annual Review of High Performance Coaching & Consulting 2009, 4*(2), 23–28.

Whitworth, L., House, H., Sandahl, P., & Kimsey-House, H. (2007). *Co-active coaching: New skills for coaching people toward success in work and life* (2nd ed.). CA: Davis-Black Publishing.

Winston, S. M., & Seif, M. N. (2017). *Overcoming Unwanted Intrusive Thoughts: A CBT-based Guide to Getting over Frightening, Obsessive, or Disturbing Thoughts.* New Harbinger Pubns Inc.

Wubbolding, R. E. (2011). *Reality Therapy.* Washington, DC: American Psychological Association.

Yontef, G. (2002). The relational attitude in Gestalt therapy. *International Gestalt Journal, 25*(1), 15-35.

Zinker, J. (1977). *Creative process in Gestalt therapy.* NY: Vintage Books.

프레임워크로 코칭을 리셋하라

이 책에서 상담과 심리치료를 포함해 주요 심리학적 접근을 코칭 시각에서 현장중심으로 탐구했다. 코칭의 근간이 되는 프레임워크와 코칭 원리를 찾아 개인과 조직이 원하는 결과를 얻을 가능성을 높이도록 돕기 위함이다. 또 코치가 코칭의 실행자이며 증거 기반 코칭의 연구자로 성장할 필요성을 잘 알기 때문이다.

신념 기반 코칭에서 벗어나라

다음 두 코칭 접근(A, B)의 차이는 무엇인가? 코칭 접근을 구성하는 세부 요소를 어떻게 사용하면 좋겠는가? A접근은 개인 경험에 기초해 코칭을 전개하는 반면 B접근은 방법론에 기초한다는 점이 주된 차이점이다. 각 접근에 따른 나머지 프로세스는 동일하다. 다만 프로세스를 구성하는 구체적인 내용은 코칭이론과 코칭방법론에 따라서 차이가 있을 수 있다.

두 접근의 차이를 주목해 보면 개인 경험과 방법론에 따른 코칭 전개가 결과에서 근본적인 차이를 보일 수 있다는 점을 추론할 수 있다. 개인 경험은 주관적인 요소이고 방법론은 객관적인 요소이기 때문이다. 코칭이 전문성을 갖춘 영역으로 발전하기 위해서는 코칭 전개의 논리와 그 논리의 효과를 과학적으로 검증할 수 있어야 한다. 이러한 활동의 시작은 바로 A접근을 B접근으로 전환시키는 것이다.

러셀(Rushall, 2013)은 스포츠 과학 등의 지식과 코치의 개인 경험, 검증되지 않은 코칭 대화 모델을 토대로 코칭이 어떻게 전개되는 것이 맞다는 실행자의 신념과 선택에 따라 전개된 코칭을 신념 기반 코칭으로 정의했다(Palmer, 2007). 그는 신념 기반 코칭이 앞으로 이론과 검증을 바탕으로 한 증거 기반 코칭으로 발전해야 한다고 주장했다.

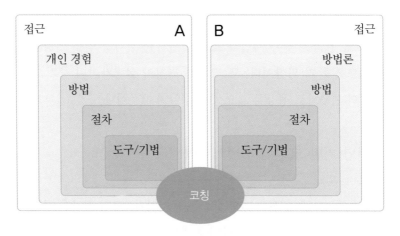

[부록 그림 1-1] 코칭 접근의 유형

프레임워크의 관점에서 다시 보기

코칭은 선행요인(Antecedent), 행동(Behavior), 결과(Consequence)를 상호 연계시키는 전문 활동으로 개념화할 수 있다(이석재, 2014). 독자도 자신의 성공적인 코칭 사례에 포함된 개념들의 관계를 ABC 프레임워크로 표현해 보길 바란다. 이를 위한 구체적인 방법을 〈부록 2〉에서 상세하게 소개했다.

여기서는 기존에 널리 알려진 주요 코칭 접근을 ABC 프레임워크 관점에서 리뷰한다. 프레임워크는 일련의 코칭 대화를 논리적으로 전개하도록 설계된 틀이다. 프레임워크에 기반한 코칭 접근은 코치와 고객이 모두 같은 논리에서 코칭 대화를 유지할 수 있다. 또한 코치는 객관적으로 코칭의 진행 상황과 고객의 변화를 측정하고 피드백하여 고객이 코칭 목표를 달성하도록 도움을 준다.

이와 같은 활동이 점진적으로 친숙해지면 독자는 자신의 성공적인 코칭 사례를 ABC 프레임워크로 정리해 볼 수 있다. 이 책에 소개한 코칭심리학이 독자가 구상하는 ABC 프레임워크에 어떤 인사이트와 시사점을 주는지를 심층적으로 탐구할 수 있다. 이 과정을 통해 독자는 자신만의 프레임워크를 체계화하고 이론 기반으로 다듬는 기회를 갖게 된다.

[부록 그림 1-2] ABC 프레임워크(이석재, 2014)

코칭 접근 1: 잠재성을 끌어내 결과 만들기

첫 번째 소개할 코칭 접근은 고객의 잠재성을 끌어내 그가 원하는 결과를 만들도록 돕는 것이다. 잠재성과 결과를 연결하는 관계의 질적 속성은 촉진, 가르치기보다 돕기와 같은 것이다. 이러한 접근에서 코치의 주된 코칭 포인트는 고객의 자기 인식과 변화에 대한 주도적인 책임이다. 코치는 잠재성과 원하는 결과를 연계시키는 과정에서 고객이 주도적으로 해법을 찾아 결과를 이루도록 돕는 비지시적 접근을 취한다(Whitmore, 1992). 이와는 달리 필요할 때 고객에게 조언하거나 가르치고 당면한 문제를 해결하는 방법을 제공하는 것과 같이 지시적일 수 있다(Goldsmith et al., 2006).

잠재성을 끌어내어 결과를 만드는 접근을 ABC 프레임워크로 표현해 본다. 이를 위해서는 먼저 해당 접근에 포함된 주요 개념을 도출한다. 그리고 ABC로 표현한다. 가능한 표현 중의 하나는 '잠재성-끌어내기(unlock)-결과'이다. 또는 '잠재성-촉진-결과'로도 표현할 수 있다. 독자도 자기 자신의 생각을 정리해 본다.

코칭 접근 2: 관계의 질적 변화로 가능성 높이기

고객과 코치의 관계에 따라 고객이 코칭 상황과 이슈를 다르게 지각하고 행동할 가능성에 초점을 둔 코칭 접근들이 있다. 대표적인 관계의 질적 속성은 신뢰, 기밀성, 코액티브(co-active), 상호협력 등이다. Thomas Leonard, Laura Whitworth, Kimsey-House, Grant, Stober 등과 같은 코치가 취하는 접근이다. 코치는 관계의 질적 속성에 따라 고객이 체험하는 가능성에 주목한다. 고객은 가능성에 따른 새로운 기회 발견, 담대한 목표설정과 도전, 관점의 전환과 확대 등을 결과로 경험한다.

이러한 접근을 ABC 프레임워크로 표현해 본다. 가능한 표현 중의 하나는 '코칭 이슈-신뢰구축-결과', 또 '코칭 요구-상호협력-결과' 등으로 표현할 수 있다.

코칭 접근 3: 코치와 고객의 문답법

코칭의 대표적인 스킬인 경청과 질문으로 구성된 코칭 대화를 주된 접근법으로 사용하는 경우이다. 바로 소크라테스적 대화법이다 (Farnsworth, 2021). 이 접근에서 코치가 사용하는 코칭 포인트는 변화를 이끄는 강력한 질문을 사용해 고객의 생각을 자극하고 창의적 발상과 영감을 불러일으키는 것이다.

이러한 접근을 ABC 프레임워크로 표현해 본다. 가능한 표현 중의 하나는 고객의 '닫힌 마음-강력한 질문-열린 마음', 또는 '기존 관점-구조화된 대화-관점 전환' 등이다. 질문은 비구조화도 있고 구조화된 질문도 있다.

코칭의 주된 기능 중의 하나는 관점 전환이다. 관점 전환을 경험한 고객은 스스로 기존의 행동을 바람직한 방향으로 바꾼다. 코치의 직관적인 질문은 관점을 전환시키는 데 효과적이다. 고객이 전혀 생각해 보지 못한 관점에서 자신을 살피도록 자극한다. 코치가 구조화된 질문을 사용하면 고객의 생각을 의도된 방향으로 깊이 있게 이끌어 갈 수 있다. 대화 프로세스를 갖춘 짧은 코칭 대화는 질문의 영향력을 높이는 데 효과적이다.

나는 관점 전환을 이끄는 간단한 대화 틀을 찾고자 애썼다. 오랜 시

행착오 끝에 구조화된 질문을 개발하고 '소중한 것의 재발견'이라고
이름을 붙였다. 이 코칭 질문은 순차적으로 사용된다(이석재, 2014).

①당신은 어디에 묶여 있습니까? (기존의 생각)
②그 묶임으로 인해 당신이 잃고 있는 것은 무엇입니까? (새로운
생각)
③그것은 당신에게 어떤 의미입니까? (관점의 발견과 전환)
④그 의미를 얻기 위해 오늘 할 수 있는 것은 무엇입니까? (행동
변화)

코칭 접근 4: 원하는 결과를 얻을 가능성 높이기

효과성 코칭의 사례를 통해 독자가 프레임워크를 이해하고 개발
하는 데 도움을 주고자 한다(이석재, 2014; 2021). 효과성 코칭은 인본
주의적 관점에서 '사람들은 삶에서 원하는 결과를 얻을 가능성을 높
이는 효과성을 추구한다.'라고 가정한다. 이론적으로는 구성주의,

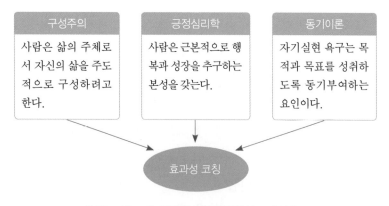

[부록 그림 1-3] 효과성 코칭의 이론적 프레임워크

긍정심리학, 동기이론을 바탕으로 개발했다.

효과성 코칭 모델은 효과성 코칭의 기본 틀이며 변화 요구, 원하는 결과, 그리고 변화 요구와 원하는 결과를 연결하는 결정적 행동으로 구성된다. 이들 3가지 구성 요소는 개인 효과성, 팀 효과성, 조직 효과성을 설명하는 데 공통적으로 적용된다.

코칭은 원하는 결과를 얻을 가능성을 높이는 목표 지향적인 협력 활동이다. 따라서 효과성 코칭을 구성하는 개념은 변화 요구, 결정적 행동, 원하는 결과이다. 코치는 고객의 변화 요구와 그가 이루고자 하는 원하는 결과를 연결하기 위해 결정적 행동을 도출한다. 결정적 행동은 원하는 결과를 얻을 가능성이 높은 행동이다. 이어서 코치는 상호협력 활동을 통해 고객이 원하는 결과를 얻을 가능성을 높이는 방향으로 행동변화를 하도록 돕는다.

효과성 코칭 모델에서 보듯이 ABC 프레임워크는 '변화 요구-결

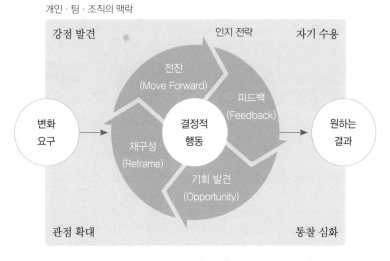

[부록 그림 1-4] 효과성 코칭 모델(이석재, 2015; 2019)

정적 행동-원하는 결과'이다. ABC의 연결을 이루는 논리의 핵심 개념은 효과성이다. 코칭의 시작부터 종료까지 코치는 원하는 결과를 얻을 가능성을 높이는 관련 요인에 주목한다. 코칭성과는 그 관련 요인의 변화를 객관적으로 측정했을 때 개선이 있는 정도와 원하는 결과가 코칭 목표를 달성한 정도이다.

코칭심리학에서 답을 찾아보자

코칭심리학에 대해 폭넓게 공유되고 있는 정의는 인간에 대한 이해를 심화시키고 코칭 활동을 증진시키기 위해 코칭 활동에서 일어나는 인지, 정서, 행동에 대한 과학적 연구이다(Passmore & Fillery-Travis, 2011). 코칭은 고객에게 코칭 서비스를 제공하기로 결정해서부터 계획된 코칭의 수행과 평가로 구성된다. 코치의 전공을 고려할 때 심리학 전공자와 비전공자의 주된 차이는 코칭에 접근하는 방법에 있다.

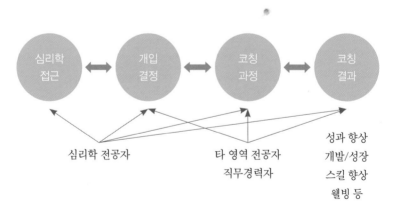

[부록 그림 1-5] 심리학 전공자와 비전공자의 코칭 접근 차이

이 책을 통해 독자는 코칭심리에 대한 대표적인 이론들의 접근법과 논리구조인 프레임워크를 학습했다. 이제 자신의 코칭 논리로 활용하려고 할 때 프레임워크의 중요성을 직접 확인하는 기회를 가져보자. 현장중심 코칭심리학에 대한 이해를 바탕으로 '나만의 프레임워크'를 구상하고 개발해 보자.

나만의 프레임워크를 개발하라

프레임워크란 무엇인가

프레임워크는 코칭 결과에 영향을 미치는 것으로 여겨지는 요인이나 범주, 개념들이 서로 어떻게 연결될 수 있는지를 가설적으로 서술한 것이다. 따라서 프레임워크를 보면 코칭 결과를 만드는 과정이나 코칭 현상의 근본을 서술하는 사고 틀을 한눈에 조망할 수 있다. 또 코치는 코칭 활동에서 필요한 논리적 접근이나 전개, 의사결정 등에 유용한 준거로 프레임워크를 사용할 수 있다.

프레임워크는 두 종류가 있다. 하나는 개념적 프레임워크로 개발자의 경험과 지식을 토대로 문제를 진술하고 탐구하는 주관적인 신념 기반 방법을 통해 개발된다. 다른 하나는 이론적 프레임워크이다. 개발자가 연구 기반 방법을 사용해 개념적 프레임워크를 반복적으로 검증하고 보편적 논리를 갖출 때 이론적 프레임워크가 된다.

　사회과학자들은 일반적으로 기존의 이론을 기반으로 한 연구와 논의 전개를 하기 때문에 개념적 프레임워크와 이론적 프레임워크를 혼용한다. 이러한 이유로 인해 일반인이 프레임워크의 개념을 이해할 때 두 개념의 차이를 명확하게 구분하지 못할 수 있다. 또 자신의 개인적인 직무 경험과 지식에 기초해 도출한 개념적 프레임워크를 쉽게 일반화하는 오류를 범할 수도 있다.

이론과 모델, 프레임워크의 차이점

　이론과 모델은 사회현상, 자연현상을 설명하는 가능한 해석을 제공한다. 이론은 탐구하는 연구문제에 대한 답이며, 모델은 이론을 설명하기 위한 표현이다. 이론은 모델의 기초이며, 연구방법론을 통해 검증된다. 모델은 이론을 구성하는 개념들의 작용과 기제를 도식적으로 보여 주는 구조이다. 모델을 통해 개념들의 논리적 관계에 대한 가설을 도출할 수 있다. 따라서 모델은 이론을 검증하는 도구로 사용될 수 있다.

　개념적 모델은 사람들의 마음에 존재한다. 개념적 모델이 사회과학 방법론을 통해 검증되면 경험적 모델이 된다. 개념적 모델과 경험적 모델은 모두 코칭 현장에서 일련의 코칭 대화를 논리적으로 전개하도록 하는 기본 틀이 될 수 있다. 다만 개념적 모델은 개발자의 경험과 신념에 기반한 개념의 작용과 기제를 도식적으로 보여 주기 때문에 개발자의 주관적 논리가 바탕이다. 이와 달리 경험적 모델은 이론적 프레임워크를 구성하는 개념의 작용과 기제가 과학적인 방법론에 의해 검증된 결과이다. 따라서 개념들의 작용과 기제가 코칭

[부록 그림 2-1] 이론과 방법론의 개념도

현상을 설명하는 보편타당한 논리와 가치를 갖는다.

프레임워크가 필요한 이유

코치는 코칭의 실행자이면서 연구자 역할을 담당해야 한다. 프레임워크는 코치가 효과적인 코칭을 실행하는 기초이며 코칭 논리를 개발하고 발전시키는 탐구 대상이다. 이러한 관점에서 프레임워크가 필요한 이유를 다음과 같이 들 수 있다.

첫째, 코치가 고객을 대하는 일관된 관점을 유지할 수 있다. 흔히 인간은 각자 독립된 우주라고 말한다. 개인의 독특성과 차별성을 강조한 비유이다. 코칭 사례를 보면 고객의 수만큼 코칭 이슈도 다양하다. 이러한 상황에서 코치는 무엇을 코칭할 것인가? 코칭과 컨설팅의 차이는 전문성을 집중하는 대상의 차이, 즉 존재와 이슈에 있다. 컨설팅은 고객의 문제를 해결하지만 코칭은 존재의 변화를 통해 그가 원하는 성취를 돕는다. 따라서 코치는 고객이 가져오는 문제의 다양성에 휘둘리지 않고 프레임워크에 기초해 일관성을 유지하면서 고객이 당면한 문제를 바라보는 관점을 코칭할 수 있다.

둘째, 코칭의 효과성이 높다. 개념적 프레임워크와 이론적 프레임워크 모두 코치와 고객이 논리적으로 코칭 대화를 유지할 수 있다. 특히, 코치가 방법론을 통해 프레임워크를 구성하는 개념들의 논리적 관계를 검증할 때 코칭 효과가 나타나는 논리의 신뢰성과 타당성을 확인할 수 있다. 따라서 이론적 프레임워크에 기반한 코칭을 전개할 때 코칭의 효과는 반복적이며 일관되게 성공적으로 나타난다.

셋째, 고객과 이해관계자에게 믿음을 준다. 개인이나 조직이 처음 코칭을 도입하는 경우 프레임워크 기반의 코칭은 의사결정자에게 믿음을 준다. 코칭이 성공적으로 전개되는 논리와 성과 사례를 확인할 수 있고 코칭의 성과평가 면에서 효과성을 예측할 수 있기 때문이다. 따라서 코칭의 목표를 달성하기 위한 환경 조성, 코칭의 프로세스, 코칭 방법과 기법, 코칭의 일정 등에 대한 계획을 세밀하고 체계적으로 수립할 수 있다.

넷째, 코치의 비즈니스 관점에서 차별화된 브랜딩과 경쟁력을 지속적으로 구축할 수 있다. 프레임워크 자체는 코치가 코칭 이슈에 접근하는 논리성뿐 아니라 코치의 인간간, 코칭 철학, 신념, 코칭 방

법론 등을 보여 준다. 코치가 삶을 대하고 생활하는 모습과 존재감
은 고객에게 역할 모델이다. 코치라는 존재와 삶을 사는 모습 간의
일치성(congruence)은 코치와 고객이 서로 신뢰를 구축하고 상호협
력하는 데 긍정적인 자원이다.

　다섯째, 코치가 프레임워크의 논리성을 지속적으로 탐구하고 발
전시킬 수 있다. 코칭 과학을 실천하는 것이다. 프레임워크를 처음
개발할 때부터 프레임워크를 구성하는 개념들을 논리적으로 연결하
는 핵심 개념이 있어야 한다. 핵심 개념은 코칭 논리의 중심 축이다.
프레임워크를 구성하는 개념들이 구슬이라면 핵심 개념은 여러 구
슬을 논리적으로 꿰는 탄탄한 실이다. 핵심 개념은 흔히 이론의 명
칭으로도 사용된다.

이론적 프레임워크 예시

　인지행동치료의 형태인 윌리엄 글래서의 선택이론(Choice Theory)
을 예로 들어 보자. 선택이론을 구성하는 개념들의 논리적 관계를
진술하면 다음과 같다. 첫째, 우리가 행하는 모든 것은 행동이다. 둘
째, 거의 모든 행동은 자신이 선택한 것이다. 셋째, 우리는 5가지 기
본적인 욕구를 충족시키려는 유전자에 의해 이끌린다. 행동의 동기
요인은 기본적인 욕구이다.

　선택이론의 이론적 프레임워크는 '기본 욕구-선택-행동-원하
는 결과(욕구충족)'이다. 프레임워크를 구성하는 4개 개념을 논리적
으로 연결하는 핵심 개념은 '선택'이다. 선택과 행동은 '선택적 행동'
으로 통합할 수 있다. 다시 정리하면 '기본 욕구-선택적 행동-원하
는 결과'로 표현할 수 있다.

선택이론은 우리가 통제할 수 있는 것은 자기 자신뿐이라고 주장한다. 따라서 타인을 통제하려고 애쓰지 말고 자기 자신에 집중하라고 강조한다. 선택의 주체는 자기 자신이며, 그 선택을 통해 기본욕구를 충족시키는 결과를 만들기 위해서는 올바른 선택과 자기통제 능력이 중요하다. 이와 같이 이론적 프레임워크를 구성하는 모든 개념들을 '선택'으로 연결시킨다. 선택은 이론적 프레임워크의 백본(backbone)이다.

나의 프레임워크는 무엇인가

만일 독자가 전문코치라면 "나의 프레임워크는 무엇인가?"에 응답해 보라. 어떤 답이 떠오르는가? 아무런 생각이 떠오르지 않는다고 해서 독자가 잘못한 것은 없다. 이에 대한 생각을 해 본 경험이 없거나 프레임워크에 대한 개념을 알고 있지 못할 수 있다. 또는 코칭교육을 받는 과정에서 학습한 프레임워크를 코칭 현장에서 그대로 실행하는 경우도 있을 것이다.

내가 이 책을 집필하는 주된 이유는 바로 독자가 자신만의 답을 찾도록 돕는 것이다. 결과적으로 '나만의 프레임워크'를 만들도록 돕는 것이다. 기존에 많은 코칭 모델이 있지만 프레임워크와 혼용하는 경우도 흔하다. 비판적으로 본다면 해당 코칭 모델과 프레임워크의 구성 개념들이 연결되고 작동하는 심리기제를 표현하는 핵심 개념을 포함하지 않을 가능성이 있다.

국내에 코칭이 도입된 지 20년이 지났다. 이제 코칭은 과학이어야 한다. 코칭의 논리가 증거 기반을 갖추어야 할 때이다. 이러한 관점에서 우리가 기존에 알고 있던 여러 코칭 모델과 프레임워크를 이론적이며 과학적인 시각에서 재조명할 필요가 있다. 이러한 노력을 통해 코칭이 상담과 심리치료, 컨설팅 등의 전문 분야와 독립적이며 차별성을 갖는 전문 분야로 자리매김할 수 있다. 바람직하게는 코칭학의 출현에 기여할 수 있다.

사전 준비 작업

프레임워크가 코칭의 논리를 갖추려면 사전 준비 작업이 체계적이어야 한다. 여기서 체계적이란 의미는 준비 작업이 논리적으로 전개될 필요성을 말한다. 프레임워크의 개발자가 갖는 코칭에 대한 정의, 코칭방법론적 접근, 코칭일지 작성이 기본적인 준비 작업의 구성 요소이다. 각 요소를 구체적으로 살펴본다.

코칭을 정의하라

코칭 전문분야에서 범용적인 코칭이론이 부재한 상태이다. 흔히 심리치료와 상담이론을 토대로 코칭의 논리를 설정하고 전개한다. 정신질환이 있는 사람을 심리치료하기 위해 개발된 이론과 사회적 부적응으로 힘든 사람을 대상으로 개발된 상담이론을 코칭에 그대로 활용하는 것은 코칭이 독립적인 전문 영역이라는 주장과는 모순된다. "심리치료와 상담의 내담자와 코칭의 고객은 서로 어떤 공통점과 차이점이 있는가? 차이점이 있다면, 코칭은 어떤 서비스를 차별적으로 제공하는가?"

지금까지 코칭에 대해 학습하고 경험한 것을 종합하여 "코칭이란 무엇인가?"에 대한 생각을 정리한다. 코칭에 대한 정의는 곧 코칭 현장에서 고객을 어떻게 대하고 어떤 상호협력을 할 것인가에 대한 바탕이다.

코칭방법론을 적용하라

고객의 긍정적인 피드백을 넘어 이제 성공적인 코칭의 작동원리를 찾아야 한다. 코칭의 작동원리는 고객의 주관적인 의견 또는 피드백만으로 판단할 수 없다. 코칭의 시작부터 종료까지의 전 과정에 대한 코칭설계를 통해 수집한 객관적인 자료가 필요하다. 그리고 객관적인 자료에 코칭 원리가 담겨 있기 위해서는 코칭방법론에 근거해서 코칭설계를 해야 한다.

코칭방법론은 코칭을 체계적으로 전개하고 탐구하는 논리 틀이며 전략이다. 프레임워크는 인식이다. 코칭은 코칭 현장에서 일어나는 현상이다. 인식을 어떻게 현장에서 전개하면 인식으로 예측한 현상이 나타날 것인가? 그런데 인식과 현상이 반드시 일치하지 않는다. 인식과 현상의 연결성을 확인하는 논리 틀이 코칭방법론이다.

코칭방법론이 전략이라는 의미를 예를 들어 알아보자. 조직의 리더는 성인이다. 성인학습에 따르면 성인은 자신의 일과 개인생활에 직접적인 연관성과 영향을 갖는 주제에 관심이 가장 크다. 또 성인은 학습 내용보다 당면한 문제를 해결하면서 학습한다. 코치가 팀장에게 코칭 스킬을 전파하고 그가 팀원을 대상으로 코칭 스킬을 사용하는 과정을 효과적으로 돕고자 한다. 이때 코칭 스킬을 종합적으로 정리한 교재를 활용해 주입식으로 전파하는 코칭 전략은 비효과적이다. 효과적인 코칭 전략은 성인학습에 기초해 현장에서 경험하는 팀원과의 갈등 사례를 해결하는 코칭 실습에 참여시키는 것이다.

이와 같이 현장 코칭에서 코칭방법론은 특정 방법과 절차, 도구와 기법을 사용하는 방식을 구상하고 선택을 결정하는 토대가 된다. 또 코칭연구에서 코칭방법론은 코칭 탐구의 원칙이며 지식을 체계적으로 얻는 방법에 대한 논리적 가이드라인을 제공한다. 예를 들면, 연역적 연구와 귀납적 연구, 실험실 연구와 현장 연구, 양적 연구와 질적 연구를 선정하는 논리를 제공한다.

현장 코칭을 전개할 때 코칭설계는 코칭 목표를 달성하기 위해 코치가 사용하는 코칭방법, 절차, 도구와 기법을 구조적이며 체계적으로 사용하는 방식이며 이에 대한 진술이다. 코칭연구에서 연구설계는 연구자가 연구목적을 달성하기 위한 연구방법과 관련 자료를 수집하는 절차, 도구와 기법의 운영을 위한 판짜기이다.

코칭일지를 쓰라

국제코칭연맹은 코칭을 "고객의 개인적이고 전문적인 잠재력을 최대한 발휘하도록 생각을 자극해 영감을 주고, 고객과 창의적으로 협력하여 그가 자신의 삶에서 원하는 성취를 이루도록 돕는 파트너십"이라고 정의한다.

성공적인 코칭이 이루어지는 원리를 탐구하는 데 가장 기본적인 자료는 코치와 고객이 주고받는 코칭 대화이다. 주어진 코칭 목적과 코칭 환경에서 수집한 코칭 대화를 분석하면 성공적인 코칭의 원리를 도출할 수 있다. 코칭 원리를 찾기 위해서는 귀납적인 접근이 최적이다. 이를 위해 성공적인 코칭 현상을 관찰하고 측정하고 서술한 내용을 코칭일지에 기록한다. 코칭 현장에 대한 기록에 코칭의 정체성과 본질이 있다.

프레임워크 개발 방법

코칭일지의 내용을 분석한 자료를 토대로 프레임워크를 개발한다. 성공적인 코칭 사례를 대상으로 코치가 체험한 코칭 현상에 포함된 주요 속성을 도출하고 범주화한다. 범주화의 내용을 개념으로 정의하고 개념들의 관계를 가정해 표현한 프레임워크 초안을 개발한다.

이후 프레임워크를 기반으로 코칭을 전개하면서 코칭 현상을 보다 논리적으로 진술할 수 있는 명료한 개념을 도출하고 개념들 간의 인과관계를 정립한다. 이를 바탕으로 최종 프레임워크를 개발한다. 프레임워크를 개발할 때 이론을 개발하는 방법론인 구성적 근거이론(Charmaz, 2006; 2014)을 사용할 수 있다.

이 책에서는 독자가 혼자서 프레임워크를 만들 수 있도록 프로세스를 구조화했다. 프레임워크를 개발하는 4단계 과정은 다음과 같다.

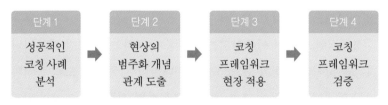

[부록 그림 2-2] 프레임워크 개발 단계

◆ 단계 1: 성공적인 코칭 사례 분석

코칭이 효과적이며 성공적으로 진행된 경우 코칭 프로세스와 반복적으로 관찰한 코칭 현상을 코칭일지에 기록한다. 코칭일지에 다음과 같은 내용을 포함한다.

〈코칭일지 구성하기〉
- 코칭 일정: 코칭 차수, 연/월/일, 시작 시간~종료 시간
- 세션 주제: 고객이 가져온 코칭 이슈, 한 줄 요약
- 세션 내용: 변화 노력, 결과, 결과를 만든 심리
- 실행 계획: 더 나은 행동변화를 위한 계획, 코칭 과제
- 느끼고 성찰, 통찰 내용: 핵심 키워드 중심으로 요약
- 학습한 내용: 이번 세션을 통해 새롭게 알게 된 것
- 코치 노력: 코칭 포인트와 인과관계 논리, 가설 검증
- 다음 일정: 다음 차수 연/월/일/시

코칭일지는 코칭이 종료된 후 2일 이내에 작성을 마친다. 빠르면 빠를수록 코칭 대화 내용을 명료하게 기억할 수 있기 때문이다. 프레임워크를 만들기 위한 기초 자료수집의 한 방법으로 코칭일지를 체계적으로 정확히 작성하는 것과 그 이후의 내용분석이 중요하다. 코칭일지의 내용분석을 통해 성공적인 코칭 사례에 내재한 코칭의 속성들이 갖는 반복성과 관계성을 확인할 수 있기 때문이다.

〈코칭일지에 담긴 주요 내용 검토하기〉
- 한 명의 고객에 대해 작성한 코칭일지를 1개월 단위로 묶어서 리뷰하는 시간을 갖는다. 1명을 8회 코칭했다면 총 8회의 코칭

일지를 리뷰한다.

- 집중하기 좋은 시간과 장소를 선정한다. 코칭일지를 출력하여 메모할 수 있도록 준비한다.
- 코칭일지마다 다음과 같은 4가지 질문을 공통적으로 한다. 질문에 대한 답은 키워드 중심으로 해당 코칭일지의 여백에 적는다.
  ① 고객의 코칭 요구는 무엇인가?
  ② 그가 코칭을 통해 이루려는 결과는 무엇인가?
  ③ 그가 원하는 결과를 얻도록 코치는 어떤 방법을 사용했는가?
  ④ 그의 어떤 변화(인지, 정서, 행동)가 원하는 결과를 이루는 데 기여했는가?
- 각 질문에 대해 작성한 답을 전체적으로 읽어 본다. 각 질문에 대해 작성한 답의 키워드를 메모지에 옮겨 적는다. 1장에 하나의 키워드만 적는다.
- 메모장에 작성한 내용이 명확하고 간결하도록 작성한다.
- 최소 15명의 코칭일지를 검토하고 정리한다.

◆ 단계 2: 현상의 범주화와 개념 관계 도출

코칭 현상에 내재한 속성을 수집하고 범주화한다. 범주화된 속성들의 공통점을 도출하고 그 공통점의 의미를 대표하는 이름을 붙인다. 이때 부여된 이름이 개념이다.

〈범주화 방법〉

- 최소 15명의 메모를 범주화를 위한 자료로 사용한다.
- 고객별로 4개 질문에 대해 작성한 메모를 종합한다.
- 각 질문별로 작성한 메모의 내용을 보고 공통적인 것을 동일한

묶음으로 분류한다.

- 각 질문별로 MEMC(mutually exclusive mutually comprehensive) 를 적용해 분류의 정확성을 확인한다.
- 공통적으로 분류된 내용을 보고 묶음에 이름을 붙인다.
- 각 질문별로 도출된 이름을 메모지 1장에 하나씩 적는다.

〈논리적 관계의 표현 방법〉

범주화를 통해 도출한 개념(이름)들을 논리적 관계로 구성해 본다. 이때 기존의 관계성 모델이나 코칭심리학에 포함된 이론적 틀을 참고한다. 물론 다른 학문적 접근을 하는 경우 해당 이론을 준용하면 된다. 이 책에서는 제1장부터 제10장까지에 소개된 12가지 심리이론에서 이론적 틀을 살펴보았다.

앞에서 소개한 바와 같이 코칭은 선행요인(Antecedent), 행동(Behavior), 결과(Consequence)를 상호 연계시키는 전문활동으로 개념화할 수 있다(이석재, 2014). 독자도 자신의 성공적인 코칭 사례에 포함된 개념들의 논리적 관계를 ABC 프레임워크로 표현해 보길 바란다. 또 프레임워크를 개발할 때 유용하게 참고할 수 있는 대표적인 관계성 모델은 다음과 같다.

- Input-Throughput-Output
- Cause-Process-Effect
- Unfreeze-Change-Refreeze
- Frame-Change-Reframe
- Plan-Do-See
- Who-How-What

- 나-우리-사회
- 수신-제가-치국(-평천하)
- 독립변인-매개변인-종속변인

성공적인 코칭 사례로부터 도출한 개념들의 논리적인 관계를 도출하고 그 결과를 한 문장으로 서술한다. 이 문장은 코치가 코칭에서 사용한 개념들의 관계를 일차적인 작동원리로 표현한 것이다.

단계 1과 단계 2의 활동을 더 많은 코칭 사례에 적용했을 때 특정 작동원리가 반복적으로 관찰되는지를 확인한다. 논리적 관계에 포함된 개념들의 관계를 ABC 프레임워크로 구조화시켜 표현하고 필요하면 수정하고 보완한다. 수정·보완은 프레임워크의 완성도를 높이는 과정이다. 물론 성공적으로 작동하는 코칭 논리에 따라서 3개 이상의 개념들로 프레임워크를 구성할 수도 있다. 단계 2에서 도출된 프레임워크는 최종 결과물이 아니라 잠정안이다.

◆ 단계 3: 프레임워크 현장 적용

잠정안으로 정리한 ABC 프레임워크를 다양한 현장 코칭에 반복적으로 적용한다. 단계 3은 이때 잠정안이 반복적으로 작동하는지를 확인하는 사전 테스트(pilot-test) 과정이다. 현장 적용의 결과를 토대로 범주 이름을 새롭게 개념화할 수 있다. 기존 범주를 수정할 필요가 있으면 반영하고 새로운 범주 이름(새로운 개념)을 확정한다. 사전 테스트를 반복한다.

다양한 코칭 사례에서 범주 이름이 반복적으로 관찰되면 개념화를 확정한다. 확정된 개념들을 사용하여 기존에 개발한 프레임워크를 수정·보완한다.

〈사전 테스트를 하는 방법〉

- 코칭 프로젝트를 제안할 때 프레임워크에 기초한 코칭 전개를 소개한다.
- 코칭 제안서 중 프레임워크에 대한 고객 또는 고객사의 주관식 피드백을 수집한다.
- 프레임워크가 성공적으로 작동했다는 것을 확인할 수 있는 지표를 개발한다.
  ① 코칭 목표의 달성 여부 또는 달성도
  ② 코칭 전개에 대한 논리성, 내면의 울림, 통찰 순간의 경험 등 고객의 주관식 피드백 또는 해당 내용을 질문으로 제작하고 Likert 척도로 만족도를 측정
  ③ 코치의 자기 평가와 주관식 피드백
  ④ 고객의 상사, 부원의 피드백
  ⑤ 코칭 효과를 높이기 위해 서포터(supporters)를 운영하는 경우 그들의 피드백
- 지표의 측정 결과를 분석하여 프레임워크가 효과적으로 작동하였는지를 평가한다.

◆ 단계 4: 프레임워크 검증

사전 테스트에서 ABC 프레임워크에 사용하는 개념을 수정할 필요가 있으면 반영한다. 프레임워크에 속하는 각각의 개념을 명확하게 정의한다. ABC 프레임워크의 신뢰성과 타당성을 검증하기 위한 코칭설계를 한다.

산업 현장에서 검증을 하는 경우 개념들의 논리적 관계에 영향을 미칠 수 있는 여러 잠재요인을 실험실만큼 엄격하게 통제하

기 어렵다. 이러한 이유로 산업 현장에서는 준실험설계(Quasi-Experimentation Design)를 사용한다(Cook & Campbell, 1979).

　여기서는 코칭 현장에서 쉽게 사용할 수 있는 단일집단 사전-사후 진단 설계를 소개한다. 코칭설계의 구성은 다음과 같다.

Q_1	X	Q_2

[부록 그림 2-3] 단일집단 사전-사후 진단 설계

　동일집단을 대상으로 코칭을 하기 전에 진단(Q_1)을 하고 코칭(X)을 실시한다. 코칭의 성과평가를 위해 동일 집단을 대상으로 사후 진단(Q_2)을 실시한다. 사전-사후 진단 결과 차이를 통해 코칭 효과를 판단한다. 그러나 단일집단을 대상으로 진단을 실시하는 사전과 사후의 기간 동안에 일어나는 코칭 이외의 사건(history), 학습과 성숙(maturation) 등을 통제할 수 없다. 이 설계에서는 코칭을 진행한 집단의 결과를 비교할 수 있는 통제집단이 없다.

　이 문제를 해결하기 위해서는 다음과 같은 통제집단 사전-사후 진단 설계를 한다. 실험실만큼 코칭 효과에 영향을 미치는 다른 요인을 통제하지는 못하지만, 준실험 조건에서 코칭 성과를 평가하는 타당한 설계법이다.

Q_1	X	Q_2
Q_1		Q_2

[부록 그림 2-4] 통제집단 사전-사후 진단 설계

나가는 글

증거 기반 코칭을 실천하라

코치는 고객과 상호 협력관계에 있지만, 조력자의 역할을 수행한다. 상담과 심리치료 이론을 공부하지만, 기존 이론을 그대로 코칭에서 받아들이고 활용하지 않는다. 왜냐하면 코치의 역할이 상담이나 심리치료 전문가와 다르기 때문이다.

국내에 코칭이 도입된 초기에는 코치의 개인 경험과 전문지식, 검증되지 않은 코칭 대화 모델을 토대로 코치의 신념과 선택에 따라 코칭을 전개했다. 20년이 지난 지금은 코칭 프레임워크와 이론을 바탕으로 한 증거 기반 코칭을 해야 할 때이다.

프레임워크는 일련의 코칭 대화를 논리적으로 전개하도록 설계된 틀이다. 프레임워크에 기반한 코칭 접근은 코치와 고객이 모두 같은 논리에서 코칭 대화를 유지할 수 있다. 또 코치는 코칭의 진행 상황과 고객의 변화를 객관적으로 측정하고 피드백하여 고객이 코칭 목표를 달성하도록 돕는다. 이러한 과정에서 코칭 프레임워크의 효과성을 검증해 보자. 코칭을 설계할 때부터 코칭 프레임워크를 활용하면 된다.

이와 같은 활동이 점진적으로 친숙해지면 독자는 자신의 성공적인 코칭 사례를 ABC 프레임워크로 정리해 볼 수 있다. 이 책에 소개한 현장중심 코칭심리학이 독자가 구상하는 ABC 프레임워크에 어떤 인사이트와 시사점을 주는지를 심층적으로 탐구할 수 있다. 이 과정을 통해 독자는 자신만의 프레임워크를 체계화하고 증거 기반으로 다듬는 기회를 갖게 된다.

코칭은 과학으로 다듬은 예술이다. 전문코치로 활동하면서 내세운 나의 코칭 슬로건이다. 이를 실천하기 위해 코칭 공부방을 개설하고 '현장중심 코칭심리학', '증거 기반 코칭', '효과성 코칭', '팀코칭 전략' 등을 참가자에게 소개하고 있다. 이 활동에서 만난 참가자들의 전공을 고려할 때 심리학 전공자와 비전공자의 주된 차이는 코칭에 접근하는 방법에 있다.

나는 코칭 1세대로서 이 책을 손에 든 독자에게 꼭 하고 싶은 말이 있다. 코칭심리학을 공부하고 자신의 코칭 경험과 연계시켜 보라. 현장중심 코칭심리학에 대한 이해를 바탕으로 나만의 프레임워크를 개발하고 코칭 현장에서 실천해 보기를 바란다. 이제 코칭은 과학이어야 한다. 나만의 코칭 프레임워크를 개발하고 검증하는 것은 증거 기반 코칭의 기본이며 실천이다. 또 코칭이 과학으로 가는 길이다. 이러한 활동을 실천하는 독자는 바로 코칭 과학을 개척하는 리더이다.

내용

저자 소개

이석재(Lee, Suk Jae)

코칭 전문기관인 코치올(Coachall) 대표 코치이며, 전문코치로 다년간 기업 리더와 일반인을 대상으로 코칭(3,000시간), 워크숍과 강의를 하고 있다. 심리학자이며 생각 파트너로서 고객이 원하는 삶을 주도적으로 구상하고 만들어 나가는 활동을 돕고 있다. 최근에는 코로나19로 심리적 어려움을 겪는 사람들을 대상으로 심리코칭 서비스를 제공하는 자원봉사를 했다. 저서로는 다년간의 코칭 경험을 담은 『떠도는 마음 사용법』, 『코칭방법론』, 『내 삶을 바꾸는 생각 혁명』, 『경영심리학자의 효과성 코칭』, 『18가지 리더십 핵심역량을 개발하라』 등이 있다.

개인변화를 통해 조직의 성과향상과 조직개발을 이끄는 코칭 방법론인 '효과성 코칭'을 개발하고, '효과성 코칭', '현장중심 코칭심리학', '증거기반코칭', '팀코칭 전략' 과정을 진행하며 성공 사례를 만들어 가고 있다. 진단 전문가로서 효과적 리더십 진단(ELA), 팀 효과성 진단(TEA), 조직 효과성 진단(OEA)을 개발하여 온라인으로 운영하고 있다. 한양대학교 사범대학, 서울대학교 사회과학대학원을 졸업하고 뉴욕 주립 대학교(올버니)에서 심리학 박사학위를 받았다. 국제코치연맹(ICF)이 인증하는 전문코치(PCC, 2008)이며 한국코치협회 정회원이다.

e-mail: sukjae505@daum.net

URL: https://thinkingpartner.co.kr

현장중심 코칭심리학

개인과 조직을 변화시키는 코칭 프레임워크와 원리

Field Focused Coaching Psychology

Discovering New Coaching Frameworks and Principles

2023년 7월 20일 1판 1쇄 인쇄
2023년 7월 30일 1판 1쇄 발행

지은이 • 이석재
펴낸이 • 김진환
펴낸곳 • ㈜**학지사**

　　　　04031 서울특별시 마포구 양화로 15길 20 마인드월드빌딩
대표전화 • 02-330-5114　　팩스 • 02-324-2345
등록번호 • 제313-2006-000265호

홈페이지 • http://www.hakjisa.co.kr
인스타그램 • https://www.instagram.com/hakjisabook/

ISBN 978-89-997-2925-6　93180

정가 16,000원

출판미디어기업 학지사

간호보건의학출판 **학지사메디컬** www.hakjisamd.co.kr
심리검사연구소 **인싸이트** www.inpsyt.co.kr
학술논문서비스 **뉴논문** www.newnonmun.com
교육연수원 **카운피아** www.counpia.com